Sc

Vorsatz: *Herzog August von Braunschweig-Lüneburg (1579 – 1666) beim Schachspiel. Kupferstich von Jacob van der Heyden (1573 – 1645) aus: Gustavus Selenus «Das Schach- oder Königsspiel», Leipzig 1616.*

Oben: *Springer, russische Drechselarbeit aus Bein, 18. Jh. (Historisches Museum Moskau).*

Abbildungen Seite 2/3:

Dame: China, Elfenbein, 19. Jh.

Fou (Narr auf Pferd): Frankreich, Elfenbein, erste Hälfte 16. Jh.

Läufer (Bischof): Skandinavisch, Bein (Walroß), um 1200.

König: Skandinavisch, Walroßzahn, um 1200.

ROSWIN FINKENZELLER

WILHELM ZIEHR

EMIL M. BÜHRER

HACH

*2000 Jahre:
Das Spiel,
die Geschichte,
die Meisterpartien*

PARKLAND

INHALT

Projektleitung und Redaktion:
Motovun (Schweiz) Verlagsgesellschaft AG, Luzern

Verlag und Autoren danken Herrn und Frau Dr. Ernst und Sonya Böhlen, Schweiz, und Herrn David Hafler, Merion/Philadelphia, für ihre Unterstützung mit Exponaten aus ihren Sammlungen.

Airbrush-Illustrationen:
Jovan Stojanović und Bessa Publishing Company, Belgrad

Berechtigte und aktualisierte Lizenzausgabe 1997
Parkland Verlag, Köln

Reproduktionen:
Lanarepro, Lana/Meran
Satzherstellung:
F. X. Stückle, Ettenheim
Druck und Verarbeitung:
Rotolito Lombarda, Pioltello/Mailand

ISBN 3-88059-937-8

Printed in Italy

Rechte Seite: *Stark vergrößertes Detail einer Schachfigur (König) vor Kriegern in Kettenpanzern mit Schild und Schwert. Die Krieger umstehen einen König, der über ihnen thront (deutsche Elfenbeinarbeit des 14. Jh.). Zu allen Zeiten und in allen Kulturen hat das königliche Spiel die Phantasie von Kunsthandwerkern angeregt, und sie haben in unglaublicher Vielfalt, in kostbaren Materialien die Figuren immer wieder neu interpretiert.*

ZUM GELEIT

«Ich mache Fehler –
also existiere ich!»

Savielly Tartakower

Napoleon mit verschränkten Armen aus einem Schachspiel mit Figurensätzen aus Eisenguß. Die eine Partei stellt die Franzosen, die andere die Preußen dar (Berliner Arbeit um 1825).

Schach fasziniert Künstler und Sonderlinge, zieht geradezu magisch Vertreter aller Gesellschaftsschichten an, entzückt Millionäre und Habenichtse. Schach vermag aber auch selbst Künstler und Sonderlinge hervorzubringen, geniale Spieler zu Millionären zu machen, doch Habenichtsen Siege zu schenken, die nichts einbringen. Das ist seit über zweitausend Jahren so. Ein Spiel, das ein solches Alter aufweist, muß sich im Laufe der Zeit erst durch viele Einflüsse herausgebildet und verändert haben. Folglich kann der Schachhistoriker nicht nach einem Erfinder suchen, sondern allenfalls nach einem Kulturkreis, nach einer Region, nach einer geistig fortgeschrittenen Gesellschaftsschicht, die ein solches Spiel zu erfinden vermochte und in ihren Alltag integrieren konnte.

Wer einmal angefangen hat, Schach zu spielen, und über die Anfangsgründe hinausgelangt ist, wird nur schwerlich davon ablassen können. Eines Tages wird er aber auch nach seinen Anfängen und den Geschehnissen um dieses Spiel fragen, etwas wissen wollen über die alten Meister, die großen Schachnationen und die unglaublichen Begebenheiten um das Brett. Doch bei der Beschäftigung mit der Geschichte des Schachspiels wird sich der Schachfreund bald in einer seltsamen Situation befinden. Je weiter er zurückgeht, je mehr verliert das Spiel an Präzision im heutigen Sinne, je interessanter wird aber die Kulturgeschichte, das Verhalten der Spieler, ungeachtet, welchen Zeiten und Völkern sie angehörten, bleibt dabei jedoch weitgehend gleich. Stets zeigen sich den unseren vergleichbare psychologische Stärken und Schwächen, geniale Einfälle, seltsame Fehlkalkulationen, Blindheit und Weitsicht, Disziplinierung und Improvisation, uneinsichtiges Vorgehen bei eindeutigen Regeln. Doch irgendwann wird uns plötzlich bewußt, daß der Reiz des Spiels nicht in der Gegnerschaft der Spieler, sondern, ganz allgemein gesprochen, in der Gegensätzlichkeit gesucht und gefunden werden kann. Überall stoßen wir auf Begriffspaare: Schwarz und Weiß, Sieg und Niederlage, richtig und falsch, Angriff und Verteidigung, Logik und ihre Widerlegung durch Genialität. Wir selbst verkörpern immer nur einen Teil der möglichen Gegensätze, und das bringt uns selbst immer wieder ans Brett. Die existentielle Komponente der denkerischen Leistung des Spielers erhebt das Schach über alle anderen Spiele. Insoweit ist es eine durchaus sekundäre Frage bzw. könnte als zweitrangig betrachtet werden, ob die Inder oder vielleicht gar die Chinesen das Schach erfunden haben. Seine Erfindung adelt den Menschen, und das Schachspiel wurde und bleibt Besitz der ganzen Menschheit.

Schach ist in Geschichte und Gegenwart ein lebendiges Spiel, ein Spiel, das Moden, aber auch Veränderungen unterworfen blieb. Selbst die Spielregeln des Weltschachbundes (FIDE) vom Jahre 1988 machen das indirekt deutlich. Zwar wird im Artikel 1 und in allen folgenden präzis formuliert, z. B.: «Schach wird zwischen zwei Gegnern durch Bewegen von Figuren (‹Steinen›) auf einer quadratischen Fläche, ‹Schachbrett› genannt,

Links: *König, Elfenbeinschnitzerei aus Unteritalien (12. Jh.). Im Mittelalter begann sich die abendländische Schachfigur grundlegend zu wandeln. Auf den aus dem arabischen Bereich überlieferten abstrakten Steinen finden sich allmählich Reliefszenen. Die zurückgezogenen Vorhänge erinnern noch an spätantikes und byzantinisches Hofzeremoniell.*

gespielt.» Auf der anderen Seite wird in der Einleitung zum Regelwerk aber direkt auf die unbeschreibbare Vielfalt dieses Spiels hingewiesen: «Die Schachregeln können nicht alle Situationen regeln, die sich im Laufe einer Partie ergeben können, und auch nicht alle administrativen Fragen beantworten.»

Das Schach lebt von Unterschieden. Zwischen der intellektuellen Kraft der Welt- und Großmeister und der bloßen Spielfreude der Amateure liegen Meilensteine, Bibliotheken von Eröffnungsliteratur, Hunderte von aufgezeichneten Meisterpartien. Wenn Karpow oder Kasparow mit dem Königsbauern eröffnen und der gleiche Zug von einem durchschnittlichen Spieler ausgeführt wird, dann ist das nur formal dasselbe. Welten von Wissen und Nichtwissen werden angesprochen. Wie kompliziert die Meister eine Partie anlegen können, welche psychologischen Tricks sie in ihre Spielzüge einbauen, haben sie selbst den staunenden Schachfreunden oft genug demonstriert. Wie stark sich das Schach noch in unserem Jahrhundert gewandelt hat, bezeugt am besten der einstige Weltmeister Capablanca:

«Es ist vielleicht von Interesse, die Vergangenheit mit der Gegenwart zu vergleichen. In San Sebastián im Jahre 1911, unserem ersten internationalen Wettstreit, trauten wir uns kaum zu, den Hauptpreis davonzutragen, aber wir waren von Ehrgeiz erfüllt, und von der Göttin Fortuna begünstigt, gelang es uns, den Sieg zu erkämpfen.

Heute sind wir voller Zuversicht, einer Zuversicht, die man nur durch Jahre ständiger Erfolge gewinnt, doch unseren Ehrgeiz haben wir weitgehend eingebüßt, und die launische Dame war uns in letzter Zeit nicht wohlgesonnen. Damals wußten wir kaum etwas über die Qualitäten unserer Gegner, aber wir waren fähig, ein ungeheures Arbeitspensum zu absolvieren. Heute kennen wir unsere Gegner durch und durch, aber, ach, unsere Leistungsfähigkeit ist nicht die gleiche.»

Das vorliegende Buch will und kann nicht abschließend den Stand der wissenschaftlichen Beschäftigung mit Ursprüngen und Verbreitungswegen des königlichen Spiels zusammenfassen. Es sollen aber die wesentlichen Entwicklungsetappen dieses Spiels vom Fernen Osten bis in die Welt der Gegenwart mit ihrer unbegrenzten Kommunikation modellhaft nachgezeichnet werden. Die Autoren wurden beim Schreiben von der Liebe zum Spiel und seiner Kulturgeschichte geleitet. Sie wollen mit diesem Buch neue Freunde gewinnen und die alten Taktiker und Kiebitze mit einem Übersichtswerk erfreuen. Schach erzeugte und erzeugt ein gewaltiges Umfeld, und dazu gehört auch dieses Buch.

Friedrich der Große, Pendantfigur zu Napoleon aus dem gleichen Schachspiel. Obwohl Friedrich schon lange tot war, als Napoleon die Preußen besiegte, wurde er hier als Führer seinem Heere vorangestellt.

«Schach ist nicht wie das Leben ...
Schach ist das Leben.
Genau wie das Theater.»

Fernando Arrabal
während des «Kampfes der Titanen»
Bobby Fischer gegen Boris Spassky
1972 in Reykjavik.

DICHTUNG UND WAHRHEIT

Schach hat die Welt erobert und ist ein fester Bestand unserer Kultur geworden. Die Menschheit hat kein Spiel ersonnen, das einen solchen Grad der Vollkommenheit auch nur annähernd erreicht hätte. Doch wenn wir heute von Schach sprechen, dann können wir an ein Spiel sehr unterschiedlichen Niveaus denken: das Spiel der Meister, an das Spiel, das sich der Anfänger zu erschließen trachtet, oder den Wettkampf, den der Fortgeschrittene zu bestehen sucht. Schach ist ein erregendes Spiel auf allen Qualitätsstufen. Die Höhe des Großmeisterschachs mag dem durchschnittlichen Spieler ewig verschlossen bleiben, und dennoch wird er von ihm fasziniert sein, wie der Klavierschüler von den Interpretationen eines Konzertpianisten der Nocturnos Chopins. «Ich habe ein leises Gefühl des Bedauerns für jeden, der das Schachspiel nicht kennt», schrieb der Deutsche Siegbert Tarrasch, einer der ersten fünf Großmeister der Schachgeschichte vor Jahrzehnten. Wer das Schachspiel aber so spielen will, um seine ausgereifte Schönheit, Dynamik, Taktik und seinen Reichtum aus Erfahrung schätzen zu können, der muß entweder von Natur aus begabt sein oder zumindest bereit, mehr als nur das korrekte Ziehen der Figuren zu erlernen. Aber Schach fasziniert heute nicht nur den Könner, sondern durch die Publizität um Weltmeister und Schachgenies, durch eine Jahrhunderte währende unglaubliche Entwicklung jeden geistig und sportlich interessierten Menschen. Benjamin Franklin, der berühmte amerikanische Schriftsteller und Staatsmann,

Miniatur und Text aus einer Handschrift (1407) von Jacobus de Cessolis. Bayrische Staatsbibliothek, München.
«Die Alten (Läufer) sollen auf dem Schachbrett von folgender Gestalt sein: Zwei sollen auf je einem Stuhl mit einem Buche auf dem Schoß sitzen, denn sie bedeuten Richter und Anweiser.»

Rechte Seite: *Auch in der modernen Kunst spiegelt sich die Welt des Schachs wider. Auf dem Bild von Sami Briss «Der Schachkönig» (Gemälde von 1976) hält der König, auf ein Schachbrett gestützt, eine Bauernfigur in der Hand.*

BRISS

schrieb im Jahre 1779 in seinem Werk «Morals of chess», dem ersten Schachbuch Amerikas, Schach sei nicht nur ein eitler Zeitvertreib, das Leben selbst sei eine Art von Schach, mit seinem Kampf, seinem Wettstreit, seinen guten und bösen Geschehnissen. Schach lehre «*Vorsorge,* die ein wenig in die Zukunft blickt... *Umsicht,* die das ganze Schachbrett prüfend betrachtet... *Vorsicht,* die uns davon abhält, unsere Züge allzu hastig zu machen... und schließlich lernen wir durchs Schach die Lebensregel, *uns nicht entmutigen zu lassen, wenn es gegenwärtig den Anschein hat, als stünde es um unsere Dinge schlecht, die Lebensregel, auf eine günstige Wendung zu hoffen, und die, beharrlich fortzufahren, nach Auswegen zu suchen.*»

Zeitgenössisches Porträt des André François Danican Philidor (1726–1795). Philidor war der berühmteste Schachspieler seiner Zeit. Sein brillantes Spiel erregte in Paris und London große Aufmerksamkeit. Beide Städte wurden zu den Schachzentren Europas.

Der sowjetische Schachmeister J. Rochlin formulierte 1954 nicht weniger engagiert: «Wir wollen nicht behaupten, daß das Schachspiel konkrete, praktisch anwendbare Werte schafft, doch ähnlich, wie dies auf jedem beliebigen Gebiet der Kunst der Fall ist, schafft auch die schöpferische Bestätigung auf dem Gebiete des Schachspiels reale kulturelle Werte, die als Ganzes einen wertvollen Beitrag zur Schatzkammer der Kultur unserer Welt darstellen ... Beim Studium der Geschichte des Schachspiels und der jahrhundertealten Literatur erkennen wir, wie der Charakter und das Niveau des allgemeinen Schaffens des Menschen, verschiedene Einflüsse der Umwelt, wie auch Einflüsse künstlerischer Art, in der schöpferischen Tätigkeit des Schachspiels sich widerspiegeln.»

Die Schachgeschichte muß man gemäß der Entwicklung des Spiels in drei klar geschiedene Zeitläufe unterteilen: Die erste Epoche umfaßt die Jahrhunderte, in denen sich das Spiel von ähnlichen Brettspielen Indiens und des Orients abzusondern begann und ein eigenes kompliziertes Regelwerk entstand mit anspruchsvoller Strategie. Eine zweite Phase setzt nach dem Triumph des Spiels in der arabischen Welt bereits in Europa ein: Im Mittelalter war das Schach schon überaus verbreitet, doch erst seit dem 16. Jahrhundert entstand eine immer anspruchsvollere Schachliteratur. Diese markiert die Entwicklung zum modernen Schach. Die ersten unsterblichen Namen der Schachgeschichte begegnen uns: Damiano, Ruy Lopez und Gioacchino Greco. Von nun an nimmt die Spielstärke der Meister systematisch zu. Schachtheorie wird ihr Studienfach. Die Eröffnungslehre füllt ganze Bücher. Schach erreicht von nun an fast die geistigen Gefilde von Kunst und Wissenschaft. Der erste Höhepunkt dieser Phase wurde mit den Spielern im Pariser «Café de la Régence» und in den Londoner Clubs erreicht. Der Stern François Philidors ging auf.

Die letzte Phase der Spielentwicklung mündet im Großmeisterschach. Sie setzt ein mit dem internationalen Turnier 1851 in London und bestimmt noch unsere Gegenwart.

Die Freunde des Schachs machten sich über die Ursprünge des Spiels erst Gedanken, als es ein bestimmtes Maß an Vollkommenheit, ein harmonisiertes Regelwerk erhalten hatte, als es nicht nur gesellschaftlich allgemein anerkannt war, sondern ein planmäßiges Spiel von Meistern, Clubs, Nationen.

AM ANFANG STEHT DIE LEGENDE

Links: *Fresko aus dem Grab der Pharaonin Nefertari (um 1250 v. Chr.) in Karnak. Die Herrscherin ist bei einem Brettspiel dargestellt, wobei man auch turmartige Figuren benutzte.*

Die Legenden um die Entstehung des Schachspiels sind schön und ehren die solcherweise ausgezeichneten Völker. Mit gutem Recht kann man behaupten, daß alle Hochkulturen Asiens, des Alten Orients und der Antike einer solchen bedeutenden Leistung für würdig befunden wurden. In mehreren ägyptischen Grabkammern entdeckte man Fresken mit der Darstellung von Pharaonen oder hochgestellten Persönlichkeiten beim Brettspiel mit schachähnlichen Figuren, wie zum Beispiel im Grab der Pharaonin Nefertari, um 1250 v. Chr. Eine Karikatur auf Ramses III. aus dem 13. Jahrhundert v. Chr. zeigt ihn bei einem schachähnlichen Spiel. Eine turmähnliche Figur, die sich im Ägyptischen Museum, Berlin, befindet, stammt sogar mit Sicherheit aus dem 3. Jahrtausend v. Chr. Oft zu rasch wurden solche Zeugnisse als Beweis gewertet, daß die Ägypter das Schach erfunden haben müßten. Genauere Untersuchungen beweisen nur, daß die Abbildungen sich auf Brettspiele beziehen, die nicht zur direkten Ahnenreihe des Schachs gehören können. Die Ägypter kannten Brettspiele mit 30 Feldern und 12 Figuren und solche mit 144 Feldern und 48 Spielsteinen. Die Bretter waren meist von länglichem Format und die Felder in einer Farbe. Lange Zeit lautete die Lieblingsthese der ersten Schachhistoriker, daß die Griechen, vielleicht Palamedes, Erfinder des Schachs gewesen seien. Und zwar sei es zur Überwindung der Langeweile im Lager bei der jahrelangen vergeblichen Belagerung von Troja ersonnen worden. Dem Palamedes, Königssohn aus Euböa, Enkel des Poseidon, wurden viele Erfindungen zugeschrieben: die der Buchstaben, der Zahlen mit ihrem de-

Figuren aus Elfenbein in Form von Türmen waren den Ägyptern seit alters her (3. Jahrtausend v. Chr.) bekannt, aber sie gehören mit Sicherheit nicht zu einem Schachspiel.

Die berühmte Exekias-Amphora aus der Villa Giulia, Rom, 5. Jh. v. Chr. Lange glaubten die Schachhistoriker, daß die Griechen Erfinder des königlichen Spiels seien. Doch die neuere Forschung weist auf eine Herkunft aus dem Fernen Osten.

Rechte Seite: *Zwei vornehme Perser beim Schachspiel. Statt durch Figuren hat der Illustrator durch Schriftzeichen die Stellung der Partie bezeichnet. Die Illustration stammt aus einem alten persischen Schachlehrbuch (London, Royal Asiatic Society).*

kadischen (Zehner-)System, der Maße und der Waage. Um die Empörung des müßigen Kriegshaufens zu beschwichtigen, habe er schließlich auch das Schach und das Würfelspiel erfunden. Als Beleg für diese Legende wurde auf ein Vasenbild verwiesen, das die berühmten Krieger Achill und Ajax beim Spiel zeigt (Amphora des Exekias, 5. Jahrhundert v. Chr., Villa Giulia, Rom). Doch das Abbild beweist nur, daß die beiden Helden beim Brettspiel sind. Schach spielten sie

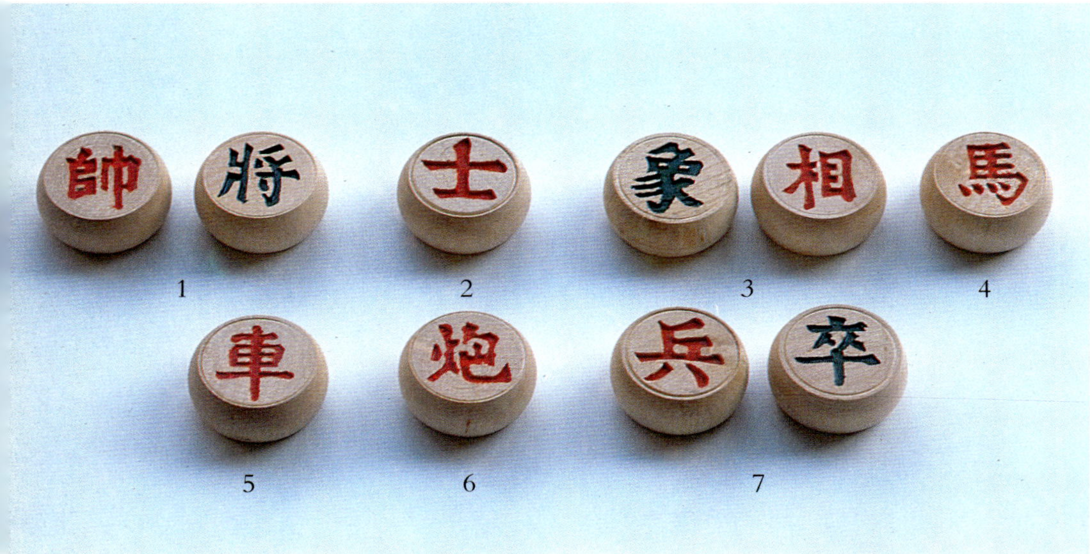

Die Steine des chinesischen «Elefanten-Spiels» Xiangqi:

1. Der König *(rot als «Feldherr» bezeichnet, grün als «Anführer»); 2.* der Minister *(das Schriftzeichen bedeutet «Ratgeber»); 3.* der General *(grün als «Elefant» bezeichnet, rot als «Kanzler»); 4.* das Pferd, *5.* der Wagen, *6.* die Kanone *und 7.* die fünf Soldaten.

mit Sicherheit nicht. «Le Palamède», dem vermeintlichen Erfinder zu Ehren, war der Titel der ersten französischen Schachzeitung (gegründet 1836).

Marcus Hieronymus Vida, Bischof von Alba (1485 – 1566), schrieb im Jahre 1513 ein lateinisches Gedicht «Scacchia ludus», worin geschildert wird, wie bei der Hochzeit des Oceanus (lateinische Bezeichnung für den Meeresgott Poseidon) mit der Mutter Erde den Göttern des Olymps das neue Spiel «Schach» dargebracht wird. Nach dieser antikisierend erdachten Fabel kürte im Jahre 1763 der britische Orientalist Sir William Jones (1746 – 1794) die Nymphe Caissa zur Muse des Schachspiels (Caissa, or the Game of Chess, 1772).

Anhänger des griechischen Ursprungs des Schachs waren vor allem die Italiener der Renaissance, während die Spanier, im 16. Jahrhundert die größten Widersacher der italienischen Meisterspieler, die Gegner der Griechen, die Perser, als Erfinder des Schachs sehen wollten. Doch so klug und gesittet die Perser im 5. Jahrhundert v. Chr., als sie die Griechen bekämpften, auch waren, auch diese Annahme hielt der Kritik der Schachhistoriker nicht stand. Selbst Babylonien und – wesentlich glaubhafter – China wurden als Ursprungsland angenommen. Doch nach dem heutigen Stand der Kenntnis haben die Chinesen das Spiel nur übernommen und abgewandelt. Das chinesische «Elefantenschach» (Xiangqi) wird auf einem nicht ganz quadratischen Brett (8:9) mit einer neutralen Zone, dem Grenzfluß, mit flachen, runden, beschrifteten Steinen gespielt. Diese stehen nicht auf den Feldern, sondern auf deren Eckpunkten. Es gibt sehr eigenständige Figuren, z. B. die Geschütze, aber auch Bauern (Soldaten) und Pferde. Über Korea gelangte das chinesische Schach nach Japan, wo es «Shogi» oder «Spiel der Generale» genannt wurde. Gespielt wird auf einem 9 × 9 Quadrate umfassenden Brett. Jeder Spieler hat 20 Steine acht verschiedener Arten in drei gestaffelten Reihen.

Früher als die Europäer spielten die Perser und Araber Schach, und

شرح نرد و بازی او در ابیت

ان منصوبه خواجه مسعود را واقع سد است مجموع سطرنج است و حکم می بود اما این
را شطرنج یاران داند همه کس نداند

zwar bereits auf einem sehr hochstehenden Niveau. Sie bezeichneten in ihren alten, im 9. Jahrhundert entstandenen Schriften schon Indien als das Ursprungsland. Dies entspricht auch der modernen kritischen Forschung. Die ältesten Schriftzeugnisse stammen aus Indien, die sprachwissenschaftlichen Untersuchungen weisen auf das Land am Ganges, und auch die archäologischen Funde von alten Schachfiguren deuten auf die fernöstliche Hochkultur. Der altindische Dichter Bana, der im 7. Jahrhundert n. Chr. lebte und Sanskrit schrieb, erwähnte in seinen Versen, König Sriharsha (606–647) gewidmet, sein königlicher Herrscher habe als Friedensfürst gewirkt. Streit habe es nur unter den Bienen um den Nektar der Blüten gegeben und Heere (Tschaturanga) wären nur auf den 64 Feldern des Schachbretts aufmarschiert. Wenn die Dichter solche Vergleiche wagen, kann vorausgesetzt werden, daß sie allgemein verstanden wurden, und gerade das läßt auf eine lange Tradition, einen weitverbreiteten Bekanntschaftsgrad, schließen. Ein solches Spiel wie das Schach entwickelt sich aber nicht in wenigen Jahrzehnten. Dazu kommt, daß in den alten Zeiten die Verbreitung solcher Spiele, ohne die modernen Kommunikationsmittel, sehr langsam erfolgte. Wenn man vorsichtig rechnet, kann der Ursprung des Schachspiels – nicht der Brettspiele allgemein – in den Jahrhunderten vor Christi Geburt gesucht werden.

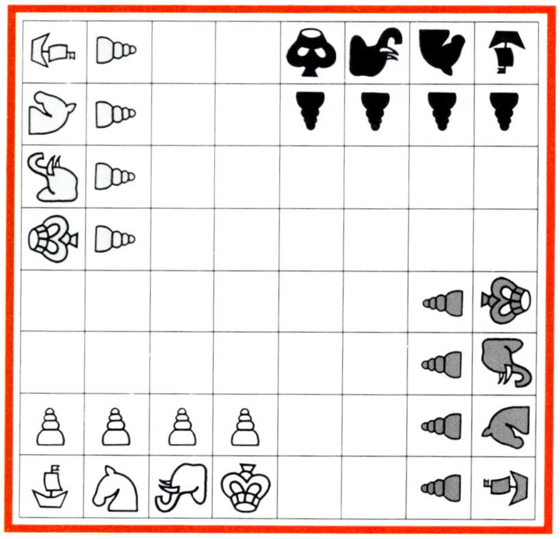

Die Figurenaufstellung beim indischen Vierschach mit dem Elefanten als Läufer. Die Inder kannten das Schachspiel für zwei, aber auch für vier Spieler.

DAS INDISCHE SPIEL

Das frühe indische Schach – und das ist historisch wieder sicherer – war nicht das Schach, das seinen Weg im 6. Jahrhundert bereits nach Persien fand. Es war ein Brettspiel, wie es viele andere gegeben haben mag, aber es wies Besonderheiten auf, die die Phantasie der Menschen stärker anregte als alle übrigen. Das «Urschach» wurde zu viert gespielt auf 64 Feldern zwar, aber mit Einsatz von Würfeln. Es gab vier Farben: Rot, Grün, Gelb und Schwarz. Die Figurenaufstellung mutet uns fremd an. Jeder Spieler verfügt über acht Figuren. Neben dem König über Elefant (entspricht später dem Läufer), Springer, Turm (als Streitwagen oder auch Boot dargestellt) und vier Soldaten (Bauern). Je nach gewürfelter Zahl der vierflächigen, stangenförmigen Würfel rückte der König oder ein Soldat, Elefant, Springer oder Turm vor. Spielziel war die Einnahme des Throns des gegnerischen Königs. Zwei Spieler spielten zusammen. Sieger war, wer zwei Könige führen konnte oder gar alle vier an sich gebracht hatte. Elefanten und Boote als Schachfiguren kommen sogar noch im Rußland des 16. Jahrhunderts vor. Das kann auf alte indische Schachfiguren hindeuten. Schach war ein Kriegsspiel. Das alte Sanskritwort für Schach, *Tschaturanga (tschatur* bedeutet vier, *anga* Teil, Ab-

«Das Schachspiel ist ein See,
in welchem eine Mücke baden
und ein Elefant ertrinken kann.»

Indisches Sprichwort

Miniatur aus dem Schachbuch Alfons' des Weisen. Die Illustration bezieht sich auf die Ursprungslegende des Schachs: Drei indische Weise überbringen dem persischen König, der wie ein christlicher Herrscher dargestellt wurde, ein Schach- und auch Würfelspiele.

teilung) weist eindeutig auf die Herkunft von den vier indischen Waffengattungen etwa der Zeit, als Alexander der Große am Hydaspes den indischen König Poros schlug. Die griechischen Geschichtsschreiber haben recht genaue Angaben über die Aufgebote der Inder gemacht. Neben der Infanterie gab es auch Kavallerie, Streitwagen und Elefanten. Diesen vier Heeresteilen entsprachen die Figuren des Urschachs oder Würfelvierschachs. Schachaufstellung als Abbild der Heeresordnung, das spricht für die Entstehungszeit in der Epoche Alexanders des Großen oder der Gupta-Könige im 4./5. Jahrhundert n. Chr. Im 4. Jahrhundert v. Chr. und im 4. Jahrhundert n. Chr. war die Heeresordnung mit der Aufgliederung der Schachfiguren identisch. Der charakteristische Rösselsprung des Springers muß bereits bekannt gewesen sein. Wie sich der Übergang vom Glücks- bzw. Würfelspiel zum Zweischach als reines Intelligenz- und

Die indischen Schachfiguren wurden aus kostbaren Materialien geschnitzt, wie aus Elfenbein und Edelhölzern. Im 18. und 19. Jh. wurden die Parteien aus Indern in ihren traditionellen Gewändern und Wagen sowie Truppen der britischen Ostindischen Kompanie gebildet.

Rechts: *Sogenannte «Juggernaut» (Djuggernut)-Wagen, eine zusätzliche Figur des indischen Schachs.*

Rechts daneben: *Die Turmfigur wurde auch als Schiff dargestellt, russische Elfenbeinschnitzerei von 1770.*

Kombinationsspiel vollzog, ist nicht bekannt. Im 6. Jahrhundert jedenfalls wurde es den Persern bereits als Zweischach und ohne Würfel zu spielen bekannt. Für die Geschichte des Schachs ist die Phase unmittelbar vor dem 6. Jahrhundert die entscheidende. Eine Steigerung von reinen Glücksspielen zu Geschicklichkeitsspielen und von da zu Kombinationsspielen von Geschick und Intelligenz, wie es etwa das Würfelvierschach war, und schließlich zu reinen Intelligenzspielen scheint durchaus logisch. Aber ob sich die Entwicklung so vollzog, ist fraglich, nicht zu beweisen ist auch, wann das eventuell geschah, wie lange die einzelnen Entwicklungsphasen dauerten. Wir suchen nach logischen Erklärungen, weil wir die Wahrheit nicht kennen.

Indien hat sehr lange Schach nach eigenen Regeln gespielt. Noch 1928, als der unumstrittene indische Meister Mir Malik Sultan Khan nach England kam, kannte er weder den Doppelschritt des Bauern, das En-passant-Schlagen noch die Rochade. Doch Khan lernte schnell, schon 1929 gewann er die englische Meisterschaft, was er 1931 und 1933 wiederholen konnte. Selbst José Raúl Capablanca und den Großmeister Savielly Tartakower schlug er. Nach einer Niederlage gegen den tschechisch-sowjetischen Großmeister Salo Flohr ging er Ende der dreißiger Jahre nach Indien zurück und verschwand von der internationalen Schachbühne. Die «Ursprünglichkeit und Tiefe seines Könnens» hat Tartakower gerühmt. Was Khan nicht beherrschte, war der Variantenreichtum des modernen Schachs, ein nicht wettzumachender Nachteil in der Auseinandersetzung mit der Weltspitze. Unser Schach, wie wir es heute spielen, steht den Persern und ihren Abwandlungen

näher als das indische Spiel. Die Perser behielten die alten indischen Bezeichnungen bei, aus Tschaturanga wurde das sprachlich verwandte Schatrandsch. Sanskrit und Altpersisch sind eng verwandt. Schach wurde bei den Persern zum Kampf zweier Könige mit ihren Heeren. Griff man den König an, hatte man respektvoll «Shah» (Schach, das persische Wort für König) zu rufen. Das bedeutet soviel wie: «König, paß auf!» War der König besiegt, d.h. hilflos, nicht etwa geschlagen, das heißt getötet, so rief man «shahmat» (mat bedeutet hilflos). Den Persern war nicht viel Zeit beschieden, das Schachspiel weiterzuentwickeln. Wohl geht auf sie die Entwicklung der Dame als neue Figur zurück, aber bereits im Jahre 641 floh der letzte Perserkönig aus dem Geschlecht der Sassaniden vor den kampferprobten Arabern und verlor sein Reich. Obwohl die sassanidischen Könige zeitweise indisches Gebiet beherrschten, der Kontakt also eng war, kommt in den persischen Quellen das indische Vierschach überhaupt nicht vor, auch von Würfeln im Zusammenhang mit Schach ist nie die Rede. Das Spiel wird also in der damals vollkommensten Form, dem Zweischach, übernommen worden sein. Die indischen Begriffe wurden ins Persische übersetzt. Auch die Figuren, wie der Elefant und der Streitwagen, wurden der persischen Welt angepaßt. Elefanten ersetzte man durch Pferde. Aus dem Streitwagen, dessen indische Bezeichnung die Perser an das Wort für den sagenhaften Riesenvogel «Ruhk» erinnerte, wurde ein Vogelkopf. Wie stark die Perser durch ihre neuen Bezeichnungen auf das arabische und selbst noch auf das frühe europäische Schach einwirkten, mögen drei Beispiele zeigen. Zwar übersetzten die Perser das indische Wort für König «raja» (radscha) in Shah, aber die Araber übernahmen den Begriff direkt. Auch der Ruf «Schachmatt» wurde von den Arabern übernommen. Der moderne Begriff der «Rochade» geht bis auf die Bezeichnung Ruhk zurück. Noch im 17. Jahrhundert sprach man in der deutschen Schachliteratur von «Roche». Die Kontinuität in Spiel und Figurenbezeichnung setzt nun verstärkt ein. Der direkte Weg der Ausbreitung des Schachs führt über Persien. Firdusi, einer der großen Dichter Persiens, hat in seinem Epos «Shahname» (Kö-

«Man hat vielfach die Vorstellung, daß das Kombinieren im Schach sich nicht erlernen lasse, vielmehr einzig und allein Sache des Talents, der beiden Faktoren Berechnung und Phantasie sei. Jeder erfahrene Spieler weiß aber, daß diese weitverbreitete Anschauung irrig ist und daß man die große Mehrzahl der Kombinationen, ja beinahe alle, macht, indem man sich an bekannte Elemente erinnert, wie z.B. die berühmten Läuferopfer auf f7 oder h7, mit denen kein fortgeschrittener Spieler viel Bedenkzeit verlieren wird. Daß die Kombinationskraft durch Studium gefördert werden kann, ist eigentlich auch selbstverständlich, wenn man ihre beiden Komponenten einzeln betrachtet. Niemand wird zweifeln, daß die trockene Fähigkeit der Vorausberechnung geübt werden kann, und was die Phantasie anbetrifft, die der Kombination die nötigen Einfälle, Überraschungen liefert, ist es ja psychologisch festgestellt, daß sie nicht völlig Neues liefern kann, sondern sich begnügen muß, bekannte Elemente zu verknüpfen und daher durch größere Kenntnisse solcher Elemente gefördert werden kann.»

Richard Réti
in «Die Meister des Schachbretts»

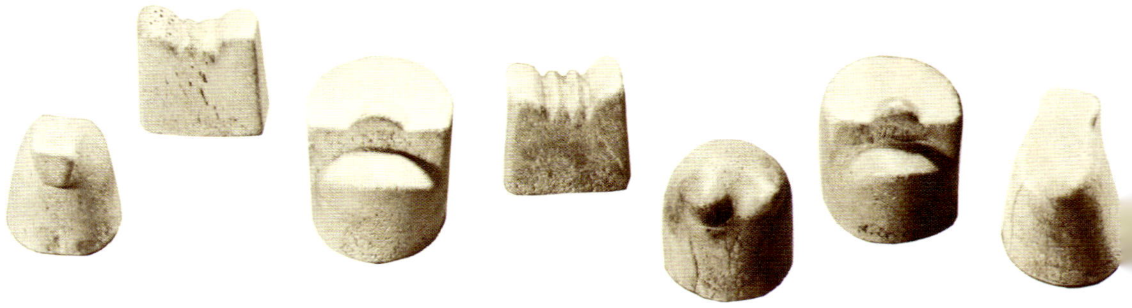

Rechts oben: *Schachfiguren aus dem 8. bzw. 9. Jh., aus Bein geschnitzt. Als Vorbild dienten die damals oft einfach gestalteten Figuren der Araber. V. l. n. r.: Reiter (Springer), Kriegswagen (Turm), König, Kriegswagen (Turm), Reiter (Springer), Wesir (Dame) und Soldat (Bauer).*

nigsbuch) eine Legende erzählt, wie das Schach nach Persien kam.

Am Hof des persischen Königs Chosroës (532 – 578), der den Beinamen «der Gerechte» (Nuschirwan) führte, erschien eines Tages eine indische Gesandtschaft, überbrachte viele Geschenke ihres Königs und darunter auch ein bislang in Persien unbekanntes Spiel, das Schach. In einer beigegebenen Botschaft erklärte der indische Herrscher, die Regeln des Schachspiels seien nur den Indern bekannt. Wenn die Perser jedoch anhand des Schachbretts und der Figuren ihre richtige Aufstellung und Gangart wie auch die Spielregeln erraten sollten, würde er ihnen Tribut und Abgaben entrichten. Die Weisheit stehe höher als jedes irdische Gut. Der indische Gesandte nannte nur die Namen der Figuren und ergänzte, das Spiel sei ein Abbild des Krieges. Sollten die Perser das Rätsel des Spiels nicht lüften können, seien sie den Indern nicht ebenbürtig, dann müßten sie Tribute zahlen. Acht Tage gab die Gesandtschaft den persischen Magiern (Weisen) Zeit, die Geheimnisse des Spiels zu entschlüsseln. Dem klugen Wesir (oberster Minister) gelingt es schließlich allein,

Zwei Araberinnen beim Schach, eine dritte Frau mit einer siebensaitigen Gitarre unterhält sie mit ihrem Spiel. Aus der Handschrift Alfons des Weisen.

Rechte Seite: *Schachdiagramme einer arabischen Handschrift. Die Araber verfaßten bereits theoretische Arbeiten über das Schach, kommentierten Partien und Endspiele.*

nachdem die Magier versagt hatten, das Spiel zu ergründen. Die Hofgesellschaft wird vom König zusammengerufen. Vor dem indischen Gesandten wird nun die richtige Aufstellung der Figuren erklärt. Die Perser erwiesen sich also dem indischen Spiel gewachsen, und das Schachspiel verbreitete sich im Königreich.

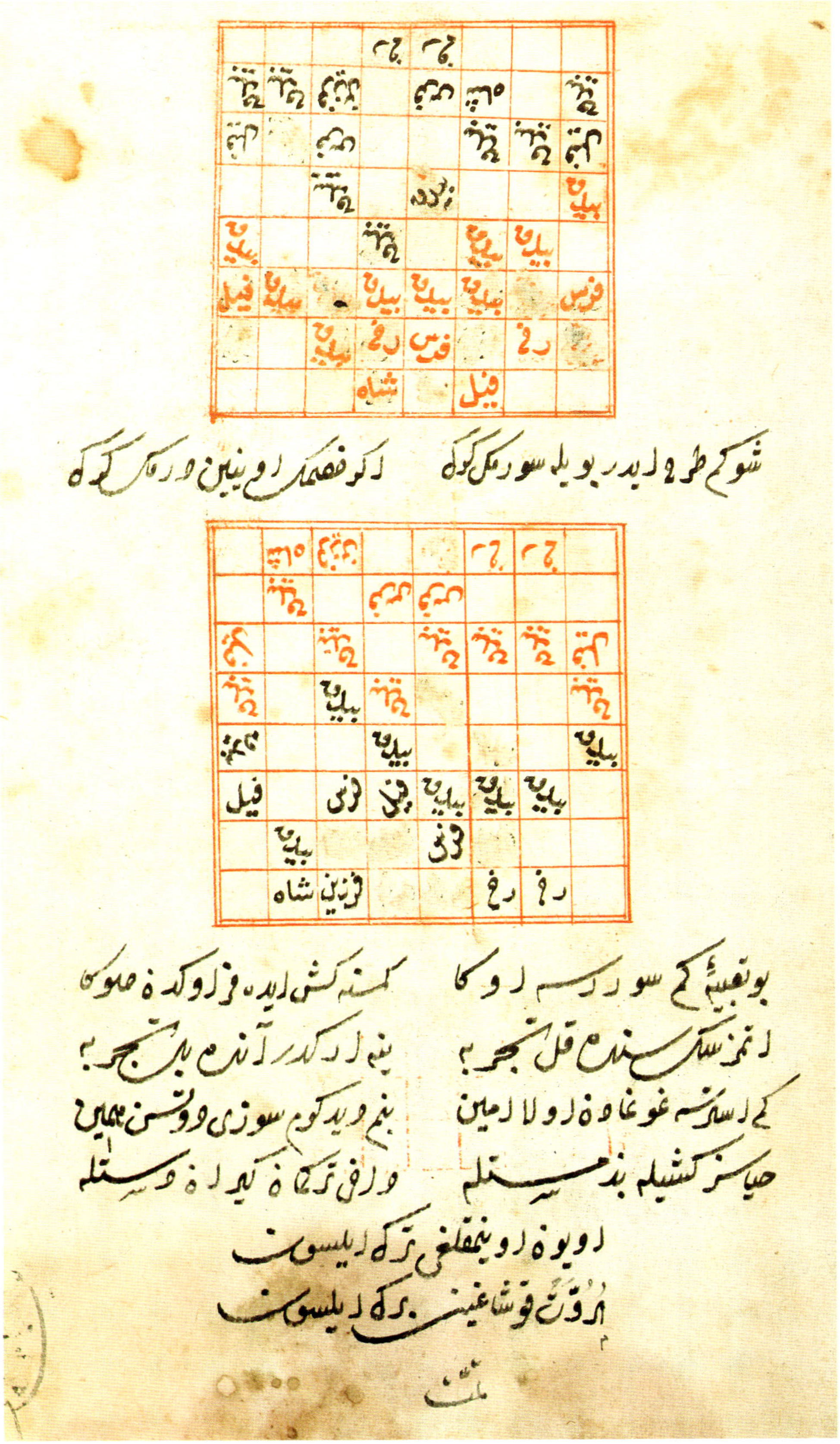

DAS ARABISCHE SPIEL UND DIE PRINZESSIN DILARAM

So rasch wie die Araber Persien, die Gebiete Mittelasiens und Nordafrikas eroberten, so schnell eigneten sie sich auch das persische Spiel, von ihnen Shatranj genannt, an. Bereits im 8. Jahrhundert wird es in der Literatur erwähnt. Viele Legenden, Gedichte, Sprichwörter ranken sich um das Spiel. An den Höfen der Kalifen spielte man Schach. Viele Schachbücher entstanden, die ersten, die den Rang wissenschaftlicher Untersuchungen erreichten. Die Berührungspunkte des Spiels mit der Mathematik wurden erforscht. Berichte über Wettkämpfe und Turniere, sowie die Namen der ersten Berufsspieler wurden überliefert. Die ältesten bekannten Meister der Schachgeschichte waren Araber: Al-Adli, Ar-Razi und As-Suli (gestor-

«Der Taktiker muß wissen,
was er zu tun hat, wenn es etwas zu tun gibt;
der Stratege muß wissen,
was er zu tun hat, wenn es nichts zu tun gibt.»

Savielly Tartakower

Unten: *Die Araber wählten oft bestimmte Figurenaufstellungen (sogenannte Tabija), die den Charakter des Spiels wesentlich mitbestimmten. Es gab Aufstellungen, die zu betont kämpferischem Spiel führten oder zu mehr positionellen Auseinandersetzungen.*

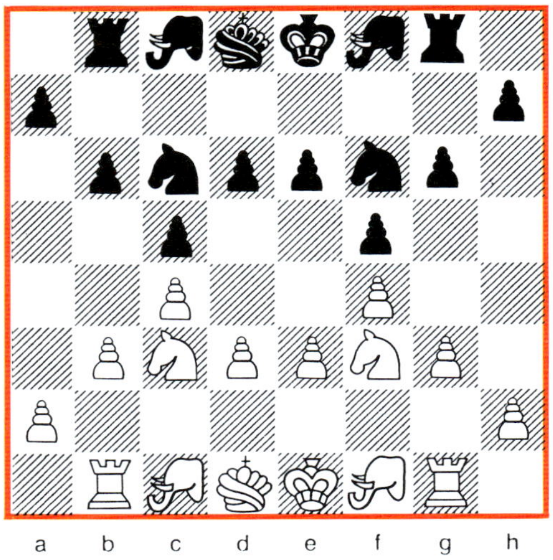

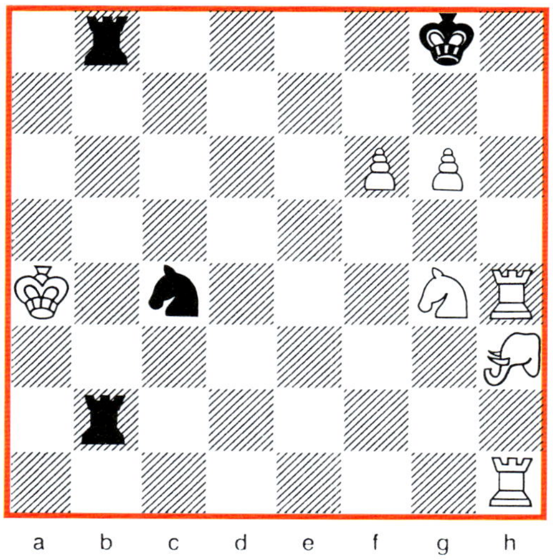

Rechts: *Das Matt der arabischen Prinzessin Dilaram nach der hübschen Legende vom Opfer der Türme. Der Elefant ist eine Art Läufer, der ins übernächste Feld springen und auch Schach bieten konnte. Weiß zieht mit dem Turm auf h8, wird vom König geschlagen, der Elefant geht von h3 nach f6 (Abzugsschach), König g8, zweites Turmopfer auf h8, König schlägt wieder, worauf der Bauer von g6 nach g7 zieht und Schach bietet, König g8, jetzt erfolgt Springer h6 mit Matt.*

ben 946). Al-Adli (gestorben um 850) veröffentlichte seine Abhandlung, in der er die umfangreiche Spieltheorie der Zeit darstellte und lange Zeit bewunderte Problemstellungen aufzeigte. In einem Wettkampf verlor er 847 gegen Ar-Razi. Der Kampf fand am Hofe des Kalifen Al-Mutawakkil statt. Ar-Razi (gestorben 850) galt darauf als größter Spieler seiner Zeit. Er verfaßte ein Werk, dem er den bezeichnenden Titel «Eleganz beim Schach» gab. Doch nicht nur die Schönheit des Spiels wird im arabischen Schrifttum gewürdigt. Schach als Erziehungshilfe zur Entwicklung des logischen Denkens loben die Autoren genauso, wie sie auch behaupten, Schach könne zur Voraussicht kommender Dinge führen, zu Freundschaft, und vermöge vor Einsamkeit zu bewahren. Die Araber spielten leidenschaftlich, alle Gesellschaftsschichten begeisterten sich dafür. Die Kalifen selbst führten die Figuren und überschütteten die Meister mit Ehren und Goldgeschenken. As-Sulis Ruhm erstrahlte so hell, daß man ihn später sogar für den Erfinder des Schachspiels hielt. Noch 300 Jahre später galt es als Auszeichnung, wenn man von einem Meister sagte, er spiele wie As-Suli.

Es war nicht ungefährlich, einen Kalifen am Schachbrett zu bezwingen, aber auch nicht einfach, ihn absichtlich gewinnen zu lassen. Der allerhöchste Zorn konnte vernichten. Meist schauten die Herrscher den Spielern aber zu. Wurde der fürstliche Favorit von einem Fremden im Schachkampf besiegt, konnte dieser rasch die Gunst des Kalifen verlieren. «Dein Rosenwasser hat sich in Harn verwandelt», diese Worte mußte Al-Maswardi vom Kalifen hören, als er gegen As-Suli verloren hatte. Nicht nur Kalifen und Kalifensöhne spielten in den arabischen Ländern Schach, auch Prinzessinnen. Überhaupt galt das Schachspiel der Frauen als selbstverständlich. In vielen Gedichten ist von Schachspielern die Rede, die, von der Schönheit ihrer Partnerinnen verwirrt, ihre Partien verloren. Nur allzuoft ging das Schach- zum Liebesspiel mit reizvollen Varianten über. Der berühmte Kalif Harun al Raschid soll nicht nur von seinem klugen Wesir, sondern sogar der eigenen Schwester besiegt worden sein. Den Geist arabischen Spiels zeigt die herrliche Legende von der Prinzessin Dilaram: Sie war die Lieblingsfrau eines Großwesirs namens Murwardi, der ein ebenso leidenschaftlicher wie mittelmäßiger Spieler war. Viel Geld hatte er beim glücklosen Spiel verloren. Als er auch seine übrige Habe verspielt hatte, setzte er sogar die Prinzessin Dilaram als Preis. Dilaram konnte mit ansehen, wie sich die Stellung ihres

«Es kommt nicht darauf an,
nach dem besten Zuge zu suchen,
sondern nach einem vernünftigen Plan
zu spielen.»

Eugène Snosko-Borowsky

Gemahls zusehends verschlechterte. Als seine Position allgemein als aussichtslos bewertet wurde und auch der Prinzessin angst und bange ward, erkannte die kluge Frau eine problemartige Mattführung: Sie flüsterte ihrem unglücklichen Mann, der bereits aufgeben wollte, zu: «Opfere deine beiden Türme, und rette so dein Weib!» Murwardi folgte dem Rat Dilarams. «Er gab mit seinem ersten Turm auf h8 Schach. Nachdem dieser vom schwarzen König geschlagen war, konnte er mit seinem Elefanten von h3 nach f5 springen und so den im Hintergrund stehenden zweiten Turm auf h1 Schach geben lassen. Der schwarze König mußte, da ihm die weißen Bauern die siebente Reihe versperrten, wieder nach g8 zurück. Murwardi blieb nichts anderes übrig, als auch seinen zweiten Turm auf h8 zu opfern. Da nun der Elefant das Feld h7 kontrollierte, konnte er mit dem Bauern g6 vorstoßen und Schach bieten. Der schwarze König kehrte schleunigst nach g8 zurück. Dem Zuschauer schien sich die Lage des Weißen noch mehr verschlechtert zu haben; denn nunmehr waren bei gleicher schwarzer Ausgangsposition auch noch die beiden weißen Türme verschwunden. Aber bevor der Gegner des Großwesirs König mattsetzen konnte, ereilte dieses Schicksal den seinen. Murwardi gab mit seinem Springer auf h6 ein Schach, das nicht mehr zu parieren war ...»

Das arabische Spiel erforderte bereits feinstes Verständnis für Positionen und kluges vorausschauendes Spiel, eine weitsichtige Mattführung. Das innere Wesen des Spiels war in vielfältiger Weise schon vorgegeben, obwohl die Figuren anders zogen, anders hießen und die Figurenaufstellung bei Spielbeginn je nach Charakter der zu spielenden Partie ganz anders war, als die Europäer es spielen sollten. Die vor dem Spiel festzulegenden Ausgangspositionen bezeichnete man als Tabija, ein Begriff, der in der modernen Eröffnungslehre sowjetischer Meister wieder vorkommt. Auch das Blindspiel war den Arabern bereits bekannt. Ränge der Schachspieler nach Leistungsgruppen bestanden ebenfalls. Außerordentlich beliebt waren die sogenannten «Mansuben», problematische Endspielstellungen mit mehrzügigem Matt. Eine reiche Literatur aus alter Zeit hat sich dazu erhalten.

Miniatur aus dem Schachbuch Alfons' des Weisen, einem richtungsweisenden Werk der frühen europäischen Schachliteratur, das dem hohen arabischen Niveau seine Qualität verdankt. König Alfonso diktiert sein Spielbuch einem Sekretär, beraten von zwei Weisen.

وبحق القص والجبالة والفرس والذبالة انها لضغث على ابالة فاضاعف نفس من زجها

وتنشد مدرجها فلما دانتني قرنت بالرقعة درهما وقطعة وقلت لها ان رغبت في المشوف المعلم

واشرت الى الدرهم فبوحي بالسر المدهم وان ابيت ان تحرجي فخذي القطعة وابرحي

مالت الى استخلاص البدر التم والأبلج الهم وقالت دع جدالك وبيّن عما بدالك فاستطع

طلع الشيخ وبلده والشعر وناسج بردته فقالت ان الشيخ من اهل سروج وهو الذي وشّى

AUSBREITUNGS-WEGE NACH EUROPA

Die Araber beherrschten seit dem 8. Jahrhundert nicht nur die iberische Halbinsel, sondern auch Sizilien und Sardinien. Die Berührung mit der arabischen Kultur und Zivilisation hat Europa unglaublich bereichert. Viel früher als das Abendland hat die arabische Welt sich auch die weltlichen Güter der alten Mittelmeerländer, Roms und Byzanz, Wissenschaft und viele technische Errungenschaften angeeignet. Zur kulturellen Stagnation kam es im islamischen Bereich erst nach dem 13./14. Jahrhundert. Nicht nur Kampf und Greueltaten zwischen Muslimen und Christen charakterisierten die Beziehung Morgenland und Abendland. Immer wieder kam es zu kulturellem Austausch in Spanien und auf Sizilien. Auch das Schach kam durch ihre Vermittlung nach Europa. Die ältesten schriftlichen Zeugnisse können wir um die Jahre 1008 und 1058 nachweisen. Zwischen 1008 und 1010 verfügte der Graf Ermengaud von Urgel testamentarisch, daß seine Schachfiguren aus kostbarem Bergkristall an das Kloster Saint-Gilles-du Gard (bei Nîmes) fallen sollten. Dem gleichen Kloster vermachte eine Schwägerin des Grafen, Ermesind von Barcelona, ein Schachspiel. Das erste Werk, das sich in Westeuropa dem Spiel und der Theorie widmet, erschien auch in Spanien. Es ist das «Buch vom Schach-, Würfel- und Brettspiel» von 1283, das sogenannte Alfonso-Manuskript. König Alfonso X., der den Beinamen «der Weise» erhielt, hat zwar möglicherweise nur das Vorwort dazu geschrieben, aber dennoch blieb das Werk immer

Linke Seite: *Der Koran verbietet die Darstellung von Menschen und auch von Tieren, deshalb ist die arabische Kunst so reich an ornamentalen Gestaltungen, an Kalligraphien, abstrakten Mustern. Europa verdankt der islamischen Welt die Vermittlung eines reichen Kulturerbes der Antike und einen beispielgebenden Reichtum von Musik und Dichtung. Ohne den Austausch mit den arabischen Emiraten in Spanien und der Wissensvermittlung über Sizilien (Kaiser Friedrich II. von Hohenstaufen) wäre die europäische Kultur des Mittelalters bescheiden geblieben. Schach bildete nur eine Anregung von vielen Einflüssen der Araber.*

Die beiden Miniaturen aus der berühmten Handschrift Alfons' des Weisen zeigen christliche Ritter mit Lanzen, Fahnen und Wimpeln. Nicht nur Kampf bestimmte das Verhältnis zwischen Arabern und Spaniern nach der islamischen Eroberung der iberischen Halbinsel im Jahre 711. Es gab auch Zeiten der Annäherung und des friedlichen Nebeneinanders.

König | Dame | in Dame umgewandelter Bauer | Turm | Läufer | Springer | Bauer

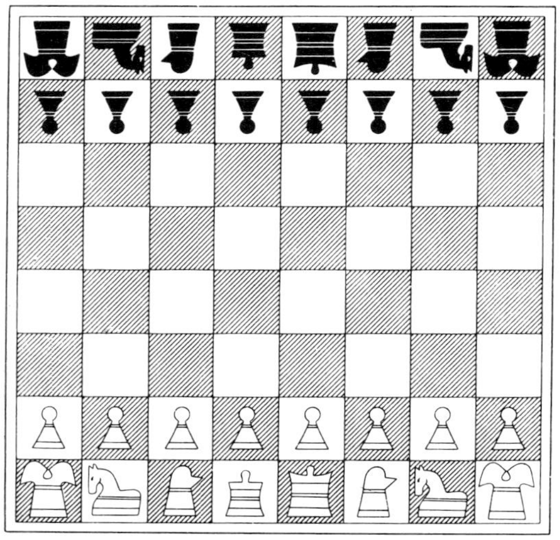

Diagramm mit der Figurenaufstellung nach dem Schachbuch Alfons' des Weisen, der zwischen 1221 und 1284 lebte. Das «Buch vom Schach-, Würfel- und Brettspiel» wurde 1283 vollendet. Der König selbst verfaßte wahrscheinlich nur die Einleitung dazu. Die Könige stehen auf e1 und e8 wie heute.

Rechte Seite: *Zahlreiche Schachprobleme und -aufgaben, ausgehend von den arabische Mansuben (endspielartige Problemstellungen), stellte der «Codex Alfonso» (heute im Escorial aufbewahrt) mit Erklärungen des Lösungsweges dar.*

mit seinem Namen verbunden. Es ist für die Schachgeschichte so wichtig geworden, weil es später wesentlich gewordene Neuerungen mit der arabischen Spielweise verband, z.B. in der Gangart der Figuren (wichtig für die Entwicklung der Züge der al ferza, der Dame). Im 11. Jahrhundert war das Spiel in Europa bereits allgemein bekannt. Mehrere Ausbreitungswege kommen dabei in Betracht. Nicht nur über Sizilien und Unteritalien, wo der arabische Kultureinfluß groß blieb, mag das Spiel nach Norden gelangt sein. Auch über Kleinasien und den Balkan, das Byzantinische (oströmische) Reich und über die Handelswege von Mittelasien durch die südrussischen Steppen, das frühe Rußland, drang das Spiel nach Mitteleuropa. Aus dem 7. oder 8. Jahrhundert stammen Schachfiguren, die in Samarkand und Fergana gefunden wurden. Sie gingen mit Sicherheit auf Persien zurück und zwar auf eine sehr frühe Phase des persischen Spiels. Von dort wurden sie weiter verbreitet. Im Gebiet der alten Kiewer Rus, des ältesten russischen Staates, wohin die Wikinger (Waräger) ihre Handelsfahrten unternahmen, könnte das Spiel bereits um das Jahr 1000 verbreitet gewesen sein. Die Wikinger haben nicht nur arabische Münzen und buddhistische Figuren mit in ihre skandinavische Heimat genommen, sondern mit Sicherheit auch Schachfiguren. Selbst bis nach Island war das Schach durch solche weitläufigen Handelswege gedrungen und das bereits im 11./12. Jahrhundert. In einer isländischen Saga wird um 1155 berichtet, daß der dänische König Knut der Große im Jahre 1027 Schach gespielt haben soll.

Arabische Schachfiguren wurden im 11./12. Jahrhundert an vielen Orten Mitteleuropas gefunden. Ursprung dieser Figuren kann genauso Südeuropa sein, wie sie auf eine Herkunft aus dem Osten durch Vermittlung der Wikinger deuten könnte. Das Schach, das in Europa seit dem Hochmittelalter gespielt wurde, wird weder nach einheitlichen Regeln noch in vergleichbarer Spielstärke gespielt worden sein. Das Interesse des Mittelalters war gemäß der noch lange nachwirkenden arabischen Tradition auf Endspielprobleme, die sogenannten Mansuben, ausgerichtet. Auf diese Weise wollte man vor allem die Mattführung als direkten Weg zum Gewinn der Partie studieren. Dabei wurde vom Figurengleichgewicht ausgegangen. Die Lösungen waren klarlinig vorgezeichnet mit durchgängigem Schachbieten unter dem Opfern vieler Figuren. Doch lassen wir uns nicht täuschen von der Überlieferung. Die Tausende von Partien, die vom Adel oder den aufkommenden bürgerlichen Ständen gespielt wurden, dienten primär der Unterhaltung, der Zerstreuung. Was in der hohen Literatur beschrieben wurde, täuscht oft über die Wirklichkeit des täglichen Lebens, seine Plattheit, hinweg.

Das Schachspiel wurde ganz im Sinne der ständisch aufgebauten Gesellschaft interpretiert. Charakteristisch für die mittelalterliche Auffassung wurde Jacobus de Cessolis, ein italienischer Dominikaner, der um 1300 eine bald in über 200 Handschriften in ganz Europa verbreitete Schrift «Liber de moribus hominum et

Este es otro iuego departido en que a x.
trebeios que an a seer entablados as
si como esta en la figura del entab
lamiento. et an se de iogar desta gui
sa: Los prietos iu
egan primero et dan ma
te al Rey blanco en qua
tro uezes o en menos
delos sus iuegos mis
mos si los blancos no
lo sopieren alongar. ¶ El primero
iuego dar la xaque con el peon prie
to en la tercera casa del cauallo blan
co. et iogara el Rey blanco en la casa de
so cauallo. et si entrasse en casa de so
Roque. seer le mathe ala primera uez
con el Roque prieto en la casa del ca
uallo blanco. ¶ El segundo iuego
dar la xaque con el Roque prieto en
la casa del cauallo blanco. et encobrir
sa el Rey blanco con so alffil. ¶ El ter
cero iuego dar la xaque con el Roq
prieto que esta en su casa poniendol
en la casa del Roque blanco. et el Rey
blanco tomar lo a por fuerça. ¶ El
quarto iuego dar la xaque et mathe
con el Roque prieto tomando el alff
il blanco que esta en su casa. ¶ E si
los prietos erraren de dar xaque cada
uez al Rey blanco. es el Rey prieto
mathe al primero iuego con el Roque
blanco poniendol en la segunda ca
sa del alffil prieto. ¶ Este es el de
partimiento deste iuego. et esta es la
figura dell entablamiento.

Der Dominikanerpater Jacobus de Cessolis schuf 1275 das am meisten kopierte und nach Erfindung des Buchdrucks am häufigsten verlegte Schachbuch des Mittelalters. Darstellung in einer Abschrift seiner Schachpredigt von 1413.

Unten rechts: *Cessolis stellt die Alten oder Läufer des Spiels als Richter oder Berater sitzend mit offenem Buch dar (aus dem Cessolis-Kodex, Bibliotheca Vaticana)*

Rechte Seite: *Jacobus de Cessolis bei der Predigt. Seine Belehrungen über Tugenden und Laster kleidete er in das Gewand des damals überaus populären Schachspiels. Das Original des Cessolis-Kodex wird in der Bibliotheca Vaticana aufbewahrt und erschien 1988 als einzigartige Faksimile-Ausgabe.*

officiis nobilium ac popularium super ludo scaccorum» (Schachbuch von den Sitten der Menschen und den Pflichten der Vornehmen und Niederen) verfaßte. Cessolis deutet die Schachfiguren nach der Gesellschaftspyramide seiner Gegenwart. Schach gehört zur höfischen Kultur. Die Minnesänger verkünden sein Lob wie auch viele Geistliche. Hugo von Trimberg, der bei Bamberg lebte, schrieb um 1300: «Diese Welt gleicht einem Spielfeld, denn wie das Schachspiel hat sie Könige und Königinnen, Grafen (Türme), Ritter (Springer), Richter (Läufer) und Bauern. Und ganz so führt

Gott mit uns sein Spiel durch, wenn man es so recht betrachtet. Wer sündigen Gedanken nachhängt, dem bietet der Teufel stets Schach und setzt ihm die Seele matt, falls er sich nicht gut zu schützen weiß.» Schach war für Hugo von Trimberg ein Abbild der göttlichen Weltordnung.

Ende des 15. Jahrhunderts erfolgte der Übergang zum «Eilschach». Gekennzeichnet war diese Entwicklung durch die stärkere, über mehr als nur

Multoru
fratru
ordis
nri et diuersoru
secularu precibus
pswasus dudum
munus requisitum
negaui videlicet
regiminis morum
ac belli humani
generis documentu
Sane cu illum ad
ppl'm declamatorie
pdicassem multis
q nobilibus placuisset materia. honori eoru
ac dignitati ascribere monens eos ut si formas
eoru menti impresserint. libellum ipm et ludi
virtutem corde faciliter poterunt obtinere.
Hunc etiam libellum de moribus hom et de
officiis nobiliu intitulare decreui. Et ut ordi
natius pcedam in eo an ipm capitula lectori
apposui ut q in eo sequitur clarius elucescat
Tractatibus aut quatuor opus ipm lector
nouit esse distinctum. Primus tractatus de
causa inuencionis huius ludi jm cam sub quo
rege hic ludus inuentus e 2m quis ludum
inuenit 3m de triplici causa inuencionis h9

curaui

cuius

zwei Felder reichende Wirkung von Fers (Dame) und Fil (Läufer). Jetzt konnte sich allmählich das Wettkampfschach entwickeln. Im Jahre 1467 wurde in Heidelberg von der Gesellschaft des Schachzabelspiels das erste bekannte Schachturnier in Mitteleuropa veranstaltet.

Schach, und das gilt durch seine ganze Geschichte, war nicht nur das wollte Figuren schlagen, Schach bieten. Entscheidend für die nun rasche Entwicklung und Vereinheitlichung der Spielregeln war die Erfindung des Buchdrucks. Cessolis Werk wurde bereits 1473 gedruckt. Bald darauf erschienen zahlreiche Ausgaben in verschiedenen europäischen Sprachen. Die französische Übersetzung diente dem Engländer William Cax-

Nach Philidor brachte auch der geniale Amerikaner Paul Morphy (1837 – 1884) die Schachwelt durch seine Blindsimultanvorstellungen zum Erstaunen. Von acht Partien gewann er 1858 im Café de la Régence in Paris ganze sechs. Abbildung in «Harper's Weekly», November 1858.

Spiel der Spitzenkönner, sondern immer auch Versuch der Anfänger, Teil des gesellschaftlichen Beisammenseins. Eine Kombination davon wird dieses erste Turnier gewesen sein. Von einer hohen Spielkultur im Sinne unserer Eröffnungslehre, positionellem Verständnis und weiter Vorausberechnung kann man nicht ausgehen. Man suchte primär den Kampf,

ton, Schachenthusiast und Buchdrukker, als Vorlage für sein in Brügge erschienenes ältestes englisches Schachbuch «The Game and Play of the Chess». Die erste deutsche Übersetzung erschien 1477 in Augsburg. Von Cessolis Werk existieren bald rund 70 lateinische, 40 deutsche, 20 französische, 10 italienische Ausgaben. Das älteste gedruckte Schach-

«Man wirke der falschen Auffassung entgegen,
als ob jeder Zug etwas Unmittelbares
zu leisten habe; auch Warte- und Ruhezüge
haben ihre Existenzberechtigung.»

Aaron Nimzowitsch

buch überhaupt erschien 1472 bei Günther Zainer in Augsburg, nur 16 Jahre nach Gutenbergs Erfindung, unter dem Titel «Das Guldin Spiel». Verfasser war ein Meister Ingold. Schach, und das beweisen diese Druckwerke, war das populärste Spiel in Europa am Ausgang des Mittelalters geworden. In Italien und Spanien hatte sich im 16. Jahrhundert die Rochade etwa in der heutigen Form durchgesetzt. Felder durften bereits nicht mehr überquert werden, auf denen Schach geboten werden konnte. Im beginnenden 17. Jahrhundert gibt es bereits alles, was auch die heutige Schachwelt charakterisiert: Berufsspieler, internationale Wettkämpfe, Mannschaftskämpfe, teure Stars, Blindspieler, die Laien und selbst tüchtige Spieler verblüffen, Schachbücher mit tiefgehenden theoretischen Erörterungen, Partiensammlungen, eine interessierte Öffentlichkeit. Das erste europäische Schachlehrbuch, auch im modernen Sinne als solches zu bezeichnen, stammt von dem Spanier Luis Ramirez de Lucena und erschien um 1497 unter dem Titel «Repetición de Amores e Arte de Axedres». Sein Werk enthält die damals bekannten Eröffnungen, 150 Probleme und die alten wie neuen Spielregeln.

«Ich glaube, daß das Schachspiel einen Zauber besitzt, der auch im hohen Alter hilft. So vergißt man bei einer Schachpartie das rheumatische Knie, und auch andere Ereignisse können im Vergleich mit einer Katastrophe am Schachbrett ganz unwichtig aussehen. Ein Besuch im Schachverein hält einen frisch, und besonders der Kontakt mit der jungen Generation kann neue Impulse geben.»

Vlastimil Hort
in «Schach ist das Leben»

Der polnisch-französische Schachmeister Samuel Rosenthal (1837 – 1902) spielte 1891 in Paris eine Simultanpartie auf 30 Brettern, was damals als außerordentliche Leistung galt. Zeitgenössische Illustration.

Rechts: *Titelseite der Erstausgabe von Philidors berühmtem Schachbuch, 1749 in London auf Französisch erschienen.*

Unten Mitte: *Karl der Kühne (1433 – 1477), Herzog von Burgund, lud an seinen Hof berühmte Schachspieler zum Vorführen ihrer Kunst ein. Die Spieler wurden fürstlich belohnt.*

Unten rechts: *Philipp II. (1527 – 1598), König von Spanien, hier im Alter von 59 Jahren, ließ im Jahre 1575 das erste internationale Turnier zwischen Italienern und Spaniern abhalten.*

DIE ERSTEN BERUFS-SPIELER

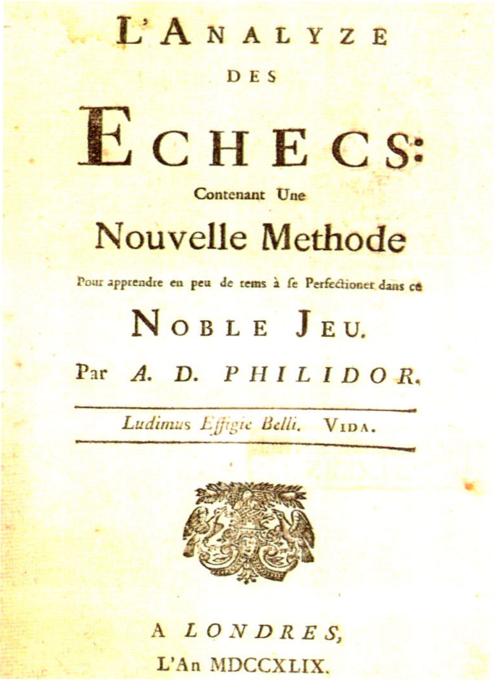
L'ANALYZE
DES
ECHECS:
Contenant Une
Nouvelle Methode
Pour apprendre en peu de tems à se Perfectioner dans ce
NOBLE JEU.
Par *A. D. PHILIDOR.*
Ludimus Effigie Belli. VIDA.
A LONDRES,
L'An MDCCXLIX.

Erste Zentren des europäischen Schachspiels wurden Spanien und Italien. Beide Länder stellten die ersten berühmten Meister, trugen die ersten internationalen Turniere aus, dominierten das Spiel bis ins 18. Jahrhundert hinein. Meister beider Nationen zogen von Fürstenhof zu Fürstenhof, von Stadt zu Stadt und trafen nur selten auf gleichwertige Gegner. Schon bei Lucenas spürte man, daß Schachwettkämpfe zu Prestigeauseinandersetzungen wurden und nicht mehr allein das Können entschied, sondern auch handfeste Ratschläge erteilt wurden, um sich noch anderweitig Vorteile zu verschaffen. So rät denn Lucenas: «Wenn Sie bei Tageslicht spielen, setzen Sie sich Ihrem Gegner so gegenüber, daß ihm die Sonne in die Augen scheint; das ist für Sie vorteilhaft. Außerdem versuchen Sie, gegen Ihren Widersacher anzutreten, wenn er gerade ausgiebig gegessen und getrunken hat.» Deshalb überrascht es überhaupt nicht, wenn heute bei Auseinandersetzungen der Großmeister ähnlich taktiert wird, um den Gegner aus der Fassung zu bringen. Der brasilianische Großmeister Henrique Mecking warf dem armenischen Ex-

Oben: *Alfons X. (1221 – 1284), König von Kastilien, ließ in seinem berühmten Buch die Schachkenntnisse seiner Zeit zusammenfassen und hat sich dadurch für die Entwicklung und Vertretung des Schachspiels bleibende Verdienste erworben.*

weltmeister Tigran Petrosjan vor, er sei nur dann ruhig geblieben, wenn er selbst am Zuge war. «Während ich überlegte, trat er dauernd gegen den Tisch und stieß mit dem Ellenbogen das Brett an, bis es zitterte. Als ob das nicht genug wäre, mich durcheinanderzubringen, machte Petrosjan laufend Geräusche, rührte Kaffee in ständig wechselndem Rhythmus um und rollte eine Münze über den Tisch.» Wenn Mecking Gleiches mit Gleichem vergelten wollte, sah er sich ausmanövriert. Der schwerhörige Armenier schaltete einfach sein Hörgerät ab. Er blieb auch hier der Sieger.

An den Höfen Europas wurde Schach eifrig gepflegt. Charles, Herzog von Orleans (1391 – 1465), selbst ein guter Spieler, und Karl der Kühne, Herzog von Burgund (1433 – 1477), zogen viele bekannte Schachspieler an ihren Hof. In Italien förderte der Herzog von Sera, Giacomo Buoncompagno (1538 – 1612), Spiel und Spieler. In Spanien wurde 1575 das erste internationale Turnier am Hofe König Philipps II. durchgeführt. Die berühmten italienischen Meister Leonardo da Cutro und Paola Boi, sekundiert von Giulio Cesare Polerio, besiegten die spanischen Großen Ruy Lopez und Alfonso Ceron. Von nun an wurde Schach im allgemeinen Bewußtsein immer stärker von Spitzenspielern und ihrer Spielkunst geprägt. An ihnen orientierte man sich, wollte man selbst als großer Spieler Ruhm erwerben, mußte man die namentlich bekannten Meister Italiens, Spaniens, Portugals, Frankreichs, Englands schlagen. Der Ruhm der Spieler war oft so groß wie der Neid, den sie weckten. Leonardo da Cutro

Herzog Charles d'Orléans (1391 – 1465) war selbst ein leidenschaftlicher Schachliebhaber. Man nannte ihn deshalb «den Schachspieler». Er hat sich mit berühmten Spielern aus Italien gemessen.

soll von Neidern sogar vergiftet worden sein.

Der Erfolg brachte bereits hohe Preisgelder. Der Herzog von Lothringen zahlte dem Meisterspieler des frühen 17. Jahrhunderts, Gioacchino Greco (um 1600 – 1634), dem Schüler Polerios, für seine Vorstellungen bei Hofe 5000 Scudi, ein Vermögen nach unserem Gelde. Greco besiegte ein Jahr später die Meister Englands. Seine herrlichen Kombinationen sind noch immer bekannt und gingen in die Turnierpraxis ein. Schachspiel wurde für Greco Kunst und Wissenschaft zugleich. Er erkannte Strukturen, die getrost in die Nähe des Abstraktionsniveaus der Mathematik gesetzt werden können. Wirkungsbeziehungen wurden von ihm entdeckt und in Spielstellungen eingefügt, deren feine Verästelungen erst allmählich verstanden werden konnten. Die Tradition der italienischen Meister ging mit Domenico Ponziani (1719 – 1796), Vertreter der einst hochangesehenen Schachschule von Modena, zu Ende. Ponziani und Giambattista Lolli (1698 – 1769) hatten wichtige schachtheoretische Schriften veröffentlicht, die Endspiele zu hoher Perfektion geführt und ein offenes Figurenspiel in der Eröffnung verstärkt.

Mit dem Franzosen François André Danican Philidor (1726 – 1795) wurde ein neues Zeitalter des «königlichen Spiels» eingeleitet. Nach seinen Siegen

Der Deutsche Adolf Andersson (1818 – 1879) siegte im berühmten Londoner Turnier von 1851 und gilt deshalb als erster inoffizieller Weltmeister. Er war ein hervorragender Angriffsspieler.

Der große Begründer der «Encyclopédie» (entstanden zwischen 1751 und 1772), Denis Diderot, bewunderte Philidor zwar, warnte ihn aber vor den geistigen Anstrengungen seiner Blindsimultanspiele, die zum Wahnsinn führen könnten.

Rechts: *Einige der bekannten Schachspieler des 19. Jahrhunderts in England: Johann Jakob Löwenthal (1810–1876), Jules Arnoux de Rivière, Marmaduke Wyvill (1814–1896), Ernst Karl Falkbeer (1819–1885), Howard Staunton (1810–1874), Lyttelton und H. A. Kennedy.*

1747 in «Slaughter's Coffee House» in London gegen den aus Syrien stammenden Meister Stamma und 1750 gegen den Sire de Légal galt er als stärkster Spieler seiner Zeit. Er machte London und Paris zu Zentren des Schachs. Als er sein richtungsweisendes Buch: «L'Analyze du Jeu des Echecs» ankündigte, fanden sich die ersten Namen der englischen Gesellschaft auf den Subskriptionslisten. 1751 gab er in Potsdam und Berlin vor Friedrich dem Großen Beweise seines Könnens. London feierte seine Blindsimultanvorstellungen, die alle Welt beeindruckten. Sein berühmter Zeitgenosse Denis Diderot, Philosoph und Mitbegründer der Enzyklopädie, warnte ihn eindrücklich vor solchen geistigen Anstrengungen, er könne dabei den Verstand verlieren. Philidor war methodischer als Greco, er entdeckte den Wert der Bauern. Ziel seines Spiels war es, ein starkes Zentrum zu bilden. Im berühmten Pariser Spielort, dem «Café de la Régence», trat Philidor gegen Rousseau, d'Alembert, Diderot und Robespierre an. Hier, wo er schon als 14jähriger auffiel, bildete er den Mittelpunkt der Schachwelt. Nach dem Sieg über Légal überreichten seine Bewunderer ihm ein Schachzepter, Symbol der einsamen Meisterschaft. Direkt und indirekt haben Philidors Lehren den Aufstieg der nationalen Schachschulen in Europa begründet. Howard Staunton (1810–1874) publizierte nicht nur die erste englische Schachzeitschrift («The Chess Player's Chronicle», 1841), sondern schuf das erste englische Handbuch des Spiels («The Chess Player's Handbook», 1847) und organisierte 1851 in London das erste internationale Turnier. Alexander Petrow (1794–1867) schrieb 1824 das erste russische Schachhandbuch und

wurde zum Mitbegründer der russischen Schachschule. Das Vorbild Philidors wirkte in Frankreich weiter. Im «Café de la Régence» trat ein Quartett von Spielern, La Bourdonnais, Saint-Amant, Deschapelles und der gebürtige Livländer Kieseritzky, seine Nachfolge an. Das Café war bis 1840 meist so überfüllt von Spielern und Kiebitzen, daß man, um Platz zu sparen, die Hüte aufbehielt.

1803 wurde in Berlin der erste Schachclub mit eigenem Lokal gegründet. Auch hier war Philidor leuchtendes Vorbild. Aus dieser Schachgesellschaft, die bald von berühmten Spielern und Theoretikern aus London, Budapest und St. Petersburg besucht wurde, ging Paul Rudolf von Bilguer (1815–1840) hervor, der Verfasser des ersten deutschen Schachbuchs, das auch im Ausland allgemein anerkannt wurde. Von Bilguer war auch der Begründer der ersten deutschen Schachzeitung (seit 1846 Deutsche Schachzeitung), der ältesten noch heute bestehenden Schachzeitschrift der Welt.

Die Berliner «Schachgesellschaft» ermöglichte es dem Mathematikprofessor Adolf Anderssen (1818–1879), am ersten internationalen Turnier in London teilzunehmen. Anderssen schaffte die Sensation, er siegte überlegen. Er schaltete Kieseritzky aus und Staunton, der als Favorit für den Turniersieg gegolten hatte. Anderssen wurde erster inoffizieller Weltmeister der modernen Schachgeschichte. Jetzt begann eine neue Epoche des Schachspiels. Neue Maßstäbe wurden gesetzt. Von nun an entwickelte sich das Schach zum Spiel der Großmeister. Das gründliche Studium der Partien der Gegner und der Theorie bildeten eine Grundvoraussetzung für den Erfolg auf der Ebene internationaler Turniere. Auch der erste, diesmal offizielle Weltmeister Wilhelm Steinitz war Mathematiklehrer. Das analytische Denken, echtes Studium, intellektuelle und körperliche Fitneß, psychologische Zähigkeit, intuitives Erfassen schwieriger Stellungen, kluge, schöpferische Kombinatorik und ein computerhaftes Gedächtnis bilden nun die Voraussetzung für den Erfolg.

SCHACH – ABBILD DES KOSMOS

Schach kann nicht mehr lediglich als ein Spiel verstanden werden, sondern es ist trotz seines unterhaltenden Charakters auf unterer oder mittlerer Spielstufe eine Kraftprobe und ein Zeugnis menschlichen Geistes. Es spiegelt unsere Kulturgeschichte genauso in klassisch gewordenen Verhaltensweisen wider wie die politische Geschichte. Die menschliche Natur zeigt sich hier wie dort in Größe, gedanklicher Tiefe, durchtriebener List, geduldiger Verteidigung, aufbrausendem Temperament, scharfer Aggressivität, taktischer Fitneß und plötzlicher Blindheit.

Das alte indische Schach war als Kampfspiel nichts anderes als der Versuch einer Nachahmung realen Kriegsgeschehens auf einem Brett. Bald wurde das Schach aber als mehr empfunden. Schon die Inder selbst, Perser und Araber hatten es mit viel Überlegung und Kombinatorik zu einem ernstzunehmenden, geistvollen Wettstreit veredelt. Der friedliche Wettstreit sollte im Bewußtsein der Menschen den Krieg, die Vernichtung, ächten. Das entspricht buddhistischer Religiosität und altindischer Weisheit. Die Dimensionen des Raumes, das Schachbrett mit den Feldern und die handelnden Figuren wie

«Ich kenne kein Schauspiel auf der Welt, das 3000 Personen fünf Stunden lang in Atem halten kann. Unbewegt und in Gedanken versunken, wie die hieratischen Schauspieler einer japanischen Kabuki-Aufführung, sitzen sich die Spieler gegenüber.»

Fernando Arrabal
über die
Moskauer Meisterschaften

«Es ist im Leben wie im Schachspiel: Wir entwerfen einen Plan; dieser bleibt jedoch bedingt durch das, was im Schachspiel dem Gegner, im Leben dem Schicksal zu tun belieben wird.»

Arthur Schopenhauer
in «Parerga und Paralipomena»

Rechts: *Zwei Holzschnitte aus einem der ältesten englischen Schachbücher, Caxtons Schachbuch, aus dem Jahre 1474. Links ein Mönch beim Lösen eines Schachproblems, rechts Spiel eines Königs gegen einen Bischof.*

Waffen der menschlichen Geschichte, Soldaten, Reiterei, Elefanten, Streitwagen, waren sinnbildlich im Spiel eingefangen. Die zeitliche Dimension wurde wiedergegeben durch die Folge der Züge. Jeder Zug veränderte die Stellung wie die Zeit das Leben und das Geschick der Herrscher und Völker. Der arabische Geschichtsschreiber Masudi (gestorben 958 in Kairo) erkannte Ähnlichkeiten zwischen dem Schach und der Bewegung der Himmelskörper. Schach als Abbild des Kosmos, diese Idee blieb bis in die Gegenwart lebendig. «Das Schach ist die Welt, die Steine sind die Erscheinungen im Weltall, und die Spielregeln heißen Naturgesetze», schrieb der britische Naturforscher Thomas Huxley. Die Gesetze der Welt spiegelte das Schach auch nach Meinung des Anthroposophen Rudolf Steiner.

Nicht ganz so philosophisch auf die Unendlichkeit ausgerichtet verstand die höfische Welt des Mittelalters das Schach. In der stimmungsvollen französischen Dichtung «Les échecs amoureux» (um 1400) wurde das Spiel der Liebe auf dem Schachbrett versinnbildlicht. Ein beliebtes Bildmotiv war das «Liebesgärtlein» mit Darstellungen schachspielender Paare. Inmitten einer farbenprächtigen, paradiesischen Natur fand man sich zum Spiel. Doch nicht nur der Adel schätzte das Schach, was kostbare Figuren und Bretter beweisen, sondern auch viele Geistliche. Bei den Benediktinern, dem bedeutendsten Mönchsorden des Abendlandes, stand das Schach in hohem Ansehen, als geistige Disziplin der Mathematik gleichgestellt. Der Dominikanermönch Jacobus de Cessolis beschrieb und verstand das Schachspiel als Allegorie der gesellschaftlichen Ordnung. Die Schachfiguren hatten für ihn ihre Entsprechungen in der realen mittelalterlichen Welt: Moralisierende Traktate der Zeit bedienten sich gern der Vergleiche mit dem Schach. Deutungen unseres Jahrhunderts von Spiel und Figuren trieben mitunter seltsame Blüten. Reuben Fine, zwischen 1930 und 1940 amerikanischer Meister und einer der stärksten Schachspieler seiner Zeit, schrieb 1956 seine «Psychologie der Schach-

Der Liebesgarten, Kupferstich des deutschen Meisters E.S., entstanden um 1445/50, mit einem Paar beim Schachspiel.

spieler», die 1967 sogar in zweiter Auflage erschien. Darin vertrat er die Ansicht, daß im Schachspiel homosexuelle und aggressive Komponenten sublimiert würden. Folglich mußte der König auch ein Phallussymbol, begleitet oder verfolgt vom Kastrationskomplex, sein. Schachmatt verstand er als Kastration oder Vatermord, die Bauern symbolisierten für ihn Kinder, vor allem kleine Jungen.

Schach stammt zwar aus dem indischen Raum und wurde von der persisch-arabischen Welt weitergeführt, aber die beiden großen Religionsstifter dieser Hemisphären waren dem Spiel, gleichgültig ob Brettspielen oder Losspielen, feindlich gesonnen. Buddha verurteilte alle Spiele als nichtig, da sie doch eher den Menschen vom mühsamen Weg der Erkenntnis abhielten. Auch Mohammed verwarf die Spiele als sündig (Sure 2,219). Doch weil der Prophet nicht eindeutig auch vom Schach sprach (wahrscheinlich weil er es nicht kannte), schlossen die arabischen Verteidiger des Spiels, daß er Schach gar nicht gemeint haben könne. Für den frommen Ibn Dawud war der Schachspieler der verfluchteste aller Sünder, und der arabische Eiferer Habba schimpfte: «Das Schachspiel ist verflucht, verflucht ist, wer spielt.» Diese Ablehnung erinnert an die asketische Haltung der Zisterzienser im europäischen Mittelalter. Auch sie ächteten das Schachspiel. Mehrere kirchliche Verbote wurden im 13. Jahrhundert verhängt. In vielen noblen Deutungen des Spiels überwanden geistvolle Schachfreunde solche religiös motivierte Angriffe.

Schon in der Vorrede zum Schachbuch von Alfons X. heißt es: «Gott wollte, daß die Menschen allerlei Zerstreuung hätten, damit sie die Sorgen und Mühen, wenn diese kämen, ertragen können.» Der Sohn eines Kalifen, die sich als Nachfolger der Propheten verstanden, hat in zeitlos gültigen Versen das Schach gegen alle Feinde verteidigt:

«Du, der du mit zynischem Spott
unser geliebtes Schach tadelst,
wisse, daß hier Geschicklichkeit eine
Wissenschaft ist,
daß das Spiel Zerstreuung der Trauer
bringt.
Es sänftigt die Sorgen der
Liebenden,
es bewahrt den Trinker vor Ausschweifung,
es gibt dem Krieger Rat,
wenn Gefahr naht, wenn Untergang
droht;
es gewährt, wenn wir ihrer am
meisten bedürfen,
Gefährten unserer Einsamkeit.»

Totentänze und Spiele mit dem Tod waren am Ausgang des Mittelalters weit verbreitet: in Kirchen, als Fresken an Mauern, als Malereien auf Tafelbildern. Das «Spiel mit dem Tod», Fresko von Albertus Pictor in der Kirche der schwedischen Ortschaft Täby (2. Hälfte 15. Jh.).

Titelblatt der Erstausgabe des polnischen Poems «Schach» (Száchy) von Jan Kodanowski aus dem Jahre 1564.

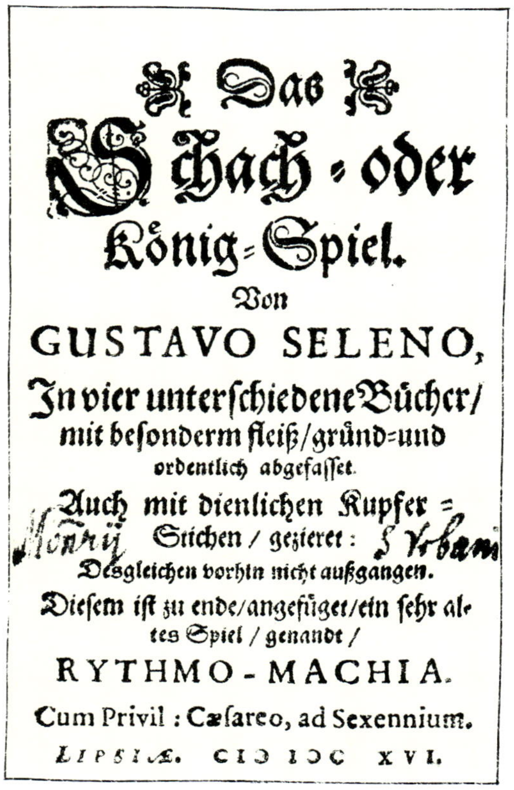

Das Schach- oder König-Spiel.
Von
GUSTAVO SELENO,
In vier unterschiedene Bücher/
mit besonderm fleiß/gründ- und
ordentlich abgefasset.
Auch mit dienlichen Kupfer-
Stichen / gezieret:
Desgleichen vorhin nicht außgangen.
Diesem ist zu ende/angefüget/ein sehr al-
tes Spiel / genandt /
RYTHMO-MACHIA.
Cum Privil: Cæsareo, ad Sexennium.
LIPSIÆ. CIↃ IↃC XVI.

Titelblatt des berühmtesten deutschen Schachbuches. Unter dem Pseudonym von Gustavus Selenus verbarg sich der Herzog August zu Braunschweig und Lüneburg (1579–1666).

Rechts: *Auf einem runden Brett wird das sogenannte astronomische Schach gespielt. Himmel, Planeten und der Tierkreis sind dabei die bestimmenden Elemente.*

RUHM DER NATIONEN – EHREN DER SPIELER

Verfeinert wurde das Spiel von vielen nationalen Schulen und genialen Berufsspielern. Die Schachliteratur kennt u. a. die Indische, Spanische, Englische, Schottische, Wiener Partie, die Französische, Skandinavische, Holländische, Ungarische, Russische, Sizilianische, Polnische Verteidigung, die Katalanische Eröffnung, das Lettische Gambit, das Tschechische System der slawischen Verteidigung.

Diese unendliche Vielfalt des Großmeisterschachs deutet bereits die altpersische Getreidekornlegende an, die Masudi über den Ursprung des Schachs zum ersten Male erzählte: Unter dem indischen König Balhit, der angeblich 120 Jahre nach König Poros, der von Alexander dem Großen besiegt worden war, herrschte, habe ein indischer Weiser das Schachspiel erfunden. Als Lohn dafür erbat sich der Erfinder vom König nur Weizenkörner, und zwar nach folgendem System: für das erste der 64 Schachfelder ein Korn, für das zweite zwei Körner, für das dritte vier, für das vierte acht usw. Das anfängliche Erstaunen von König und Hof über die vermeintliche Bescheidenheit des Wunsches wandelte sich bald in Entsetzen. Es stellte sich heraus, daß für das letzte 64. Feld 9 223 372 036 854 775 808 Getreidekörner aufzubringen wären, insgesamt aber 18 446 744 073 709 551 615. Um so viele Körner zu ernten, wäre die Fläche Indiens nicht ausreichend gewesen.

In der Legende ist viel Weisheit verborgen, in einem doppelten Sinne. Indischem Geist ist die Erfindung des dezimalen Stellenwertsystems zu verdanken, und in der Legende steckt auch die Begründung des Logarithmensystems. Dazu kommt, daß die Vielfalt des Schachs – versteckte logische Aufgaben – immer wieder große Mathematiker gereizt hat, bestimmte Gesetzmäßigkeiten zu entdecken. Der Basler Mathematiker Leonhard Euler untersuchte die Eigentümlichkeiten

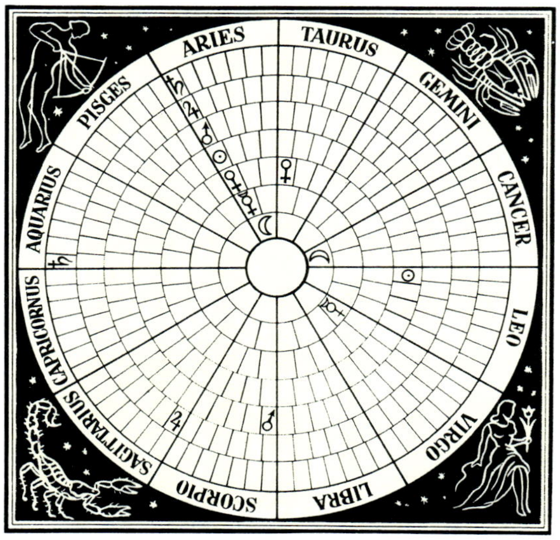

des Rösselsprungs, der Deutsche Karl Friedrich Gauss beschäftigte sich mit der Aufstellung von acht Damen, die auf dem Brett ein solches Feld finden sollten, daß sie einander nicht schlagen konnten. Er entdeckte dafür 82 mögliche Positionen. Die unglaubliche

1	2	4	8	16	32	64	128
256	512	1024	2048	4096	8192	16384	32768
65536	131072	262144	524288	1048576	2097152	4194304	8388608
16777216	33554432	67108864	134217728	268435456	536870912	1073741824	2147483648
4294967296	8589934592	17179869184	34359738368	68719476736	137438953472	274877906944	549755813888
1099511627776	2199023255552	4398046511104	8796093022208	17592186044416	35184372088832	70368744177664	140737488355328
281474976710656	562949953421312	1125899906842624	2251799813685248	4503599627370496	9007199254740992	18014398509481984	36028797018963968
72057594037927936	144115188075855872	288230376151711744	576460752303423488	1152921504606846976	2305843009213693952	4611686018427387904	9223372036854775808

Links: *Die Weizenkornlegende über den sagenhaften Erfinder des Schachs, der sich von seinem König als Lohn dafür Weizenkörner versprach. Der König dachte zunächst, es sei ein bescheidener Preis, merkte aber bald, daß es in seinem ganzen Lande nicht genug Weizen gäbe, um den Erfinder zu entlöhnen.*

Vielfalt des Schachs wird in solchen Aufgaben deutlich. Es gibt 3612 Arten, zwei Könige aufzustellen, zwei Könige und zwei Bauern können 7,4 Millionen spielgerechte Stellungen einnehmen. Zwei Könige und zwei Offiziere bringen es auf 13 Millionen Positionen. Die 32 Figuren insgesamt lassen sich schier unendlich kombinieren: Man erhält eine Zahl mit 117 Ziffern. Obwohl ein paar Zahlenstellen wegfallen, weil die Züge grob fehlerhaft sein können, wird die Vielfalt der Stellungen im Schachspiel deutlich. Zwar besteht die theoretische Möglichkeit der unendlichen Ausdehnung einer Schachpartie nicht, in menschlichen Dimensionen aber ausgedrückt, ist das Schachspiel eine Welt für sich.

Die größte bleibende Ehre für einen Schachspieler neben der Erringung der Weltmeisterschaft ist es, wenn sein Name mit einer Eröffnung, einem Opfer (Gambit) oder Verteidigungssystem und den Varianten oder Fallen der Spielsysteme verbunden wird. Nur einzelne Beispiele, die für die Vielfalt des Schachs sprechen, seien hier zitiert; das Staunton-Gambit (nach dem britischen Schachmeister, zwischen 1843 und 1851 als stärkster Spieler der Welt gefeiert), die Caro-Kann-Verteidigung (nach dem britisch-deutschen Spieler Horatio Caro, 1862–1920, und dem Wiener Markus Kann, gestorben 1886), das Cunningham-Gambit (nach dem britischen Gesandten in Venedig 1715–1720, der eine Variante im Königsgambit untersuchte), das Falkbeer-Gegengambit (nach dem österreichischen Meister, um 1850 gespielt), das Jänisch-Gambit (vom Mit-

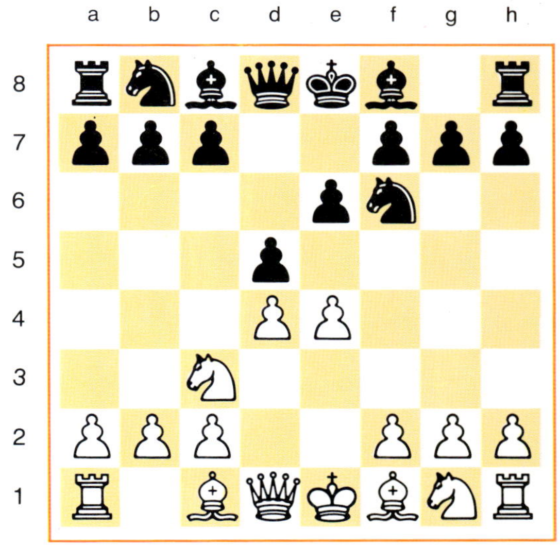

Das klassische System der Französischen Verteidigung:
1. e4 e6 2. d4 d5 3. Sc3 Sf6

Die Französische Verteidigung ist eine der ältesten und lange Zeit eine der beliebtesten gewesen. Sie wird von vielen Theoretikern wie Alapin als Angriffssystem von Schwarz aufgefaßt. Diese Verteidigung kennt viele Abspiele und Varianten.

«Opfer sind nur möglich,
wenn der Gegner einen Fehler gemacht hat.»
«Es ist stets besser,
die Steine des Gegners zu opfern.»

Savielly Tartakower

begründer der russischen Schachschule 1847 analysiert), der Marshall-Angriff (eine scharfe Variante in der spanischen Partie, zuerst vom amerikanischen Großmeister in New York 1918 gegen Capablanca gespielt), der Max-Lange-Angriff (zuerst vom deutschen Meister und Problemtheoretiker in der Mitte des 19. Jahrhunderts vorgetragen), das Muzio-Gambit (eine Variante im Königsgambit, 1634 dem Neapolitaner Muzio d'Alessandro zugeschrieben), die Nimzowitsch-Verteidigung (erstmals in Ostende 1907 von dem Balten gespielt, der 1925–1930 zu den stärksten Spielern der Welt zählte), die Réti-Eröffnung (vom tschechischen Großmeister und Begründer der «Hypermodernen Schachschule» um 1920 in die Turnierpraxis eingeführt), das Aljechin-System (vom russischen Weltmeister 1934 im Kampf gegen Bogoljubow zuerst angewandt), die Tarrasch-Verteidigung (im Damengambit vom deutschen Großmeister nach 1880 oft gespielt), das Winawer-Gambit (nach dem polnischen Meister, der es 1901 in Monte Carlo gegen Marshall zuerst vorstellte), das Englund-Gambit (zuerst vom schwedischen Meister, 1871–1933, gespielt), die Botwinnik-Variante der Slawischen Vereinigung (nach dem dreimaligen sowjetischen Weltmeister, der noch mit 50 Jahren zum zweitenmal den Weltmeistertitel zurückgewann), die Canal-Falle (nach dem peruanischen internationalen Meister Estebán Canal, gestorben 1981, der eine Eröffnungsfalle in der Italienischen Partie fand). Gleichsam für die Ewigkeit geschaffen gibt es die «Unsterbliche Partie» (im Jahre 1851 von Adolf Anderssen gegen Lionel Kieseritzky gespielt), die «Immergrüne» (1853 ebenfalls von Adolf Anderssen als geniale Angriffspartie gegen Jean Dufresne, einen Berliner Meister und Lehrbuchautor, siegreich abgeschlossen), die «Unsterbliche Zugzwangpartie» (weltberühmte Auseinandersetzung zwischen Friedrich Sämisch, dem ersten deutschen internationalen Großmeister nach dem Zweiten Weltkrieg, und Nimzowitsch gespielt, Sämisch mit Weiß geriet bei

Unten Mitte: *Das Rubinstein-System: 1. e4 e6 2. d4 d5 3. Sc3 dxe4*

Unten rechts: *Das Tarrasch-System: 1. e4 e6 2. d4 d5 3. Sd2 ...*

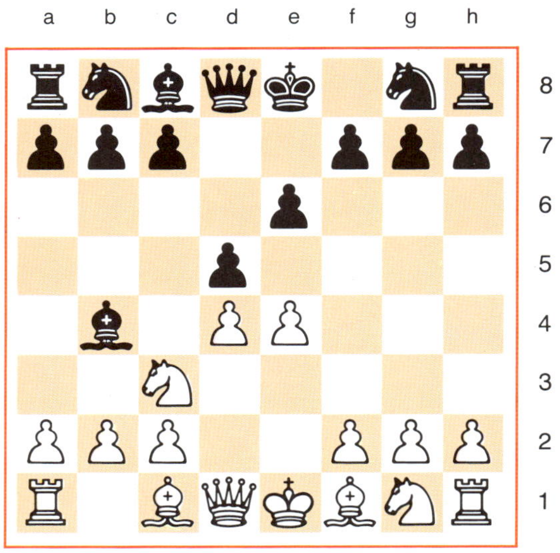

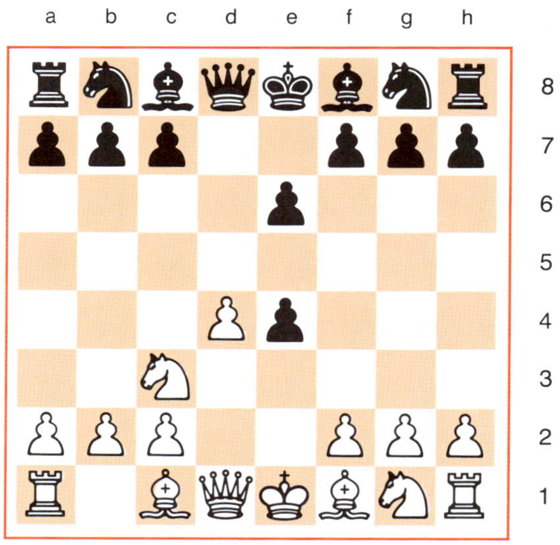

Das Nimzowitsch-System: 1. e4 e6 2. d4 d5 3. Sc3 Lb4

«Der vorletzte Fehler gewinnt.»
«Eine Drohung ist stärker als eine Ausführung.»

Savielly Tartakower

vollem Brett in Zugzwang und mußte nach 25 Zügen aufgeben) und ein «Unsterbliches Problem» (vom österreichischen Problemspezialisten Konrad Bayer, 1828–1897, erdacht). Auch eine Partie Akiba Rubinsteins (1882–1961), des polnischen Großmeisters, 1907–1914 einer der stärksten Spieler der Welt, wurde als «Rubinsteins Unsterbliche» wegen seiner genialen Schlußkombination verewigt. Noch heute glänzt eine Partie von Wilhelm Steinitz, die er im Alter von 60 Jahren spielte, als «Steinitz' Juwel».

Auch berühmte Mattstellungen werden mit den Namen der erfolgreichen Meister versehen. Auch diese seltene Ehre bezeichnet Schachgrößen, die Geschichte machten. «Grecos Matt» ist in einer Partiensammlung des Jahres 1619 überliefert. Der unvergessene italienische Schachmeister des 17. Jahrhunderts, Gioacchino Greco, führte unter Läuferopfer eine herrliche Kombination gegen die Rochadestellung des schwarzen Königs aus. «Légals Matt» erinnerte an den Sire de Légal, der 1750 in nur sieben Zügen Saint-Brie matt setzte. In Deutschland wurde diese Mattführung als «Seekadettenmatt» bekannt. Die Geschichte des Schachs zu studieren, ist eine zweckgerichtete Beschäftigung. Sie führt zum besseren Verständnis des Spiels. Wer die Geschichte der Menschheit studiert, wird im besten Falle Pessimist, wer sich aber mit der Geschichte des Schachs ernsthaft auseinandersetzt, der wird auch ein besserer Spieler. Die Schachtheorie, das heißt ihr heutiger Stand, hat in ihrer analytischen Schärfe eine fast schon unfehlbare Methodik entwickelt, die zu genauen Aussagen über richtig und falsch führt. Aber dennoch ist es nicht so einfach, daß man sagen könnte, wer ein Spiel gewonnen hat, hat auch richtig gespielt. Der Sieger hat aber mit Sicherheit einen spielentscheidenden Fehler, der vom Gegner erkannt und ausgenutzt werden konnte, vermieden.

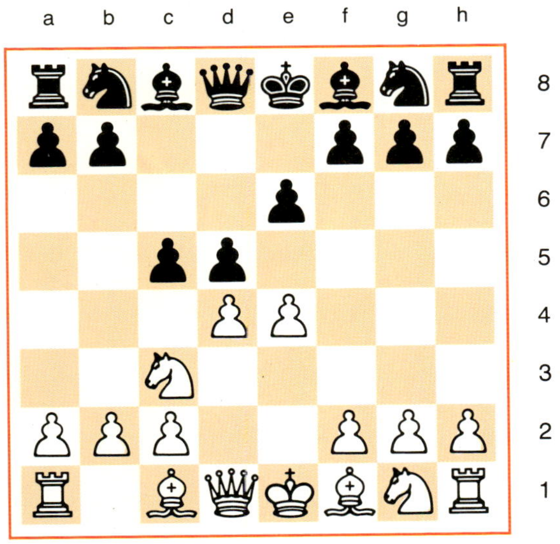
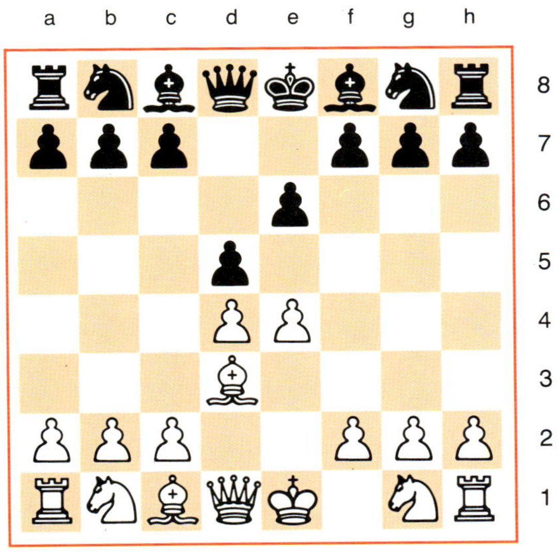
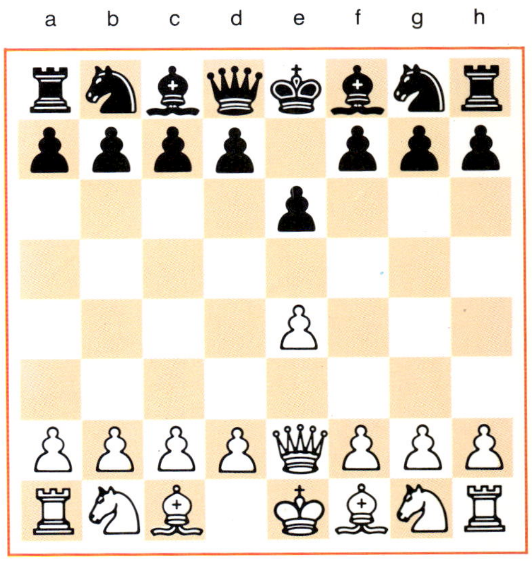

Unten links: *Die Marshall-Variante: 1. e4 e6 2. d4 d5 3. Sc3 c5*

Unten Mitte: *Das Alapin-System: 1. e4 e6 2. d4 d5 3. Le3 ...*

Das Tschigorin-System: 1. e4 e6 2. De2 ...

Die Schachpartie. Bild des niederländischen Malers Lucas van Leyden aus dem Jahre 1508.

Das Mittelalter begnügte sich ungern mit der bloßen Äußerlichkeit: Das Nächste, das Gewöhnlichste mußte immer noch etwas Ferneres und Höheres bedeuten und nur die verkörpernde Hülle eines tiefer liegenden Sinnes sein.

«Das Schachspiel besitzt den wunderbaren Vorzug, durch Bannung der geistigen Energien auf ein engbegrenztes Feld selbst bei anstrengendster Denkleistung das Gehirn nicht zu erschlaffen, sondern eher seine Agilität und Spannkraft zu schärfen.»

Stefan Zweig
in «Schachnovelle»

VOM WESEN DES SPIELS

Miniatur und Text aus einer Handschrift (1407) von Jacobus de Cessolis. Bayrische Staatsbibliothek, München.
«Die Königin soll ihrer Gestalt nach eine schöne Frau sein, umhüllt von einem vergoldeten, pelzverbrämten Gewand und soll zur linken Hand auf dem Schachbrett stehen, damit sie der König mit der rechten Hand umfangen kann.»

Rechte Seite: *Mephisto spielt mit Dr. Faust Schach um dessen Seele. Bilderuhr um 1900, das Uhrwerk bewegt die Augen des Teufels.*

Schach ist schön und schwierig. Aber gerade in den Schwierigkeiten enthüllt sich seine Schönheit. Sie hat zwei Gesichter. Das eine ist von dem Reiz geprägt, der auch den geometrischen Figuren innewohnt, von dem Zauber des edlen Maßes, der reinen Form und der klaren Linie. Hier herrschen Strenge und Schärfe des Geistes, aber auch Helle und Heiterkeit. Das andere Gesicht trägt wilde und phantastische, manchmal sogar geheimnisvolle und dämonische Züge. Es ist dies die Schönheit der Bewegung, des Abenteuers und des Sturmes. Jeder, der mit offenem Herzen und freiem Verstand Schach spielt, ist beiden Schönheiten verfallen.

Auch sonst ist der Schachfreund an Begriffspaare gewöhnt, die den inneren Reichtum des Spiels deutlich machen. In allen guten Partien und selbst in den sprödesten Kommentaren werden strategische und taktische Überlegungen angestellt, werden positionelle Erfordernisse und kombinatorische Möglichkeiten erwogen. Strategie heißt Planung auf weite Sicht, wozu nicht nur hinter der Stirn ein gut funktionierendes Rechenzentrum arbeiten sollte, sondern auch ein feines Gespür für Chancen und Gefahren ausgeprägt sein muß. Taktik ist der gezielte Schlag, der kalkulierte Überfall, die wohldosierte Gegenwehr. Wer strategisch denkt und dabei die Taktik vernachlässigt, baut ein Wolkenkuckucksheim; wer hingegen nur taktiert und die Zusammenhänge außer acht läßt, dreht sich im Kreise. Allgemeingut ist die Überzeugung geworden, daß der Angriff, das Lieblingskind des Anfängers,

Unten: *Die Spuren einer berühmten Partie. Bobby Fischer war 13 Jahre alt, als er mit Schwarz gegen Donald Byrne antrat und mit einem spektakulären Damenopfer bewies, daß er mehr war als nur ein vielversprechendes Talent. Der Künstler Ugo Dossi hat den Weg eines jeden Steines in der Farbe nachgezeichnet, die seinem Ausgangsfeld entspricht, also Rot für den König, Grün für den Springer usw.*

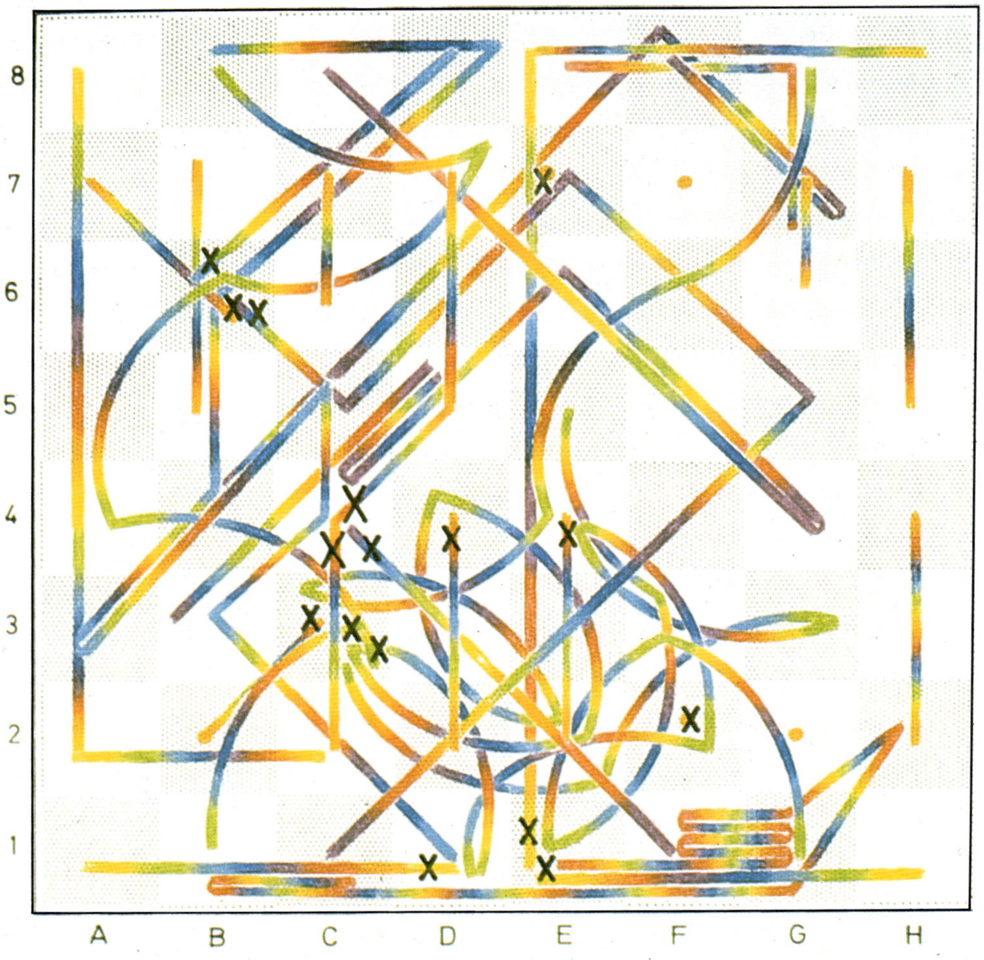

durch die Stellung legitimiert sein muß, daß Kombinationen, und zwar gerade die fulminanten, einer gediegenen Position als Voraussetzung bedürfen. Wohl werden einige Großmeister als Kombinationsspieler, andere als Positionsspieler klassifiziert. Das besagt, daß jeder seine starke Seite hat, nicht aber, daß es für irgendeinen von ihnen damit getan wäre. Die Kombination erfordert Präzision und Phantasie, die unerläßliche Stellungsbeurteilung Vernunft und Intuition, Logik und Gespür. Und dann ist da noch die Zusammengehörigkeit von Tradition und Aktualität. Uraltes, ewig junges Spiel. Läuft es sich nicht langsam tot, sind nicht allmählich alle Gedanken gedacht? Doch nein, kaum je sind zwei ernsthafte Partien identisch. Zwar sind unzählige Zugfolgen überliefert, doch ungeschmälert ist die Lust, neue hervorzubringen. Tausende von Partien sind aufs genaueste und scharfsinnigste analysiert worden, doch immer wieder werden Einfälle aufs Brett gezaubert, wie sie die Welt noch nicht gesehen hat.

Diese Unerschöpflichkeit ist es, die das Spiel in die Nähe der Kunst rückt. Bei vielen anderen Spielen, deren Regeln nicht weniger strikt eingehalten werden müssen, sind doch die Möglichkeiten, Vorteile einzuheimsen, von vornherein eng begrenzt. Nicht so beim Schach, das den Todeskeim der Wiederholung nicht in sich zu tragen scheint. Zum Ausdruck hoher Bewunderung wird von «schöpferischem Schach» gesprochen. Doch Kunst hin, Schöpfung her – heutzutage rücken Spieler und Funktionäre das Schach lieber in unmittelbare Nähe des Sports. Das hat seinen guten Sinn, solange es um die Zugehörigkeit der Schachverbände zu irgendwelchen Dachorganisationen, um staatliche Zuschüsse oder um die Unterbringung von Diagrammen und Notationen in irgendeinem Ressort der Tageszeitungen geht. Doch sollten praktische Probleme nicht mit theoretischen Erwägungen in einen Topf geworfen werden. Ungeachtet seines Wettkampfcharakters ist Schach deshalb kein typischer Sport, weil die intellektuellen Anstrengungen weitaus größer sind als die körperlichen. Es mag ja sein, daß mancher Meister nach einer Partie so

Links: *Springerzüge wie auf der Grafik? Nein. Abgebildet ist der Durchgang eines beschleunigten Elementarteilchens durch eine Nebelkammer. Ugo Dossi hat eine formale Analogie zwischen Schach und Atomphysik herausgearbeitet. Der Schachfreund empfindet das als Kompliment und verkneift sich aus Höflichkeit die Frage, ob schlechtere Partien nicht ebenso ins Auge stechen wie das Meisterwerk Byrne – Fischer.*

müde ist, als habe er Steine geklopft, und der eine oder andere während eines Turniers fünf Kilo abnimmt. Im Grunde genügt jedoch der Augenschein, um einen unvoreingenommenen Menschen davon zu überzeugen, daß jemand, der dasitzt und denkt, nicht Sport, sondern allenfalls Denksport treibt. Auch der Begriff «Wissenschaft» fällt, wenn es gilt, das Spiel terminologisch einzukreisen, in den meisten Schachbüchern. Wohl ist für das Studium der Eröffnungen, des Mittel- und des Endspiels, der Strategie und der Taktik eine eigenständige Methodik ausgearbeitet worden. Doch trotz aller Theorie bleibt Schach in unserem innigen Vergnügen eine praktische Angelegenheit. Es ist eben ein Spiel «sui generis», eigenartig, einzigartig, unverwechselbar. Wer ist geeignet, sich ihm hinzugeben? Die Frage wird zuweilen gestellt, aber nie eindeutig beantwortet, weil auch die Köpfe der erfolgreichen Schachspieler nicht genormt sind. Voraussetzung, um ein guter Schachspieler zu werden, ist allerdings ein Verstand, der sich eine gewisse Zucht auferlegen kann, andrerseits originelle Ideen hervorzubringen vermag. Gute Nerven sind erwünscht, doch nicht, wie viele meinen, das A und O. Auch hat der Aufsteiger ausreichend Zeit, sie beim Spiel zu trainieren und zu stärken.

Jeder Schachspieler zählt und rechnet. Er zählt die Felder, wenn die Frage auftaucht, ob der König einen gegnerischen Bauern erwischen kann, bevor sich dieser in eine Dame verwandelt. Der Spieler rechnet Varianten durch, wobei er zehn oder zwanzig Faktoren im Kopf hat und deren Reihenfolge peinlich genau beachten muß. Die Geometrie des Brettes, die Logik der Zugfolgen, überhaupt das abstrakte Denken sowie die Verwendung der Begriffe «richtig» und «falsch» erinnern an die Mathematik. In der Tat finden sich in der Galerie großer Spieler einige Mathematiker, so Wilhelm Steinitz, der offiziell 1886, Emanuel Lasker, der 1894, und Max Euwe, der 1935 Weltmeister wurde. Adolph Anderssen, einer der besten Spieler des 19. Jahrhunderts, lehrte Mathematik an einem Breslauer Gymnasium; Richard Réti, der große Theoretiker des 20. Jahrhunderts, hatte zumindest begonnen, Mathematik zu studieren. Zu den Ingenieuren zählen Michail Botwinnik, der 1948 die Weltmeisterschaft gewann, und Milan Vidmar, ein jugoslawischer Großmeister und liebenswürdiger Geschichtenerzähler. Andere Schachheroen wiederum hatten sich nie der Algebra, nie der Geometrie verschrieben, zählten aber dennoch die Felder und rechneten ihre Varianten durch. Siegbert Tarrasch, Laskers Widersacher, war Arzt in Nürnberg, Reuben Fine, ein Star der 30er Jahre, Psychia-

«Die erste Vorstellung davon, was Schach ist, bekam ich mit vier Jahren. Mein Vater spielte an den Abenden häufig mit irgendeinem seiner Freunde. Ich war dabei und spielte hingebungsvoll ganze Schlachten mit den geschlagenen Figuren. Etwas später machte der Vater mich mit den Regeln bekannt, und Schach wurde für mich mehr als einfach nur ein Spielzeug. Er spielte ernsthaft mit mir und schonte meinen Stolz nicht. Nach einem Verlust wollte ich immer in Tränen ausbrechen, aber er warnte mich: ‹Ohne Verlust gibt es keine Siege. Aber wenn du heulst, spiele ich mit dir nicht mehr . . .› Das habe ich mir fürs ganze Leben gemerkt.»

Anatoli Karpow
1984 in «Schach»

Rechts: *Marcel Duchamp, «moulé vif» (1967), Assemblage in Bronze, Onyx und schwarzem Marmor. Für einen bildenden Künstler war Duchamp ein ungewöhnlich starker Spieler. «Wissen Sie», sagte er einmal, «die Kunst ist eine Künstlichkeit wie die Religion oder die Philosopie … eine Gaunerei.» Hingegen Schach: «C'est la bataille.» Truman Capote hatte eine andere, berufsbezogene Erklärung für Duchamps Nebenbeschäftigung: «Eine Schachpartie ist von einer großen Plastizität.»*

ter in New York. Auch Kaufleute sind ausfindig zu machen, so Louis Paulsen im vorigen und Miguel Najdorf in unserem Jahrhundert. Howard Staunton, Pate der heute handelsüblichen, genormten, in Wirklichkeit von Nathaniel Cook entworfenen Staunton-Figuren, ging unter die Shakespeare-Forscher. Bevor sie zu Beginn unseres Jahrhunderts bedeutende Schachspieler wurden, hatten Efim Bogoljubow Theologie studiert und Akiba Rubinstein Rabbiner werden wollen. Alexander Aljechin, der 1927 Weltmeister wurde, studierte Jura und hätte einen Beruf ergreifen können, den der Mathematiker Euwe offenbar als für einen Schachspieler höchst passend ansah: «Als Advokat verstand er es, auch eine schlechte Sache gut zu verteidigen.» Das war vor allem auf den Juristen Savielly Tartakower gemünzt, doch ist zuzugeben, daß noch jeder außerordentliche Spieler darin bewandert war, schwache Stellungen mit allen möglichen Finten und Listen zu halten. Aljechins Vorgänger, José Raúl Capablanca, Weltmeister von 1921, galt nicht nur als Lebemann, er war es auch. Pro forma, weil die Regierung seines Heimatlandes Kuba einem Genie zu Diensten sein wollte, erhielt er einen Diplomatenpaß. Capablanca steht in einer ruhmreichen Tradition der Einseitigkeit, der absoluten Hingabe ans Schachspiel. Immer wieder machten Menschen von sich reden, die praktisch nicht anderes konnten und nichts anderes wollten als Schach spielen. Einer von ihnen war Joseph Henry Blackburne, der um die Jahrhundertwende behauptete, er habe in

Wilhelm Steinitz, Weltmeister von 1886 bis 1894. Hans Pfannmüller karikierte ihn als Schwergewicht – körperlich und geistig. Ludek Pachmann sagte, Steinitz sei tatsächlich der Begründer des modernen Schachs.

Rechte Seite: *Dame aus dem Figurensatz, den König James II. seinem Untertan Samuel Pepys (1633–1703) verehrte. Ein König beschenkte einen Schriftsteller mit dem königlichen Spiel.*

seinem Leben, das dann noch zwei Jahrzehnte dauern sollte, fünfzigtausend Partien gespielt. Blackburne, der außer seinem «schwarzen» Namen einen schwarzen Bart trug und zuweilen mit den nicht so beliebten schwarzen Figuren furios gewann, wurde «der schwarze Tod» genannt. Ein Wortspiel. Ein Zeichen aber auch, wie wenig die Schachspieler, diese angeblich so rational denkenden Leute, der Mystifikation abhold sind. Jedenfalls gingen an Blackburne weder Steinitz noch Lasker zugrunde. Hübsch jedoch ist das Bonmot des schwarzen Engländers über den

Whisky: «Mir persönlich hilft der Alkohol, einen klaren Kopf zu behalten.»

Nach dem Zweiten Weltkrieg sind fast alle überragenden Meister Schachprofis gewesen. Es fiel schon als außergewöhnlich auf, wenn jemandem wie Wassilij Smyslow, Weltmeister von 1957, nachgesagt wurde, er wäre auch ganz gerne Opernsänger geworden. Berufsspieler sind heute auch jene, die in einer anderen Disziplin ihren Doktor gemacht haben, wie John Nunn in Mathematik und Robert Hübner in Altphilologie. Die Weltmeister nach Smyslow, Michail Tal (1960), Tigran Petrosjan (1963), Boris Spassky (1969), Robert Fischer (1972), Anatoli Karpow (1975) und Garry Kasparow (1985) haben beruflich nie etwas anderes im Kopf gehabt als Schach und nur Schach. Da war doch das Leben des Johannes Hermann Zukertort abwechslungsreicher. Der war Linguist, Arzt, Pianist, Scharfschütze, politischer Journalist und am Brett immerhin der Rivale des Weltmeisters Steinitz.

DAS KÖNIGLICHE SPIEL

Ein guter König war für alle Untertanen da, für die Alten und die Jungen, die Reichen und die Armen, die Städter und die Landleute, und so ist auch das Spiel für alle da. Es zu betreiben, kostet wenig Geld. Ein Wachstuchbrett und ein Figurensatz genügen; irgendein Tisch und zwei Stühle werden vorhanden sein. Früher wurde meistens um Geld gespielt, und wer dabei sehr gut verdiente, konnte schon auf die kuriose Idee kommen, das Vergnügen zum Broterwerb zu erheben. Doch bis ins 20. Jahrhundert hinein lebten die reinen Berufsspieler von der Hand in den Mund. Carl Schlechter, ein österreichischer Weltmeisterschaftsaspi-

«Man kann eine Schachpartie nur gewinnen, wenn das Gleichgewicht gestört ist. In einer Stellung mit ungestörtem Gleichgewicht ist auch das größte Genie hilflos – in der Stellung steckt dann eben kein genialer Einfall!»

Wilhelm Steinitz

Den Moment, in dem der Mensch von der Liebe zum Schach übermannt wird, hat ein spätmittelalterlicher Zeichner, vermutlich Hans Schilling, bei König Evilmerodach festgehalten. Die Miniatur ist Konrad von Ammenhausens «Schachzabelbuch» entnommen, kolorierte Federzeichnung, 1467.

rant, starb 1918 an Entkräftung. Ein Beruf, der seinen Mann ernährt, ist der des Schachspielers auch heute nur für Könner. Weltmeister freilich sind Millionäre. Dafür sorgen die Preisfonds bei Titelkämpfen, wobei fünf Achtel der Sieger, drei Achtel der Verlierer erhält.

Schachspieler reifen langsam. Bei den meisten ist die Leistungsfähigkeit im Alter zwischen 30 und 40 Jahren am größten. Vorher mangelt es an Erfahrung und Urteilsvermögen, hinterher an Kondition und Konzentrationskraft. Natürlich muß es nicht immer so zeitlich exakt zugehen wie bei Weltmeister Petrosjan, der seinen Titel genau an seinem 40. Geburtstag verlor. Auch hat Michail Tal den höchsten Gipfel schon mit 23, Garri Kasparow sogar schon mit 22 erklommen. Im allgemeinen aber ähnelt die Leistungskurve einem langgestreckten Katzenbuckel. Das Spiel ist für Kinder wie für Greise geeignet, für stürmische Jünglinge und abgeklärte Männer. Von dem, was Wunderkinder versprechen, wird im Schach soviel gehalten und eingelöst wie in anderen Disziplinen auch. Ein Wunder-

Louis XVI. spielt gegen einen Gardeoffizier. Sollte er, was niemand wissen kann, die Partie verlieren, so hätte er die Ausrede, er sei durch schöne Frauen abgelenkt worden. Tatsächlich ist sich der eine oder andere Großmeister unserer Tage für eine solche Entschuldigung nicht zu gut gewesen.

kind war um 1940 der Spanier Arturo Pomar. Später, als er längst erwachsen und Großmeister war, umgab ihn bei seinen Auftritten in der Öffentlichkeit stets ein Hauch von Traurigkeit. Zwar spielte er in der spanischen Nationalmannschaft am ersten Brett, doch zur ersten Garnitur im Weltmaßstab gehörte er nicht, und viele erinnerten sich der Tage, in denen Arturito, der Knabe, die glänzendsten Vorschußlorbeeren geerntet hatte. Ein Wunder von Wunderkind hingegen war Samuel Reshevsky, denn er begann seine Karriere mit vier Jahren und krönte sie, nun längst kein Kind mehr, aber nach wie vor klein von Gestalt, mit mehreren US-Meisterschaften. Mit fünf Jahren war er in Wien aufgetaucht, wo er die Schachhonoratioren, gegen die er antrat, fast um ihren Verstand brachte. Zuvor hatte er in seiner polnischen Heimat zu einem deutschen General gesagt: «Sie spielen Krieg, ich spiele Schach» – und prompt gewonnen. Die Wiener aber sahen sich veranlaßt, in Gestalt des Jugoslawen Vidmar das stärkste verfügbare Geschütz gegen Samuel aufzufahren. In seinen Erin-

Unten: *Alles geschieht irgendwann zum ersten Mal. Das erste Schachgenie – das war der Amerikaner Paul Morphy, den viele für den größten Kombinatoriker aller Zeiten halten.*

nerungen bekennt Vidmar, wie unklug es auch von ihm war, den Kleinen zu unterschätzen: «Sehr bald fühlte ich nämlich, daß mein Gegner eine eiserne Faust hatte. Er fing an, mich einzuschnüren, er drückte fester, fester ...» Der erwachsene Meister, sein ganzes Wissen und Können zusammennehmend, siegte mit Mühe und Not. Da warf der Knirps sein schlaues Köpfchen auf das Schachbrett und weinte herzzerreißend. «Aber was hätte ich denn tun sollen?», schreibt Vidmar mit gemischten Gefühlen. «Mich schlagen lassen?»

slow war 62 Jahre alt und seit 26 Jahren Exweltmeister, als er in einem Kandidatenwettkampf zur Weltmeisterschaft von 1984 einen Ungarn schlug, der sein Sohn hätte sein können. Wie hatte doch Steinitz kurz vor seinem Tod gesagt? «Obwohl ich alt bin, darf mir niemand den Finger in den Mund stecken, sonst beiße ich.»

1948 gewann der 83jährige deutsche Großmeister Jacques Mieses, dessen Karriere 60 Jahre währte, in einem Simultanturnier gegen einen 84jährigen Spieler. «Die Jugend hat triumphiert!» rief Mieses begeistert.

Die erste englische Schachzeitung und das erste internationale Turnier der Neuzeit – die sind dem Engländer Howard Staunton zu verdanken, dem großen Spieler und unehelichen Sohn des Herzogs von Carlisle.

Siegbert Tarrasch (links), Richard Réti (Mitte), Aaron Nimzowitsch (rechts): drei hervorragende Spieler, drei Schachschriftsteller, drei führende Theoretiker. Die Weltmeisterschaft errang keiner, doch war ihr Tarrasch am nächsten. Er liebte die offenen Stellungen und lehrte, sie zu schaffen und auszunützen. Réti und Nimzowitsch bevorzugten die geschlossenen Stellungen und zeigten, was in diesen steckte.

Noch als Sechzigjähriger hat Reshevsky an großen Turnieren teilgenommen und damit eine Unverwüstlichkeit bewiesen, die auch andere Großmeister auszeichnete. Emanuel Lasker ging auf die 70 zu, als er in Moskau gegen die Konkurrenz von 19, zum Teil sehr starken Spielern, den 3. Preis erzielte. Wassilij Smy-

Das einzigartige Spiel begünstigt einzigartige Persönlichkeiten. Trotz eherner Regeln, trotz zahlreicher strategischer und taktischer Notwendigkeiten, läßt es dem Spieler die Freiheit, seine Individualität zu entfalten. Unverwechselbar ist der Stil des 1837 geborenen Amerikaners Paul Morphy gewesen. Er gilt als der

Links und unten: *Die beiden Weltmeisterschaftskämpfe Aljechin – Bogoljubow waren Ersatzhandlungen. Wäre es nach der Spielstärke gegangen, hätte Alexander Aljechin seinem alten Rivalen Capablanca Revanche bieten müssen. Davor hütete sich der Russe und trat stattdessen gegen den deutlich schwächeren Ukrainer an. Das Bild zeigt die beiden alten Hasen im Berliner Café König – und dazu einen noch älteren, Emanuel Lasker, der zuschaut.*

Es waren «Goldene Schachzeiten», und unter diesem Titel hat der jugoslawische Großmeister Milan Vidmar (unten) sie anschaulich beschrieben. Als Wunderkind kommt auch schon Samuel Reshevsky (ganz unten, links) bei Vidmar vor, eine Persönlichkeit, die, klein von Statur, bis ins hohe Alter von gewaltiger Spielstärke war. Auch Smyslow (ganz unten, rechts), der beinahe Sänger und nicht Großmeister geworden wäre, blieb am Brett jahrzehntelang jung.

Kombinatoriker aller Kombinatoriker. Nie wieder hat jemand im Großmeisterschach so ungezwungen, so unverkrampft, so frisch von der Leber weg taktiert wie er. Die Bewunderung der Nachwelt wuchs mit der Erkenntnis, daß er, und sei es nur instinktiv, auch jene Grundsätze der Strategie beherzigt hatte, die erst Jahrzehnte später theoretisch abgesichert werden sollten. Morphy zog sich, nachdem er in jungen Jahren die

MECCARILLOS
JAM TRK
MON ZIM
ALG NZD
ANG NIG
BLG VEN
RIN FIN
ITA BRS
MEX TAI
L. Ljubojević
S. Gligorić
JUG
IND

DEN
AUS
CAN
COL
ALB
ISD
SWZ
ISL
PAR
SWZ
FAI
VGB
SUR
SRI
LEB
AND
HON
TUN
JAP
PRO
URU
TTO
ESP
PHI
Rauch-
verbot
shopping center emmen
J. Nunn
J. Liang
W. Liu

Unten: *Den Nachruhm Michail Tschigorins konnte zu dessen Lebzeiten niemand ermessen. Von den Amerikanern, die ihm 1889 während eines New Yorker Turniers über die Schulter schauten, ahnte keiner, daß es einmal eine Schachgroßmacht namens Sowjetunion geben würde, die auf Tschigorin als auf ihren Klassiker und ihr Vorbild blickt.*

Elite der Welt besiegt hatte, immer mehr vom Schach zurück. Er war Jurist und wollte als Rechtsanwalt so ernst genommen werden wie als allerbester Schachspieler. Auch der 1877 geborene Frank Marshall, ein anderer Amerikaner, war ein brillanter Taktiker. Er lebte von seinen blitzgescheiten, witzigen, das Publikum hinreißenden Einfällen, die so außergewöhnlich waren, daß sie hin und wieder ausbleiben mußten. Das hat den großen Meister verwundbar gemacht. Marshall brachte das Wort «Schwindel» in Umlauf, womit fehlerhafte, doch erfolgreiche, weil verblüffende und für den Gegner zeitraubende Kombinationen gemeint waren. Als bedeutendster Schwindler kann der 1936 in Riga geborene Michail Tal angesehen werden, der Groß-, Welt- und Hexenmeister. Die für ihn typischen Kombinationen waren Feuerwerke, angefacht durch frappierende Opfer. War Tals Geheimnis der grandiose Bluff? Tal stellte, und daran ist nichts auszusetzen, seinen Gegnern Probleme, die sie vielleicht in drei Wochen gelöst hätten, in drei Stunden aber nicht lösen konnten. Symptomatisch ist jedoch, daß Tal den Weltmeistertitel nach Jahresfrist wieder an seinen Vorgänger verlor, den bedächtigen und methodisch vor-

«Ich glaube, ich spiele etwa so, wie Jack Dempsey boxte. Gleich beim Gong zur ersten Runde begann Dempsey, auf seinen Gegner einzuschlagen, und ließ ihn nicht mehr zur

Besinnung kommen.» So der Amerikaner Frank Marshall über seinen publikumswirksamen Stil. Er war ein Hüne, der riesige Krawatten, dicke Zigarren und bei Simultanvorstellungen eine Gegnerschaft von 100 Mann liebte.

Vorhergehende Doppelseite: *Schacholympiaden sind Mannschaftsweltmeisterschaften. 99 Herrenmannschaften und 53 Damenteams hatten sich im Herbst 1982 in Luzern eingefunden. Die Herren traten jeweils zu viert, die Damen zu dritt an – und außerdem war Ersatz gemeldet, dort zwei Männer, hier eine Frau. Säle sind in der Regel für Olympiaden zu klein. Auch in den Hallen ist Lautlosigkeit ein Gebot.*

gehenden Michail Botwinnik. Das ist die Achillesferse dieser großen Taktiker: Erfolge, die auf herrlichen Kombinationen und somit, streng genommen, auf Ausnahmen beruhen, sind eindrucksvoll, doch nicht sehr dauerhaft.

Tal selbst kommentierte selbstironisch: «Es gibt zwei Arten von Opfern: korrekte und meine.»

Tals Antipode war der 1929 geborene Armenier Tigran Petrosjan. Mit unerschütterlichem Gleichmut stellte er Bauern und Figuren auf die für sie günstigsten Plätze, zwang Verwicklungen nicht herbei, ging ihnen aber auch nicht aus dem Weg. Petrosjan gehörte zu jenen stabilen Köpfen, die schwer zu überlisten sind. Doch einmal, in einer entscheidenden Stunde, ist er seinem Naturell untreu geworden. Das war 1971 in Buenos Aires, als er den Siegeslauf Bobby Fischers stoppen wollte. In der ersten Partie des Kandidatenwettkampfes überraschte Petrosjan seinen Gegner und Hunderte kundiger Zuschauer mit einer vorbereiteten, riskanten Variante. Fischer geriet in einen fürchterlichen Angriff und, obwohl er sich listenreich wehrte, rechnete das Publikum mit einer spektakulären Niederlage. Doch da rächte es sich für Petrosjan, daß er Gedanken aufgegriffen hatte, die folgerichtig fortzuspinnen ihm nicht lag. Sein Angriff versandete, und die Initiative ging an den Gegner über, der schließlich die Partie gewann. Es war die exemplarische Strafe für den kühnen Versuch,

Michail Botwinnik (links), Michail Tal (links unten), Tigran Petrosjan (Mitte links) – drei Weltmeister, drei Sowjetbürger, drei höchst unterschiedliche Persönlichkeiten. Botwinniks Maximen: Eiserne Selbstdisziplin, entsagungsvolles Studium, monatelange Vorbereitungen, Erziehung zur Unempfindlichkeit gegenüber Lärm und Rauch, kein Alkohol, die Probleme der Partie, die gerade gespielt wird, trotz Zeitdruck möglichst wissenschaftlich analysieren.

Tal hingegen setzte auf den spontanen, verblüffenden, komplizierten Einfall. War der Gegner verwirrt, so war die Partie schon halb gewonnen. Tal galt als Zauberer, Petrosjan als Zauderer. Dieser stellte seine Figuren auf die günstigsten Felder und wartete ab, was dem Gegner wohl in den Sinn kommen werde – nur um nachzuweisen, daß die Idee schlecht war.

Mit ihnen allen hat Wolfgang Unzicker (rechts) gespielt, hier bei der Schacholympiade 1960 in Leipzig vor einer Partie gegen den 17jährigen Bobby Fischer.

«Das Bemerkenswerteste an Fischer ist die Reife seines Stils, die er schon in phänomenal jungem Alter gezeigt hat. Obwohl er natürlich auch brillante Kombinationen spielen kann, legte er schon ganz von Anfang an ein totales Verständnis für die Strategie an den Tag, das wahrhaft erstaunlich ist.» So Reuben Fine über Robert James Fischer, genannt Bobby. Das breite Publikum hat in ihm hauptsächlich einen Exzentriker gesehen. Was er zum Teil auch war, denn seine damals ungewöhnlichen Forderungen wie die nach ordentlicher Bezahlung und absoluter Ruhe wirkten exzentrisch, mochten sie später auch selbstverständlich geworden und allen Kollegen zugute gekommen sein.

die eigene Individualität zu verleugnen.

Der 1943 geborene Amerikaner Robert Fischer war eine der größten Naturbegabungen, doch damit nie zufrieden, vielmehr stets von einem unbändigen Drang nach Professionalität erfüllt. Diese Mischung hat ihn letztlich auch so unwiderstehlich gemacht. Weder war es vor ihm einem Spieler gelungen, mit 15 Jahren Großmeister zu werden, noch hatte je ein junger Mann, dem alles in den Schoß zu fallen schien, sich ein derart enzyklopädisches Schachwissen angeeignet. Fischer kombinierte gern, meistens aber mit einem bescheidenen Nahziel: leichte Verbesserung der Stellung. Da er unentwegt kombinierte, wurde auch seine Stellung von Mal zu Mal erfreulicher. Diese Spezialität verlieh seinen besten Partien eine fortwährende Spannung, verführte jedoch auch zu dem Irrtum, Bobby sei ein Angriffsspieler. Er war mehr. Er war der dynamischste, unternehmungslustigste Positionsspieler des Jahrhunderts. Doch wollte er nicht spielen, sondern siegen. Deshalb hat er auch, als alle für die Weltmeisterschaft erforderlichen Siege errungen waren, einfach zu spielen aufgehört. Er hatte nichts dagegen, wenn man ihm einen Killerinstinkt nachsagte. Das war eine Gabe, die beim sowjetischen Großmeister Paul Keres vermißt wurde, wenn dessen Freunde die kaum zu begründende Tatsache erklären wollten, daß der 1916 Geborene nie den Schachthron hat besteigen können. Und Anhänger hatte Keres in der ganzen Welt.

Er war als Kombinationsspieler so überragend wie als Positionsspieler, als Stratege so perfekt wie als Taktiker. Euwe zitierte, als er über den «individuellen Stil» schrieb, beifällig die Ansicht vieler, Keres habe den «idealen Stil». Auf die Frage, welcher Spieler, der nie Weltmeister wurde, genau das am ehesten verdient hätte, dürfte es nur die eine Antwort geben: Keres. Er fiel übrigens auch privat angenehm auf, durch seine elegante Erscheinung wie durch seine gewinnenden Umgangsformen.

Wenn die Individualität sich schon so nachhaltig auswirkt – kann sie dann auch vom Gegner ausgenutzt werden? Eine wichtige Frage für den

Wettkampf. Der 1868 geborene Emanuel Lasker, der 27 Jahre lang Weltmeister war und 1941 als Jude außerhalb Deutschlands gestorben ist, galt als Meister der psychologischen Analyse. Lasker hat viele Partien gewonnen, die er allem Anschein nach hätte verlieren müssen. Manche bezichtigten ihn sogar der Schwarzen Magie. In Wahrheit hatte er den Gegner nur in Sicherheit wiegen oder aufs Glatteis führen wollen. Lasker tat seinen

Links: *Garri Kasparow ist nicht nur ein Routinier, sondern auch ein gefürchteter Schnelldenker. Simultanvorstellungen, wie diese im September 1986 in Zürich, scheinen ihm kaum etwas auszumachen. Er wirkt hinterher so energiegeladen wie zuvor.*

Links unten: *Max Euwe im Kampf gegen Michail Botwinnik.*
Daneben: *Alexander Aljechin, der Sohn eines zaristischen Offiziers, war Emigrant. 1921 ging er nach Paris und legte an der Sorbonne ein juristisches Doktorexamen ab. Euwe und Aljechin kämpften 1935 und 1937 um die Weltmeisterschaft gegeneinander.*

Widersachern manchen Gefallen, um sie einzulullen oder zu Unvorsichtigkeiten anzustacheln. Sein Stil änderte sich immerzu und war jeweils der, mit dem der Gegner am wenigsten anzufangen wußte. Lasker glaubte nicht wie Tarrasch an Schönheit, sondern nur an Wirksamkeit und Zweckmäßigkeit. Ob ein Zug gut sei, meinte er, hänge vom Gegner ab. Natürlich wußte Lasker genau, daß die praktische Psychologie die Schachkenntnisse nicht ersetzt, sondern ergänzt. Von Laskers Weisheit zu profitieren, versuchte neben vielen anderen auch Alexander Aljechin. In seinem Buch über das New Yorker Turnier 1927 platzt ihm bei der Kommentierung eines harmlosen Eröffnungszuges von Marshall der Kragen. «Ob der

Oben links: *Auch Paul Keres, der Este, hat sich in der Sowjetunion, deren Ruhm er mehrte, nie sonderlich wohlgefühlt.*

Oben rechts: *José Capablanca, dieser Weltbürger aus Kuba, lebte in bestem Einvernehmen mit der dortigen Regierung, die ihn pro forma in den diplomatischen Dienst übernommen hatte.*

Der Großmeister Akiba Rubinstein (1882 – 1961) zählte in den Jahren 1907 – 1914 zu den stärksten Spielern der Welt. Er galt als hervorragender Techniker und hat die Eröffnungstheorie wesentlich erweitert.

Zug», schreibt er, «ein sachlicher Fehler ist, bleibe dahingestellt – ein psychologischer ist er ganz gewiß … Es gibt eben etwas, was die älteren Meister (Dr. Lasker ausgenommen) unserer Schachgeneration vorgeben müssen: nicht etwa die List, welche ja nur zu oft Zeugnis von Charakterschwäche ist, sondern die durch Erfahrung erworbene Überzeugung, daß zum Schach, zum Schachkampf vor allem Menschenkenntnis und Durchdringen der gegnerischen Psyche notwendig ist. Früher spielte man nur mit Figuren – wir spielen aber (oder trachten wenigstens) mit dem Gegner, dem Feind, mit seinem Willen, seinen Nerven, seinen besonderen Neigungen, Absonderlichkeiten und – nicht in letzter Linie – mit seiner Eitelkeit.»

Aljechin haßte nichts so sehr wie Passivität. Er strebte danach, die Initiative an sich zu reißen und war in der Kunst, Leben in langweilige Stellungen zu bringen, der unerreichte Meister. Vor allem liebte er die Komplikation. Auch er hatte einen Begriff von Schönheit, doch entdeckte er sie nur in der Verwicklung, in der Vielfalt eines Gedankens. Es wirkt wie Ironie des Schicksals, daß sein größter Widersacher, José Raúl Capablanca, das Genie der Einfachheit war. Der 1892 geborene Aljechin hat den vier Jahre älteren Capablanca in einem zähen, 34 Partien langen Wettkampf geschlagen. Fortan ist er, was damals möglich war, jedem Rückkampf ausgewichen, ein widerwilliges Kompliment gegenüber dem ganz und gar anders gearteten Zeitgenossen. Für Capablanca, der als Wunderkind begonnen hatte und seine Turniere als Grandseigneur absolvierte, bestand die wahre Strategie und Taktik aus lauter Selbstverständlichkeiten. Einfachheit war für ihn nicht Simplizität, sondern der Beweis dafür, daß er den Dingen auf den Grund gegangen war. Die Schachwelt hat bislang nur fünf eindeutige Genies hervorgebracht: Morphy, Lasker, Capablanca,

Aljechin und Fischer. Wer in unseren Tagen diese Reihe verlängern wird, überhaupt, ob es jemand vermag, ist noch ungewiß. Anatoli Karpow, geboren 1951, ist oft mit Capablanca, der 12 Jahre jüngere Garry Kasparow oft mit Aljechin verglichen worden. Seltsam ist die abermalige Gegensätzlichkeit zweier Charaktere. Karpows Ideal ist das der absoluten Fehlerlosigkeit. Es führt zu einem äußerst

umsichtigen, aber etwas trockenen Spiel. Kasparow schwärmt für Wagnis und Phantasie. Er hat schon viele Stürme entfesselt und bestanden.

Auch Blinde spielen. Was ihre Augen nicht sehen, tasten ihre Finger. Jeder Gegner hat ein Steckschach, jede Figur unten einen Zapfen und jedes Feld ein Loch. Weiße und schwarze Steine unterscheiden sich durch irgendeine fühlbare Kleinigkeit, weiße und schwarze Felder durch ihre relative Höhe. Über die Züge, die erfolgen und gelten sollen, verständigen sich die blinden Spieler mündlich. Die Blinden sind großzügig und lassen zu ihren internationalen Meisterschaften auch Personen zu, deren Augenlicht noch vorhanden, aber sehr schwach ist. Eine andere Variante des Blindspiels ist der freiwillige Verzicht auf den Anblick des Bretts. Ein Spieler mit viel Erfahrung, gutem Gedächtnis und präziser Phantasie sitzt hinter einem Paravent, verkehrt mit seinem Gegner durch Zuruf und hat die Partie mit ihren vielen Stellungen nur vor dem inneren, nie vor dem äußeren Auge. Manche Ehrgeizlinge bringen es auf ein paar Dutzend Partien gleichzeitig und üben damit einen Denksport aus, dessen Gefährlichkeit schon oft betont worden ist. Die dritte Form der Blindheit ist eine Ausfallerscheinung und betrifft die Patzer, zuweilen kommt dies auch bei den tüchtigsten Meistern vor. Wer wie durch ein Wunder vor ihr gefeit ist, hat hart an sich arbeiten müssen. Denn was heißt «sehen»? Heißt es wahrnehmen, bemerken, feststellen, erkennen oder durchschauen? Eigentlich sieht der Spieler alles. Die Stellung liegt offen vor seinem Blick. Jeder Stein präsentiert sich in voller Größe, und es ist

Seit 1927 werden von der FIDE die Schacholympiaden, Mannschaftsweltmeisterschaften der Nationen, veranstaltet. Pro Land nehmen vier Spieler daran teil. Sie finden alle zwei Jahre statt.
Hier die Embleme der Schacholympiaden von Malta (1980), Luzern (1982), Thessaloniki (1984), Dubai (1986) und Thessaloniki (1988). Für Luzern 1982 entwarf der Künstler Hans Erni die Erinnerungsmedaille.

Robert Hübner, von Haus aus Altphilologe und Papyrologe, ist ein nicht immer glücklicher, aber sehr gewissenhafter Spieler. Gern skizziert er in seinen schriftlichen Kommentaren die verschlungenen Wege, die seine Gedanken genommen haben. Die möglichen Varianten, mit denen er seine Analysen spickt, sind meistens fünfmal länger als die Partien selbst.

Rechts: *Zwei Gegner, die eine Einheit bilden. Mit großem Recht vermittelt Gerhard Marcks' Bronzeplastik «Schachspieler» aus dem Jahre 1940 diesen Eindruck. Ein Halbkreis aus zwei Scheiteln und zwei Rücken wölbt sich über dem Brett und dem gemeinsamen Werk. Der Verlierer wird am Sieg beteiligt sein. Denn ohne die Einfälle des Verlierers wird der Stärkere nicht siegen können.*

allen einsichtig, auf welche Felder er gelangen könnte. Der Spieler starrt und starrt auf das Brett, doch erst nach der Antwort des Gegners fällt es ihm wie Schuppen von den Augen. «Sehen» ist im Schach ein Terminus technicus und bedeutet die richtige geistige Verarbeitung eines Sinneseindrucks. Manche «sehen» nicht, daß ihre achtzügige Kombination nach dem fünften Zug ein «Loch» hat, andere merken nicht einmal, daß einer ihrer Bauern «en prise» steht, das heißt bedroht, doch nicht gedeckt ist. Ein geradezu unglaublicher Fall von «Schachblindheit» ereignete sich 1976 auf einem Qualifikationsturnier zur Weltmeisterschaft. Gewöhnlich sieht Robert Hübner außergewöhnlich viel: Kombinationen, Entwicklungen, Gefahren, kurzum alles, was sich abzeichnet. Diesmal aber, er hatte Weiß, entging ihm ein zwingendes vier- oder fünfzügiges Matt. Im Kongreßhaus der Schweizer Uhrenstadt Biel «sahen» Hunderte von Zuschauern, auf welch verhältnismäßig einfache Weise Hübner über Petrosjan triumphieren konnte. Die Spannung im Saal beruhte auf der allgemeinen Verblüffung darüber, daß Weiß zu ziehen und Schwarz zu kapitulieren zögerte. Die Hände des sitzenden Hübner rieben einen geröteten, offenbar verzweifelt grübelnden Kopf. Die Hände des stehenden Petrosjan lagen, als wäre nichts los, gefaltet auf dem Bauch. Hübner war nicht in Zeitnot, Petrosjan war es. Doch Hübner schlug nicht den sonnenklaren Gewinnweg ein,

Links: *Der König erhebt sich, wächst bis zur Überlebensgröße und schlüpft in die Rolle des Spielers. Auf dem Brett ist er die Figur, um die sich alles dreht, um deren Gefangennahme die Gedanken des Gegners kreisen. Entspricht die überdimensionale Größe, die Max Ernst ihm verliehen hat, nicht seiner Bedeutung? Die Idee freilich, die in dem Titel seiner Bronzeplastik aus dem Jahre 1944 «Der König spielt mit seiner Königin» zum Ausdruck kommt, ist Jux und Tollerei, Gedanken-Spielerei mit einem gedankenvollen Spiel. Wie denn auch die kleine Dame ihrem großen König Hörner aufgesetzt hat.*

«Der König ist die schwächste Figur!», proklamierte Morphy, griff ihn an und gewann. «Der Bauer ist die schwächste Figur!», proklamierte Steinitz, griff ihn an und gewann. «Alles ist schwach, alles kann schwach gemacht werden!», proklamieren die Jungen, greifen alles an und gewinnen.

Das war so Savielly Tartakowers (oben) Art, über Schach zu schreiben. Denn alles, sogar der Leser, kann schwach gemacht werden. Warum soll er Schachgesetze lernen, wenn einer der Tartakowerismen lautet: «Schachgesetze sind dazu da, um überholt zu werden»?

verhedderte sich und verlor zum Schluß noch die Partie.

Die geistreichste Abhandlung über Fehler hat Savielly Tartakower verfaßt. Sie besteht aus selbstgefertigten Aphorismen oder, wie die Leser bald sagten, «Tartakowerismen», die durch ihre Paradoxie bestachen. Auf den ersten Blick sollte es ruhig so aussehen, als seien Tartakowers Sprüche über Schachfehler Gedankenfehler. Sie sollten zum Widerspruch und schließlich zu dem Eingeständnis führen, daß der Aphoristiker im intellektuellen Scharmützel mit dem Leser zumindest ein Remis herausgeschlagen hatte.

«Im Fehler steckt immer etwas Richtiges.» – Dazu wäre zu sagen:

Paul Klee befaßte sich in den Jahren 1937 und 1938 wiederholt mit der rhythmischen Struktur des Schachbrettes. Er erkannte dabei wie Arnold Schönberg in seinem Zwölftonsystem bestimmte Gesetzmäßigkeiten:
«Jeder Ton ist durch seine Beziehung zu der vorbestimmten Grundreihe festgelegt, eine astronomische Gesetzmäßigkeit waltet und doch eine im einzelnen nicht kontrollierbare. Vernunft und Magie begegnen sich und werden eins in dem, was man ‹Weisheit, Einweihung nennt, im Glauben an die Sterne, die Zahlen› .»

Rechte Seite: *Schach übt eine ungeheure Faszination auch auf moderne Künstler aus. Es ist aber nicht nur das psychologische Element des Kampfes, der Anstrengung der Spieler, das zur bildnerischen Wiedergabe reizt, sondern auch das Schachbrett und die Figuren. Willi Baumeister versuchte in seiner Serigraphie «Schach» durch abstrakte Mittel etwas von der Dynamik der Stellung und Züge der Figuren einzufangen.*

Gerade deshalb ist er so verführerisch. Aus Freude an der Zielstrebigkeit einer Überlegung versäumt es der Spieler, auch andere wichtige Überlegungen anzustellen. Oft denkt er nur an die Wirkung, nicht an die sie vereitelnden Nebenwirkungen.

«Die Fehler sind dazu da, um gemacht zu werden.» Die Ausmerzung der Fehler in der Turnierpraxis wäre deren Ende. Die makellose Partie ist langweilig und endet remis. Glanzpartien setzen Fehler voraus, die mikroskopisch klein oder sogar (in dem Sinn, daß in jedem Fehler etwas Richtiges steckt) hochintelligent sein mögen. Ferner müssen Fehler aus pädagogischen Gründen gemacht werden. Ohne Niederlagen kein Erkenntnisdrang, ohne diesen keine Erfolge. Auch wer den Gegner zu Fehlern verführen will, muß diese zuvor kennengelernt haben, wofür es am zweckmäßigsten ist, sie einfach zu begehen. Das erinnert an den simplen Spruch «Man lernt nur durch Fehler.» Tatsächlich hat Tartakower so gesprochen. In einem Punkt aber irrte er: Das «nur» ist eine unzulässige Übertreibung.

«Positivistische Spielauffassung: Die Opfer erbringen gewöhnlich nur einen eklatanten Beweis, daß Fehler vorangegangen sind.» In der Schachsprache ist «Opfer» ein Wort voller Verheißungen. Ein Gongschlag ertönt, die große Kombination muß folgen. Der Opferzug ist jedoch gerade wegen seiner Dramatik eine außergewöhnliche Maßnahme, die den Verdacht aufkommen läßt, mit seinen gewöhnlichen Maßnahmen sei der Spieler gescheitert. Kann er etwa nicht mit Wasser kochen? Oft genug erscheint das Opfer als ein Akt der Verzweiflung, wenngleich ein sehenswerter.

«Der zweitbeste Zug ist oft der einzig richtige.» Dem Gegner ist nämlich zuzutrauen, daß er sich insgeheim auf den allerbesten Zug eingestellt hat. Es besteht eine gewisse Wahrscheinlichkeit, daß er auf den zweitbesten Zug weit weniger gut vorbereitet ist, sogar die erfreuliche Möglichkeit, daß er den zweitbesten Zug für so schwach hält, daß er ihn mit einer x-beliebigen und daher falschen Antwort bedenkt.

«Im Schach gibt es nur einen Fehler: Überschätzung des Gegners. Alles andere ist entweder Unglück oder Schwäche.» Pädagogen warnen lieber vor der Unterschätzung. Es ist klar, daß die Unterschätzung dazu verleitet, nur mit halber Kraft zu kämpfen – doch dazu verleitet die Überschätzung ebenso. Was aber, wenn die Überlegenheit des Gegners über jeden Zweifel erhaben ist? Dann möge es – und jetzt spricht nicht mehr Tartakower – der Spieler mit einer Entpersönlichung des Gegners versuchen, indem er nur noch Felder und Figuren wahrnimmt, Holz und nochmals Holz.

Während der Nazizeit hat Stefan Zweig seine «Schachnovelle» geschrieben. Der Titel stimmt. In dieser Erzählung ist Schach keine amüsante Erscheinung am Rande, sondern die Hauptbeschäftigung der Hauptpersonen. Die Dramatik rührt anfangs von der Verfolgung des Helden durch die Nationalsozialisten her, dann aber von den Eigentümlichkeiten des Spiels und zweier Spieler. Die Handlung ist so virtuos erfunden, der Stil

Zeichnung von Hans Fronius aus der 1943 im schwedischen Exil des Bermann-Fischer Verlags erschienenen Originalausgabe der «Schachnovelle» von Stefan Zweig.

Rechte Seite: *Der Weltmeister ist ein unsympathischer Könner. Der wahre Held der Novelle und des Films ist ein unbekannter Dr. B., der sensibler, vielleicht sogar viel begabter ist als der Titelträger, diesen aber trotzdem nicht zu schlagen vermag. Mario Adorf als Weltmeister Czentovic und Curd Jürgens als sein Herausforderer in einer Verfilmung der «Schachnovelle» von Stefan Zweig.*

so brillant, daß es dem Schriftsteller hätte nachgesehen werden müssen, wenn ihm terminologisch einige Ungenauigkeiten unterlaufen wären. Doch derartige Schnitzer sind Zweig nicht passiert. Er kannte sich aus auf dem Brett, so daß seine glänzenden psychologischen Schilderungen nie im Widerspruch zur Sache stehen. Der schlagkräftige und gleichzeitig bornierte Weltmeister, der imaginäre Mirko Czentovic, ist ebenso gut getroffen wie sein genialer und sensibler Gegner. Der Leser der Novelle mag es für unwahrscheinlich halten, daß einer lernt, indem er ohne Figuren, nur im Geist, gegen sich selbst spielt, doch bewährt sich gerade in diesen Passagen die Einfühlsamkeit des Autors. Dennoch – in einem Punkt hat er sich getäuscht. Das Studium einer Sammlung von Wettkämpfen, die nur 150 Partien bietet, befähigt selbst den hellsten Kopf nicht zum Kampf mit einem Weltmeister, mag das Studium auch noch so gründlich, intensiv und erschöpfend sein, wie Stefan Zweig es darstellt. Das Anschauungsmaterial ist viel zu gering. Außerdem genügt es nicht, Bescheid zu wissen. Das Wissen muß durch Praxis vertieft und abgerundet werden, doch Praxis hat ja der Held der spannenden Novelle in seiner Gefangenschaft überhaupt nicht. Einen ähnlichen Irrtum vermied Vladimir Nabokov, als er über das Leben eines exzellenten Spielers den Roman «Lushins Verteidigung» schrieb. Kaum hat dieser gleichfalls imaginäre Lushin in seiner Kindheit die Regeln begriffen, spielt er Partien nach, die in Zeitschriften veröffentlicht worden sind, versteht alles, was da vorgeht, und benötigt schließlich bei der Lektüre der Notationen den Anblick von Brett und Steinen nur einmal und dann nicht wieder. Doch besteht darin nicht Lushins gesamte Schachausbildung. Allerdings hat Nabokov als guter Autor die Macht des gedruckten Buchstabens wie Zweig auffallend hoch eingeschätzt. Wohl verschlingen viele Anfänger die Fachliteratur. Trotzdem erhält der Schachspieler seinen Elementarunterricht hauptsächlich im Zweikampf. Ein Leben

Rechts: *Das sind die Bauern und Figuren, nach denen die Meister greifen. Nathaniel Cook hat sie entworfen, doch nach Howard Staunton sind sie benannt. Sie sind stark stilisiert. Wohl besteht der Springer aus einem Pferdekopf, wohl ähnelt der Turm einem Turm, doch weder sieht der Bauer nach einem Landmann, noch die Dame nach einem weiblichen Wesen aus.*

«Das Attraktive des Schachs beruht doch im Grunde einzig darin, daß sich seine Strategie in zwei verschiedenen Gehirnen verschieden entwickelt, daß in diesem geistigen Kriege Schwarz die jeweiligen Manöver von Weiß nicht kennt und ständig zu erraten und zu durchkreuzen sucht, während seinerseits wiederum Weiß die geheimen Absichten von Schwarz zu überholen und zu parieren strebt.»

Stefan Zweig in «Schachnovelle»

lang wird er mit sehr vielen Konkurrenten die Kräfte messen und sie dadurch vermehren.

Jede Partie hat zwei Väter. Es begeistern nur jene Siege, die mit der Überwindung von Schwierigkeiten identisch sind. Diese Schwierigkeiten aufgetürmt zu haben, ist der Ruhm des Verlierers. Mancher, der aufgeben mußte, hat eine größere Leistung vollbracht als der nächstbeste Gewinner. Damit aber ein Gedankenkunstwerk entstehe, müssen die Gegner, beide Mitarbeiter am gemeinsamen Werk, Zeit haben. Vier oder fünf Stunden für 40 Züge ist ein guter Kompromiß zwischen den Erfordernissen des Spiels und der Ausdauer der Spieler. Derzeit wird das «Aktivschach» propagiert, das mit einer Bedenkzeit von zweimal dreißig Minuten auf die Ungeduld des Publikums Rücksicht nimmt. Doch die schnellen Gedanken sind selten auch die tiefen. Diese, die nicht aus dem Ärmel zu schütteln sind, haben dem Schach seinen Rang als einer bewundernswerten Übung des Geistes gegeben.

Folgende Doppelseite: *Nissam Engel malte dieses Ölbild «Schachkomposition» im Stil einer Collage aus vielen Einzelbrettern und Figuren.*

Das Ölgemälde «Überschach» schuf Paul Klee 1937. Er variierte das Schachbrettmuster, vergrößerte die weißen Felder gegenüber den schwarzen und veränderte auch diese. Klee hat ein allbekanntes Muster belebt. Dem grübelnden Schachspieler widerfährt ähnliches. c4, e6, h3 können für ihn Felder der Bedrohung oder Verheißung und damit überlebensgroß werden.

Nissan Engel

«Die Inder erklären durch die Felder des Schachbrettes den Gang der Zeit und der Zeitalter, die höheren Einflüsse, die die Welt regieren, und die Bande, die das Schach mit der menschlichen Seele verbinden.»

Der arabische Historiker Al-Masudi im Jahre 947.

KÖNIG UND GEFOLGE

Miniatur und Text aus einer Handschrift (1407) von Jacobus de Cessolis. Bayrische Staatsbibliothek, München.
«Der König soll in seiner Gestalt einem lebenden Könige gleichen und in einem Palast in Purpur gekleidet sitzen. Dies bedeutet, daß er mit Tugenden und Gnade ausgezeichnet ist.»

Rechte Seite:
Links: König, arabische Arbeit nach indischem Vorbild, Elfenbein, 8.–9. Jh.
Rechts: König, türkisch, Elfenbein intarsiert, 18. Jh.

Als Schachspieler kam Reuben Fine zu ehrenvollen Preisen, als Psychoanalytiker aber kam er zu Geld. Da sowohl die Analyse der Psyche wie die der Partien in seine Kompetenz fielen, schrieb er ein wunderliches Buch: «Die Psychologie des Schachspielers». Darin behauptete er, der König sei eine Vaterfigur, aber eine zur Freude der Kinder entkräftete. Wem ist dieser Spielstein besonders sympathisch? Fine gibt die antwort: denjenigen Personen, die sich selbst für besonders wichtig und unentbehrlich halten. Auch mit dem Penis verglich der amerikanische Psychologe den König. Nicht alle Schachspieler lesen, und erst recht nicht alle lesen Fine, doch wer es tut und sich dabei fragt, muß anerkennen, daß der Autor viele Großmeister das Fürchten gelehrt und während der dreißiger Jahre sogar in dem Verdacht gestanden hat, den Weltmeister Aljechin stürzen zu können. Außerdem sehen auch Amateure, wie es um den König bestellt ist. Er ist imposant und hilfsbedürftig. Sein Wert steht in umgekehrtem Verhältnis zu seiner Stärke. Während andere Figuren in einem Zug das Brett überqueren können, schleicht er im Schneckentempo von einem Feld zum anderen. Zu Beginn einer Partie ist er völlig nutzlos, muß aber von Anfang an geschützt, wie ein Augapfel gehütet werden.

Schon vor Jahrhunderten waren umsichtige Spieler darauf bedacht, das untätige Prachtexemplar so früh wie möglich in Sicherheit zu bringen. Von Haus aus steht der König zwar am Rand, dort aber in der Mitte. Selbst für eine Flucht in den Winkel ist er noch zu langsam. So wurde ihm

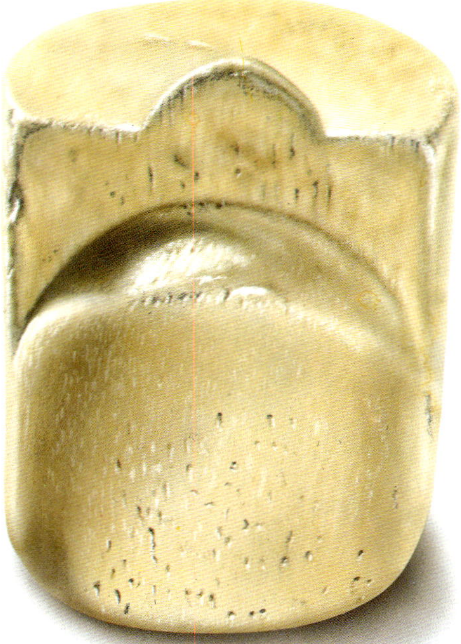

Oben und unten:

Abstrakte arabische Figur, Bein, 8.–9. Jh.

Arabisch-ägyptisch, Bergkristall, Ende 9.–Anfang 11. Jh.

gestattet, einmal pro Partie, und auch das nur unter gewissen Bedingungen, auf das übernächste Feld seiner Reihe zu hüpfen. Erst im 16. Jahrhundert wurde diese Rochade eingeführt – eine systemwidrige Ungeheuerlichkeit, da nicht nur zwei Züge zu einem vereinigt werden, sondern auch zwei Schwerfiguren sich auf ein- und derselben Reihe aneinander vorbeischlängeln dürfen. Übrigens ist es nur unter Laien und Liebhabern gleichgültig, welche Figur zuerst bewegt wird, der König oder der Turm. Am logischsten wäre es, nach Pianistenart, streng synchron, mit beiden Händen zuzugreifen. Da aber nur wenige Schachfreunde so gut Klavier spielen können wie Großmeister Mark Taimanow, wurde eine andere Logik entwickelt. Züge, und somit auch die Rochade, müssen eindeutig und unstrittig sein. Außerdem hat sich nach der Regel «berührt – geführt» der Spieler in dem Moment auf einen Zug festgelegt, in welchem die Kuppen des Daumens und des Zeigefingers den betreffenden Stein berühren. Er würde sich jedoch nicht festlegen, wenn er bei der Rochade zuerst den Turm anfassen dürfte, weil dann nämlich, und sei es nur eine Sekunde lang, die Möglichkeit bestünde, daß es mit diesem Turmzug sein Bewenden hat. Befördert er hingegen zuerst seinen König um zwei Felder nach links oder rechts, so ist dem Gegner wie dem Publikum mit der erforderlichen Unverzüglichkeit klar, daß die Kurze oder Lange Rochade und nichts anderes vollzogen wird.

Bis zum dreißigsten, vierzigsten Zug mag der König in seiner Ecke stehen. Doch plötzlich, in einem entscheidenden Augenblick, wenn die Schlachtreihen sich gelichtet haben, bricht er hervor. Aus einer passiven Figur wird eine aktive, aus einer nur gefährdeten eine äußerst gefährliche. In diesem Augenblick, den zu erkennen es eines scharfen Schachverstandes bedarf, beginnt das Endspiel. Kein anderer Stein offenbart eine solche Änderung seines Temperaments, auch der Bauer nicht, denn wenn dieser sich in eine Dame verwandelt, ist er ja fortan kein Bauer mehr. Wäre es im Mittelspiel bodenloser Leichtsinn gewesen, die wichtigste Figur zur Brettmitte humpeln zu lassen, so lautet im Endspiel die Devise: Den König zentralisieren! Während er bisher nur mit seiner eigenen Verteidigung beschäftigt und oft nicht einmal dazu allein in der Lage war, greift er nun ein und an. Schade, daß die Schachtheoretiker, von den Praktikern ganz zu schweigen, so selten die Philosophie um intellektuelle Unterstützung bitten. Sonst hätte sich nämlich in der Fachliteratur das Gegensatzpaar Potenz und Akt eingebürgert. Das eine ist, ganz unerotisch, die innewohnende Fähigkeit, das andere deren Anwendung. Erst im Endspiel zeigt der König, was in ihm steckt, zum Beispiel die Kraft, das eigene und acht weitere Felder unter seiner Fuchtel zu haben. Auch seine Qualitäten als Bauernstopper und Bauernfänger treten nun klar zutage. Aus der Schräge bezwingt er sogar die wuchtigen Türme. Sein gemessener Schritt erinnert nicht mehr an Krükken, sondern an die Ruhe und Selbstsicherheit der wahren Majestät. Nun ist Schach tatsächlich das königliche Spiel.

Oben, links und rechts:
Deutschland/Österreich, Holz, 20. Jh.
Italien, Keramik, erste Hälfte 20. Jh.

Links: *Skandinavisch, Walroßzahn, um 1200.*

Unten, links und rechts:
Israel, Speckstein, 20. Jh.
Portugal, Porzellan, 20. Jh.

Reihe unten, v. l. n. r.:

Java, Bambusholz mit Kerbschnitzerei, farbig gefaßt, verstellbarer Kopfputz, 19. Jh.

Frankreich, Metall (evtl. Zinn oder Blei), 20. Jh.

Israel, Silberfiligran, 20. Jh.

Französisch, Elfenbein, 12. Jh.

Unteritalien, Elfenbein, 12. Jh.

Deutschland, Silber vergoldet, Mitte 18. Jh.

Ecuador, Tagua-Nußholz, 20. Jh.

Deutschland, Buchsbaumholz, 2. Hälfte 16. Jh.

«Der König würdevoll, bedächtig,
Zwar wichtig, doch nicht immer mächtig.»

Christian Morgenstern

Königlich insofern, als es um Kopf und Kragen des Königs geht, kann Schach freilich schon in der Mittelspielphase sein. Schließlich ist das Ziel einer Partie das Matt, das dadurch definiert ist, daß der König vor einer unmittelbaren Bedrohung nicht gerettet werden kann. Zu diesem Knalleffekt kommt es freilich in Turniersälen so gut wie nie. Die Meister ziehen es vor, das unabwendbare Schicksal anzuerkennen, bevor es eintritt. Wer nicht fähig ist, das Ende abzuwenden, möchte wenigstens so klug sein, es vorauszusehen. Dabei wird, sei es aus bitterer Erfahrung, sei es aus Kollegialität, stillschweigend angenommen, daß der verehrte Gegner über jene allergröbsten Fehler erhaben sei, die eine Gewinnstellung noch in letzter Minute ruinieren können. Verlierer, die sich nicht überwinden können, dem Gegner die Hand zu reichen, um mit einer Gratulation zu kapitulieren, legen ihren König der Länge nach hin. Diesen zuvor aus Versehen umzustoßen – der Ärmel bleibt leicht an ihm hängen –, gilt empfindsamen Menschen als böses Zeichen.

Oft, zu oft, passiert in Turniersälen mit den Königen etwas anderes: Nachdem sie von den Spielern nur bei der Rochade eines Fingerdrucks gewürdigt worden sind, plaziert sie ein dienstbarer Geist, der auch die übrigen 30 Steine in ihre Heimatbahnhöfe schiebt, als Symbol der Eintracht in der Mitte des Brettes. Das bedeutet Remis – ein Begriff mit schlechtem Leumund unter den Schachfreunden. Nicht daß diese sich empörten, wenn ihnen ein Sieg vorenthalten wird, vielmehr nehmen sie die Punkteteilung hin wie die Mitteleuropäer einen trüben Tag. In Remisen sind die Großmeister groß. Befindet die Stellung sich in einem Gleichgewicht, das ohne großes Risiko weder von Weiß noch

von Schwarz erschüttert werden kann, gilt der Kampf als unentschieden. Und manchmal hat der Kampf tatsächlich getobt und an den Kräften beider Spieler gezehrt, so daß es nur recht und billig ist, wenn niemand zum Verlierer gestempelt wird. Nicht jede Koryphäe besitzt die Gabe Alexander Aljechins, der mitunter auf einer Glatze Locken drehen konnte, indem er aus einer allem Anschein nach «toten» Stellung so viel herausholte, daß plötzlich ein Gewinnweg sichtbar wurde. Objektive Gründe für ein Remis liegen häufig vor, subjektive noch häufiger. Das beginnt bei der menschlichen Bequemlichkeit, die dem Streiter ins Ohr flüstert, daß ein Remis schon ein Erfolg sei, nämlich für den Schwächeren und für Schwarz. Turnierteilnehmer, die sich einen geruhsamen Donnerstag machen möchten, weil sie sich am Mittwoch hatten abrackern müssen und am Freitag auf einen erbarmungslosen Gegner stoßen werden, dürfen bereits auf allgemeines Verständnis hoffen. Auch eine Überlegung wie die, daß Rang 4 nicht mehr zu erreichen, Rang 5 jedoch nicht durch Übereifer gefährdet werden sollte, wird akzeptiert. Kommt es nun etwa vor, daß Remisen vereinbart, daß also die Partien nicht gespielt, sondern «geschoben» werden?

Oben: *Indisch, Anfang 19. Jh.*

Links oben, links und rechts:
Indonesien, Fruchtholz, 20. Jh.
China, Elfenbein, spätes 19. oder Anfang 20. Jh.

Oben: *Dänemark, Keramik, 20. Jh.*

Rechts: *Indien, Elfenbein, 20. Jh.*

Diese Praxis wird nach Bedarf geleugnet, doch Tag für Tag geübt. Dabei bedarf es nicht einmal vieler Worte am Telefon oder unter vier Augen. Jeder Spieler kann sich die Interessenlage seines Gegners an den fünf Fingern abzählen. Ist die Remisbereitschaft überhaupt ein Rätsel, dann ein leichtes. Schon während der Eröffnung gibt es Züge, die als Signale aufgefaßt werden müssen. Werden sie durch entsprechende Gegenzüge erwidert, geht es nur noch darum, den Schein, um den Sieg zu kämpfen, zu wahren. Ab und zu verzichten die Kontrahenten sogar darauf und beenden ihr Zusammensein nach zwölf oder zehn Zügen. Verächtlich spricht die Schachwelt von Großmeister- oder Salonremisen.

Friedensschlüsse, die in die Schachgeschichte eingegangen sind, waren die Remisen jener sowjetischen Großmeister, die es als ihre Pflicht ansahen, den einzigen Ausländer nicht hochkommen zu lassen, dem sie das Zeug zutrauten, Weltmeister zu werden. Untereinander schonten sie ihre Geisteskräfte, um sie frisch zu erhalten für die Partien gegen den amerikanischen «Klassenfeind» Robert Fischer. Dieser hat sich darüber

Unten, v. l. n. r.:

Deutschland, alpenländisch, Holz farbig bemalt, Ende 18. Jh.

Indien, Holz mit Elfenbeinaufsatz, 19. Jh.

Frankreich, Elfenbein, Ende 18.–Anfang 19. Jh.

Deutschland, Meissner Porzellan, Entwurf 1752/53.

Nordisch, Walroßbein, 12.–13. Jh.

bitter beschwert. Als er 1972 sein Ziel erreicht hatte, teilten viele seine Meinung, er habe den höchsten Titel nicht nur Boris Spassky, sondern der ganzen sowjetischen Schachnation abgetrotzt. Geschenkt wurde Bobby nie etwas. Der verstorbene jugoslawische Großmeister Petar Trifunović hat einmal erzählt, wie er von Funktionären dazu vergattert worden war, eine Turnierpartie gegen den Yankee unbedingt zu gewinnen. Das war leichter gesagt als getan, zumal Fischer, den zu bezwingen sogar schon ein Kunststück war, wenn er die schwarzen Steine führte, bei dieser Gelegenheit auch noch Weiß hatte. Trifunović argumentierte, angesichts eines solchen Gegners wäre es verwegen genug, ein Remis zu geloben – aber einen Sieg? Es half nichts, der Mann aus Dalmatien sollte das Unmögliche ermöglichen. In seiner Verzweiflung grub er eine seltener gespielte «spanische» Eröffnungsvariante aus, in die einzulenken als unvorteilhaft für Schwarz galt, aber nur, weil die Eröffnungstheoretiker eine Verbesserung übersehen hatten, die Trifunović jetzt fand. Doch als die Partie begann, roch Fischer Lunte. Er war erstaunt, daß ein grundsolider Spieler eine derart zweifelhafte Variante wählte, und blieb folglich doppelt auf der Hut. Hätte Fischer die Ratschläge befolgt, die sämtliche Autoren dem Weißen gegeben hatten, wäre er womöglich gestrauchelt. Stattdessen gewann er. «Denn er hat», und Hochachtung schwang in der Stimme des Erzählers, «nicht nach Buch gespielt. Er hat richtig gespielt!»

Je geringer die Professionalität, desto geringer die Lust am Remis. Ein Amateur, der entspannt in seinem Wohnzimmer sitzt, kommt nicht so schnell auf die Idee, seinem Freund Remis anzubieten, bloß weil die Stellung ausgeglichen und ohne Perspektive ist. Insgeheim fühlt er, daß die nächste Perspektive sich so rasch und zuverlässig ergeben wird wie der nächste Fehler. Den Liebhaber charakterisiert eine Anekdote, die ursprünglich und, man könnte glauben, fälschlicherweise auf einen Großmeister gemünzt war. Dieser hatte soeben ein Remisangebot abgelehnt, worüber sein Gegner sehr erstaunt war. «Spielen Sie auf Sieg?» – «Nein.» – «Spielen Sie etwa auf eine Niederlage?» – «Natürlich nicht.» – «Was wollen Sie denn überhaupt?» – «Spielen!» Im Gegensatz zu den meisten Profis, die aufgeben würden, bleibt ein solcher Spieler selbst dann unverdrossen, wenn er eine Figur weniger hat. Da möchte er doch erst einmal seinen König in Bedrängnis sehen.

Unten, v. l. n. r.:

Indien(?), Elfenbein, gelb-rot bemalt, 19. Jh.

Italien, Elfenbein, aus «Edelleute», Ende 18. Jh.

Venedig, Hohlglas, 18. Jh.

König, jüdisch, Elfenbein, 18. Jh.

König, Deutschland, Bauhaus, entworfen von Josef Hartwig, Birnbaum, 1923/24.

Geht es um die Wurst, also um den König, neigen sogar zwei Formen des unentschiedenen Ausgangs zur Dramatik: das Patt und das Ewige Schach. Der Weg zum Patt bedeutet, aus der Not eine Tugend und aus dem präsumptiven Verlierer den Helden des Tages zu machen. Wer am Zug ist, muß irgendwo ziehen, wer patt ist, kann es nirgendwo – dieser Widerspruch geht zu Lasten der Gegenseite. Ein unbedrohter König, der sich nicht bewegen kann, ist mitnichten matt. Wäre er es, würde keine Partie auch nur anfangen, denn eingekeilt ist er schon vor dem ersten Zug. Ewiges Schach hingegen bedeutet unschädliches Schach, denn wäre es schädlich, bräuchte es nicht ewig zu sein. Es handelt sich um einen fulminanten Fall von Zugwiederholung, womit ein Manöver gemeint ist, das dreimal unmittelbar hintereinander abschnurrt.

Vielleicht gibt es auf der Welt demnächst nur noch drei Könige, den weißen, den schwarzen und den englischen. Das Schach erfreut sich bester Gesundheit und hat jene monarchischen Ordnungen überlebt, deren Geist es ungeniert widerspiegelt. In den letzten Jahrhunderten haben sich viele Regeln geändert, die des Anstands, des Rechtsgefühls, des Krieges und des Verkehrs, nicht die des Schachs. Auch Republikaner, die nun nichts mit dem König aus Fleisch und Blut gemein haben, spielen leidenschaftlich Schach. Befürworter einer klassenlosen Gesellschaft finden nichts dabei, daß die beiden Türme stärker sind als die beiden Läufer und diese stärker als zwei Bauern. Atheisten schützen ihren König, obwohl er zu Häupten ein Kreuz trägt. Vive le roi!

KÖNIGIN DAME

Ein flottes Weib, diese Dame. Anfangs harrt sie neben dem König aus, doch bald geht sie ihrer eigenen Wege. Sie ist die Figur, die fast alles kann und darf. Sie tritt zur Seite wie ein König, rückt vor wie ein Bauer, rennt wie ein Läufer und stürmt wie ein Turm. Verwehrt ist ihr nur, so seltsam wie ein Springer zu ziehen. Im Nu ist sie im feindlichen Lager. In einem Zug schwenkt sie vom Damenflügel auf den Königsflügel. Schon mit einer kleinen Bewegung beeinflußt sie die gesamte Konstellation der Kräfte. 1927 hat Aljechin in Buenos Aires den Weltmeisterschaftskampf gegen Capablanca gewonnen, ebenso die letzte, die 34. Partie. In ihr schob er einmal seine weiße Dame nur um ein einziges Feld nach links, doch die minimale Ortsveränderung von e2 nach d2 entlockte ihm einen für seine Verhältnisse enthusiastischen Kommentar: «Die Vielseitigkeit dieses Zuges bereitete mir Freude. Ich glaube, er verdient das Prädikat ‹schön›, denn er ist im vollen Sinne des Wortes brettumfassend.» So stark vermag die Dame zu faszinieren. Sie vor allem verleiht dem Spiel Dynamik. Es war dieser Schwung, nach welchem sich im Spätmittelalter die unbekannten Reformer gesehnt haben müssen, als sie

Oben: *Dame, Indien, Holz mit Elfenbeinaufsatz, 19. Jh.*

Links: *Dänisch, Bein (Walroß), 13. Jh.*

Unten, v. l. n. r.:

Indien (?), Elfenbein, 19. Jh.

Indien (?), Elfenbein gelb-rot bemalt, 19. Jh.

Ecuador, Tagua-Holz, farbig bemalt, 20. Jh.

Frankreich, Elfenbein, polychrom, Ende 18. – Anfang 19. Jh. (Vorläufer der sog. Napoleon-Figuren).

darangingen, der Königin einen weitaus größeren Aktionsradius zu geben als dem König. Die Dame trat damals an die Stelle des Wesirs, des arabischen Ministers, einer schwachen Figur, der lediglich gestattet war, auf der Diagonalen den kleinstmöglichen Schritt zu tun.

Die Geschlechtsumwandlung, nicht minder bemerkenswert als der Zuwachs an Rechten und Pflichten, beschäftigt die Historiker seit langem. Doch nach wie vor tappen sie im dunkeln, was durchaus reizvoll ist, da nun die tollsten Theorien entwickelt werden können. Im Grunde hätte es ja bei einer reinen Männergesellschaft bleiben können, denn das weibliche Wesen tut, wenn auch mit gesteigerter Vehemenz, dasselbe wie die Kombattanten: ziehen und schlagen. Doch zu keiner Zeit hat das Gefühl getrogen, daß die Mächtigen nicht nur auf Macht versessen sind, sondern auch auf Liebe. Es lag nahe, dem König eine Königin zu gönnen, wie denn in alten lateinischen Schachtexten der *rex* seine *regina* hat und in modernen englischen der *king* seine *queen,* in französischen der *roi* seine *reine.*

Einige Historiker haben sich auf den Minnegesang berufen, eine literarische Gattung voll leidenschaftlicher, wiewohl spiritueller Frauenverehrung. Denkbar ist, daß der Überschwang, mit dem die «Hohe Frau» angestaunt, angehimmelt, angebetet wurde, auf die Spielregeln abfärbte, obwohl es dann verwunderlich ist, daß die Dame nicht gleich noch springen durfte. Eine bestechende Hypothese hat Dr. Jacob Silbermann, 1949 bis 1963 Trainer der rumänischen Schachnationalmannschaft, vorgetragen. Er dachte an jenes Mädchen, das tapferer war als seine männliche Umgebung

und einem ganzen Heer vorauseilte: die Jungfrau von Orleans. Tatsächlich spürt jeder Spieler, der die Dame zieht, daß er ein streitlustiges Ding zwischen den Fingern hat. Mancher Kommentator, der sich gewählt ausdrücken möchte, verfällt auf den Ausdruck «Amazone». Zu bedenken ist freilich, daß der Heldin Frankreichs nicht immer und überall Sympathien entgegenschlugen. Im 15. Jahrhundert ist sie als Ketzerin verbrannt worden, und niemand wußte damals, daß sie im 20. Jahrhundert heiliggesprochen werden würde. Shakespeare, um ein namhaftes Beispiel zu nennen, stellte sie als Hexe und Hure hin. Trotzdem fällt es schwer, auf dem Brett Abschied von Jeanne d'Arc zu nehmen. In einer Erzählung Werner Bergengruens, die eine Schachpartie unter hochdramatischen Begleitumständen schildert, erklärt ein christlicher Sklave seinem arabischen Partner, der gerade «Schach dem Wesir» geboten hat: «Auch sagen wir wohl Jungfrau nach der Mutter Gottes.» Der Dresdner Schachhistoriker Prof. Joachim Petzold hat unlängst ebenso hoch gegriffen und die Beförderung des ausgedienten Ministers zu einer blut- und lebensvollen Dame als Ausfluß der Marienverehrung gedeutet. Notre Dame – so haben die Erbauer

Links: *Unteritalien, Elfenbein, erste Hälfte 12. Jh.*

Unten, v. l. n. r.:

Deutschland, Meissner Porzellan, 18. Jh.

Israel (aus «König-Salomon-Spiel»), Speckstein, polychrom, 20. Jh.

Italien (aus Spiel «Edelleute»), Elfenbein, Ende 18. Jh.

Französisch (aus Spiel «Napoleon und Maria Louise»), frühes 19. Jh.

Italien, afrikanische Elfenbeinfigur, spätes 18. Jh.

Frankreich, Elfenbein, polychrom, Ende 18. – Anfang 19. Jh.

Reihe unten, v. l. n. r.:
Frankreich, Bein, Mitte 18. Jh.
Portugal, Porzellan bemalt, 20. Jh.
Französisch-Afrikanisch, 19. Jh.
Tschechoslowakei, Porzellan, 20. Jh.
Italien, Porzellan, sign. Dario Constantino, 20. Jh.
Deutschland, Meissner Porzellan, 1752/53 (Entwurf).
Nordisch, Bein, um 1200.
Frankreich, Metall (evtl. Zinn oder Blei), 20. Jh.
China, Elfenbein, 19. Jh.
Frankreich, Elfenbein (rot eingefärbt), 1. Hälfte 19. Jh.

der Pariser Kathedrale gesprochen, und so sollen seinerzeit auch die Schachfreunde empfunden haben. Eines paßt da freilich nicht zusammen. In tausend Skulpturen, auf unzähligen Bildern sehen wir die Mutter Gottes sitzend, thronend, manchmal kniend oder stehend, meistens Ruhe ausstrahlend, nie in Hast oder Eile. Ganz anders die Dame auf den 64 Feldern, die, wenn es sein muß, wie eine Furie hin und hersaust. Schließlich sei, weil er überaus galant ist, ein Bescheid aus dem Jahr 1616 erwähnt. Im «Selenus» (Das Schach- oder König-Spiel), einem Handbuch von außergewöhnlich langer intellektueller Haltbarkeit – noch um 1800 wurde es studiert –, wird die Frage aufgeworfen, «warum eben den Weibern» die umfangreichsten Aufgaben zugewiesen worden seien. Nachdem der Verfasser den üblichen Hinweis auf die Amazonen gedanklich beiseite

gelegt hat, meint er, der anonyme Erfinder der Damenzüge habe «zu verstehen geben wollen, daß die Weibsbilder in der Schlacht und im Gefecht die Herzen und Gemüter der Soldaten gleichsam anzünden». Das ist zumindest charmant gelogen, rückt allerdings die auch hier als «Königin»

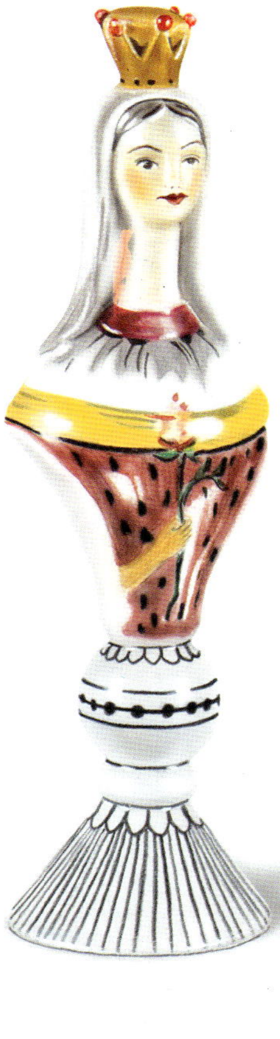

«Der beste Zug im Schach,
wie im Leben,
ist stets – der gemachte.»

Savielly Tartakower

apostrophierte Dame in die Nähe einer Marketenderin. Folglich beeilt sich der Verfasser hinzuzufügen, daß die Königin in wichtigen Angelegenheiten ihren Mann klug und verständig berate. Gustavus Selenus mußte es ja wissen. Denn hinter diesem Pseudonym verbarg sich der kluge Herzog August II. von Braunschweig-Lüneburg.

Besser geeignet als andere Steine, die das auch ganz gut können, ja geradezu prädestiniert, ist die Dame für den Doppelangriff, den Inbegriff der Taktik. Zwei feindliche Steine, beide weit auseinanderstehend und so plaziert, daß keiner dem anderen Hilfe leisten kann: Die in die Kreuz und Quere rennende Dame ist da in ihrem Element. Die virulenteste Figur ist natürlich auch die begehrteste Beute. Wer sich den Einsatz eines Läufers oder Springers dreimal durch den Kopf gehen läßt, sollte sich den der Dame fünfmal überlegen. Safety-first-Spezialisten raten davon ab, im Eröffnungsstadium die Dame zu berühren. Varianten, in denen sie die erste ist, die einen Bauern schlägt, mögen korrekt sein, werden aber selten zur Nachahmung empfohlen. Der Einschlag auf den Feldern b2 und b7 gilt als Versuchung, der ein Spieler nur nach reiflichster Überlegung erliegen soll. Denn stets ist an die Möglichkeit der Einsperrung zu denken. Das ist eine elegante und besonders perfide Methode, einer Figur habhaft zu werden. Diese wird eingekreist, umstellt. Für den Besitzer einer Dame ist das nahezu demütigend. Sie, die dazu geschaffen war, in acht Himmelsrichtungen davonzulaufen, weiß plötzlich nicht mehr, wohin, da sämtliche in Betracht kommenden Felder besetzt oder bedroht sind. Die Zahl naiver Spieler, die ihren Augen nicht getraut haben, als sie der Freiheits-

Oben: *Deutschland, Porzellanmanufaktur Frankenthal, modelliert von K. Linck, 1765/70.*

Linke Seite, oben: *Dänisch, Bein (Walroß), 13. Jh.*

Rechts: *China, Elfenbein rot gefärbt, spätes 19., Anfang 20. Jh.*

Unten, v. l. n. r.:

Chinesisch, Königin schwingt ihr Baby (den Infanten), 17. Jh.

Rußland, «Bojarin», Holz, farbig gefaßt, 20. Jh.

Italien, Keramik, erste Hälfte 20. Jh.

Deutschland oder Österreich, Holz, 20. Jh.

Skandinavisch, Bein (Walroß), um 1200.

beraubung inne wurden, war, ist und bleibt Legion. Doch zu unguter Stunde erleben auch Ehrgeizlinge ihr blaues Wunder, denn mancher Gegner versteht es, den Köder diabolisch schlau zu legen. Auch Türme, Läufer und Springer können eingesperrt und dann kassiert werden, doch bei der Dame bereitet das den größten Verdruß, weil vis-à-vis die größte Genugtuung.

Als das Nonplusultra des Publikumvergnügens wird, seitdem es Turniere gibt, das Damenopfer angesehen. Denn was geschieht, wenn jemand sich freiwillig von seinem besten Stück trennt? Er wirft damit die atemberaubende Frage auf, ob Selbstverstümmelung ein Stärkungsmittel sein kann. Jedes Opfer, soll es sich nicht schlicht und einfach als grober Fehler entpuppen, schreit nach Kompensation, zumindest nach materiellem Ausgleich. Der Gegenwert der Dame mag zwei Türme oder drei Leichtfiguren betragen, der ausschlaggebende Kurswert jedoch hängt von der augenblicklichen Situation ab. Ein Opfer, das Begeisterung erweckt, muß mehr sein als ein etwas umständlicher Materialtausch, muß auf die Zertrümmerung der gegneri-

schen Stellung oder die Anbahnung eines Mattangriffs hinauslaufen. Je verrückter das Opfer auf den ersten Blick aussieht, je stärker also die Erkenntnis verblüfft, daß geringere Quantität höhere Qualität bedeutet, desto lauter lacht das Herz des Schachfreundes. Den ersten Beweis seiner genialen Begabung hat Bobby Fischer im Alter von 13 Jahren mit einer Partie geliefert, deren Schlüsselzug ein von den ältesten Hasen nicht für möglich gehaltenes Damenopfer war. Zwischen dem glorreichen und dem schmählichen Untergang, zwischen Opfer und Einsperrung, liegt der banale Untergang, der Damentausch. Die feindlichen Königinnen verschwinden Hand in Hand. Das ist dann bemerkenswert, wenn es sich bei den beiden um eine entwickelte und eine unterentwickelte, um eine aktive und eine passive Dame handelt, um eine, die Furcht und Schrekken verbreitet, und eine andere, die keiner Fliege etwas zuleide tut. Schon mancher ungestüme Angriff verpuffte, weil eine tatenlose Dame sich einer temperamentvollen in den Weg warf. Es ist der Triumph des Gleichheitsprinzips über das Leistungsprinzip und gefällt nicht jedermann.

Oben: *Dänemark, Keramik, 20. Jh.*

Oben, links: *Französisch (?), Elfenbein, erste Hälfte 16. Jh.*

Unten, v. l. n. r.:
Chinesisch, Goldfiligran, 18. Jh.
Frankreich, Elfenbein, erste Hälfte 19. Jh.
Frankreich, Hartholz, Anfang 19. Jh.
Chinesisch, Elfenbein, Ende 17. Jh.
Java, Bambusholz, 19. Jh.

TURM

Ganz oben: *Arabisch-ägyptisch, Bergkristall, Ende 9. – Anfang 11. Jh.*

Oben: *Nordisch, Bein gedrechselt, Ende 12. – Anfang 13. Jh.*

Rechte Seite: *Deutschland (Niederrhein), Knochen, 2. Hälfte 11. Jh.*

Die hübsche Geschichte von der arabischen Prinzessin Dilaram haben wir schon wiedergegeben. Die liebliche Dame überredete ihren schlecht spielenden Mann, seine beiden Türme zu opfern, um sie zu retten. Die Geschichte wird seit tausend Jahren weitererzählt – und geglaubt.

Die Lebensgefährtinnen heutiger Großmeister sehen davon ab, sich im Notfall so eindrucksvoll einzumischen, denn nach einer Niederlage müssen sie sich nicht auf einen Partnerwechsel, sondern nur auf schlechte Laune gefaßt machen. Wie auch immer, die Geschichte und die mit ihr überlieferte Notation beweisen, daß die Türme seit arabischer Zeit über das ganze Brett rutschen durften. Bei Partiebeginn freilich ist ein Turm nichts als ein Eckensteher – viel Potenz und kein Akt. Deshalb hält sich auch die Generosität in Grenzen, sobald ein starker einem um Klassen schwächeren Spieler einen Turm vorgibt. Nimmt doch der starke Spieler an, er werde bis zu jenem Zeitpunkt, da sich der Aderlaß auswirken könnte, ohnehin den Gegner überrumpelt haben.

Wenn die übrigen Offiziere sich davongemacht haben und der König dank der Rochade in Sicherheit ist, schließen die Türme gern Brüderschaft. Verbundene Türme sind ein taktischer und strategischer Trumpf. Sie decken sich gegenseitig und schützen den König, der kaum einen Seitenangriff zu befürchten hat, solange die beiden Wächter auf der empfindlichen Grundreihe ihren Dienst versehen. Ob sie das als Wehrtürme, als Kirchtürme, als Elefanten mit oder ohne turmähnlichen Sitz, als Streitwagen oder als Schiff mit aufwendiger Takelage taten – stets heischte ihr Äußeres Respekt. Die Engländer gebrauchen noch das arabische «rukh», indem sie «rook» zu ihrem Turm sagen, und viele Kontinentaleuropäer verwenden es indirekt, indem sie von der «Rochade» reden. Demnach ist bei der Aussprache dieses Wortes ein rauhes «ch» mindestens ebenso richtig wie ein weiches «sch».

Der im Hintergrund stehende Turm, diese Stütze der Gesellschaft, gibt dem Aufbau der Figuren in den Eröffnungen einen gewissen Halt. Ferner liebt er die Demaskierung. Auf den Maskenbällen früherer Zeiten fielen zu einer bestimmten Stunde, etwa um Mitternacht, die Masken vom Gesicht und mit ihnen viele Tänzer aus allen Wolken. Das Ungemach der Schürzenjäger: mit der falschen Person geflirtet zu haben. Das Ungemach der Schachspieler: die Figur im Hintergrund nicht beachtet zu haben. Beispielsweise schlägt ein Bauer, womit der Gegner gerechnet hat. Hinter dem Bauern steht ein Läufer, der sich nun in Bewegung setzt, womit der Gegner vielleicht auch noch gerechnet hat. Hinter dem Läufer aber taucht der Turm mit einer Drohung auf, an deren rechtzeitige Abwendung der Gegner nicht gedacht hat. Einer, der die Türme gern in Stellung brachte, war der 1886 in Riga geborene Aaron Nimzowitsch. Manche dieser Manöver erschienen den Kritikern so bizarr, daß diese in ihrem Spott den Begriff «mysteriöser Turmzug» prägten. Da Nimzowitsch eitel genug war, solchen Mangel an Allgemeinver-

«Um ja nicht auf Verlust zu stehen, verliert mancher die Partie.»

Savielly Tartakower

Unten, v. l. n. r.:
Nordamerika, Keramik, 20. Jh.
Ecuador, Tagua-Nußholz, 20. Jh.
Israel, Speckstein, polychrom, 20. Jh.
Tschechoslowakei, Porzellan, 20. Jh.

ständlichkeit zu genießen, übernahm er das Schmähwort «mysteriös» in seine eigenen Schriften. Die Art von Demaskierung, die er im Sinne hatte, sollte weniger den eigenen Angriff einleiten als einen gegnerischen Vorstoß unterbinden. In vorbeugenden Maßnahmen sah Nimzowitsch, ein gewaltiger Theoretiker und ausgezeichneter Praktiker, eine Hauptbeschäftigung des wirklich guten Spielers. Um 1920 herum hat das noch nicht jedermann glauben wollen. Heutzutage ist die «Prophylaxe» mehr als ein der Medizin entlehnter Fachausdruck. Sie ist ein Schlüsselbegriff für das moderne Hochleistungsschach. Hand aufs Herz: Wer versteht schon alles, was die Großmeister treiben? Für den nachspielenden Laien, der in den Kategorien von Angriff und Verteidigung denkt, sind viele Partien Bücher mit sieben Siegeln. Oft liegt das Geheimnis in der weit (sehr weit) vorausschauenden Verhinderung, der Verhinderung von Bedrohungen, Figurenverlust, strategischen Nachteilen. Ein Spaßvogel hat einmal erklärt, die Schönheit einer zünftigen Partie beruhe nur noch auf den Anmerkungen. In dieser Übertreibung liegen mehrere Körnchen Wahrheit. Immer wieder bedeutet ziehen: den Boden entziehen.

Nimzowitsch hat die Kraft der Passivität gepredigt, deshalb aber nicht die Aktivität abgeschafft. Das Brüderpaar, das so gut die Grundreihe hütet, entfaltet seine Macht, wenn es sich auf einer halboffenen oder offenen Linie formiert. Die «Turmverdoppelung», ein klassisches Mittel der Taktik, versetzt die Gegenseite in Alarmzustand. Der erhöht sich, wenn ein weißer Turm die siebente, ein schwarzer die zweite Reihe besetzt und dort bleibt. Man könnte meinen, der Läufer leiste auf schrä-

gen Wegen auch nicht weniger als der Turm auf geraden. Um den Irrtum einzusehen, genügt es, zu zählen: Ein Turm, wo immer er steht, visiert bis zu 14 Felder an, während der Läufer schon in der Brettmitte stehen muß, um es auf maximal 13 Felder zu bringen, und von einer Ecke aus vermag er nur sieben Felder zu bestreichen. Überdies stehen sich die feindlichen Heere direkt und nicht schräg gegenüber. Wer einen Turm gegen einen Läufer oder Springer tauscht, macht in der Regel ein schlechtes Geschäft. Er verliert, so der Fachjargon, «die Qualität». Die Domäne des Turms aber ist das Endspiel, denn da hat er am ehesten freie Bahn. Unter Amateuren erfreut sich das Endspiel nur geringer Beliebtheit, denn mit Recht gilt es als vertrackt und mit sehr viel weniger Recht als langweilig. Von allen Sorten Endspiel nun sind Turmendspiele die kniffligsten und ärgerlicherweise die häufigsten. Einer ausgefeilten Technik bedarf es da, die aber im Gegensatz zu phantasievollen Mittelspielkombinationen erlernt werden kann. Zum Lehrstoff gehört die dringende Empfehlung, die Türme hinter die Freibauern zu stellen, hinter die eigenen wie hinter die fremden.

Der Turm-Freibauer-Merksatz ist ein Anlaß, Siegbert Tarraschs, lange Jahre Dozent für Schach an der Volkshochschule in Berlin, zu gedenken. Ein großer Lehrmeister, der größte sogar, wenn die pädagogischen Fähigkeiten ebenso hoch veranschlagt werden wie die fachliche Kompetenz. Freudige Schüler hatte

Links: *Java, Holz, um 1880*

Unten, v. l. n. r.:

Deutschland, Meissner Porzellan, Entwurf von 1752/53.

Portugal, Porzellan, 20. Jh.

Französisch-afrikanisch, Elfenbein, Mitte 19. Jh.

Rußland, Holz, farbig gefaßt (griech.-orthodoxe Kirche), 20. Jh.

Tarrasch zu Tausenden, und keineswegs nur in Deutschland. «Man tat gewisse Dinge», schreibt der amerikanische Kritiker Harold C. Schonberg, «weil Dr. Tarrasch sagte, man müsse sie tun.» Sogar nationalsozialistische Schachfreunde haben das meiste, was sie am Brett vermochten, von diesem Juden gelernt, der ohne Ironie «Praeceptor Germaniae» genannt wurde, in Nürnberg als Arzt praktizierte und 1934, ein Jahr nach Hitlers Machtergreifung, gerade noch das Glück hatte, friedlich in seinem Bett zu sterben. Die Gunst der offenen Linie zu nutzen, im Feindesland einen Vorposten zu installieren, beim Gegner einen wunden Punkt, eine «Angriffsmarke» ausfindig zu machen – das und vieles andere brachte Tarrasch seinen Lesern bei. Vor allem schärfte er ihnen unermüdlich ein, daß Angriffe aus der hohlen Hand elende Stümperei seien, daß es vielmehr gelte, eine ordentliche Stellung aufzubauen, damit die ersehnte Kombination auf solidem Fundament erfolge. Völlig neu war das nicht, wie denn auch andere Meister geruhten, das Publikum aufzuklären, doch hatte Tarrasch wie kein zweiter die Gabe des Gebens. Seine Zunge mochte spitz sein, aber seine Geduld war lang und sein Sinn wohlwollend. Auch unkonventionelle Vorschläge wie der, erst das Endspiel zu ergründen, dann das Mittelspiel zu pflegen und zu allerletzt Eröffnungen zu studieren, sind durchaus erwägenswert. Das Echo, das der Autor fand, wäre ausgeblieben, hätte der mit ihm identische Spieler in seiner besten Zeit nicht Erfolge über Erfolge eingeheimst. Spätere Mißerfolge rührten zuweilen von seinem Abscheu

Unten, v. l. n. r.:

Nepal, Elfenbein, 1780

Frankreich, Elfenbein, erste Hälfte 19. Jh.

Deutschland oder Österreich, Holz, 20. Jh.

Italien, Elfenbein, aus «Edelleute», Ende 18. Jh.

Italien, Keramik, erste Hälfte 20. Jh.

vor gedrückten, verschachtelten, geschlossenen Stellungen, denn der Widerwille war mit Unterschätzung gepaart. Die zu Nimzowitsch hielten, schalten Tarrasch einen «Dogmatiker», ein Kompliment, das dieser weniger verdiente als jener. Weltmeister Max Euwe verglich den Stil des Praeceptors mit «erstklassiger Konfektion». Das war so bissig, wie Tarrasch es selbst manchmal zu sein beliebte. Außerdem fand Euwe, Tarrasch habe nur immer die Regeln gesehen und nie die vielen Ausnahmen. Nun, immerhin. Andere müssen die Ausnahmen noch weniger gesehen haben, denn sie strauchelten häufiger und wären gar nicht so weit gekommen, wie der brillante Tarrasch, einen Wettkampf gegen Weltmeister Lasker zu verlieren. Tarrasch, der Lasker nicht leiden konnte, begrüßte diesen vor der ersten Partie mit der Bemerkung, er habe für ihn nur zwei Worte übrig: Schach und Matt. Das war unfreundlich, aber präzis, denn von diesen beiden Worten abgesehen, hatte ein Spieler während der Partie zu schweigen. Tarrasch war sich selber gegenüber streng. Nach einem für ihn nicht sehr ersprießlichen Turnier im spanischen San Sebastián wurde er gefragt, ob er sich auf der Heimreise «einige Tage Seine-Babel» gönnen wolle. Tarrasch schlug den ihm sehr sympathischen Gedanken an einen Abstecher nach Paris mit der großartigen Begründung aus: «Ich muß mich bestrafen.» Das war für ihn so typisch wie der schöne Satz, den er seinem Lehrbuch voranstellte: «Das Schach hat wie die Liebe, wie die Musik die Fähigkeit, den Menschen glücklich zu machen.»

BISCHOF LÄUFER

Der Nachteil des Läufers ist seine Bodenständigkeit. Nie wird ein weißfeldriger Läufer, und sei er noch so reiselustig, ein schwarzes Feld betreten. Nie wird das schwarzfeldrige Ebenbild, und sei es noch so übermütig, sich auf ein weißes Feld verirren. Jeder der beiden beschränkt seine Unternehmungen auf 32 Quadrate, auf die Hälfte des Bretts. Kein anderer Offizier ist so bescheiden. Ob einer kraucht wie der König, flitzt wie die Dame, hüpft wie der Springer oder prescht wie der Turm, ob er, um ein Ziel zu erreichen, einen einzigen Zug benötigt oder zwölf – er hat die Option auf die Einnahme eines jeden Feldes. Nur vor einem Sololäufer gibt es das, wonach sich viele Menschen sehnen: hundertprozentige, absolute Sicherheit an bestimmten Orten.

Zu Beginn einer Partie besitzt jede Seite einen weiß- und einen schwarzfeldrigen Läufer. Weder Kaufmann und Kompagnon noch Tenor und Sopran, noch Ehemann und Ehefrau ergänzen sich so gut wie das Läuferpaar. Deshalb bemühen sich viele Spieler, es zu behalten, deshalb auch steht es in höherem Ansehen als das andere Leichtfigurenpärchen, die beiden Springer. Das Läuferpaar

Bischof: Skandinavisch, Bein (Walroß), um 1200.

Läufer: Indien, Elfenbein, frühes 19. Jh.

Oben: *Nordisch, Hirschhorn, 11./12. Jh.*

Unten, v. l. n. r.:
Angelsächsisch, Walfischknochen, 10. Jh.
Deutschland, Bein (Walroß), 12. Jh.
Israel, Speckstein polychrom, 20. Jh.
Ecuador, Tagua-Nußholz, 20. Jh.

wird gebildet vom Königs- und vom Damenläufer, doch, dynamisch gesehen, vom guten und vom schlechten Läufer, was mit der Potenz nichts und mit Moral noch weniger zu tun hat. Der gute Zwilling genießt mehr, der schlechte weniger Bewegungsfreiheit. Maßstab für diese Freiheit sind die im Wege stehenden Bauern, seltsamerweise vor allem die eigenen und nicht die fremden. Einen gegnerischen, die Freizügigkeit einschränkenden Bauern vermag der Läufer notfalls zu schlagen, während er mit den eigenen Bauern nicht so umspringen darf. In gewissen Eröffnungen versperrt ein Bauer die Diagonale des Läufers, worauf dieser prompt zu einem schlechten gestempelt ist. Der Schrecken des Läufers sind Bauernketten, in denen ein Glied das andere deckt, was nur auf den Diagonalen geschehen kann. Der Abtausch eines schlechten Läufers ist ein kleiner Triumph für den früheren Besitzer, sofern der Gegner eine gut entwickelte Leichtfigur, womöglich den guten Läufer, preisgegeben hat und sich vielleicht in seiner Unschuld noch einbildet, die beiderseitigen Chancen seien nach wie vor die gleichen.

Wie die Dame wurde auch der Läufer zu Beginn der Neuzeit modernisiert. War ihm bisher nur ein kurzer Sprung auf das übernächste Diagonalfeld erlaubt gewesen, wurde er seit dem 15. Jahrhundert der schräge Typ, als den wir ihn kennen und lieben und als der er, obwohl völlig europäisiert, der wichtigste Baustein sogenannter indischer Eröffnungen wurde. Wenn schon auf eine Diagonale, lautet die Idee, dann auf die allerlängste, die sich von der benachbarten Ecke zu der schräg gegenüberliegenden Ecke erstreckt. Bei Königs-

Dänisch oder Deutsch, Bein (Walroß), 13. Jh.
Bischof in Kathedrale thronend. In den Augenhöhlen waren ursprünglich Edelsteine eingesetzt.

Links: *Deutschland, Bischof in Pontificalibus zu Pferd, Elfenbein, 14. Jh.*

indisch wird der schwarze Königsläufer, bei Damenindisch der schwarze Damenläufer auf die große Schräge bugsiert, im Fachjargon «fianchettiert», in Flankenstellung gebracht, was so wenig indisch ist wie Mitra oder Narrenkappe. Das «Fianchetto» erinnert an das alte Schachland Italien, wo der Läufer mit dem Terminus «alfiere», Fahnenträger, versehen ist. Die Etymologen denken aber nicht an eine Fahne, sondern an einen indischen Elefanten im alten Arabien. Der Elefant kann nämlich als Trampeltier und somit als Turm begriffen werden oder als Stoßzahnträger und somit als Läufer. Eine Theorie besagt, irgendwann seien diese beiden Dickhäuterkategorien verwechselt worden – eine einleuchtende Theorie, denn wieso sollte es in der Schachgeschichte nicht auch wenig-

Links: *Unteritalien, Elfenbein, Ende 11. Jh.*

Bei den Läufern der Gegenpartei sitzt auf dem Kopf des Elefanten der führende Kornak, während weiter zurück, nach rechts und links gerichtet, zwei kleiner gebildete Männer mit emporgezogenen Beinen hocken.

stens einmal so chaotisch zugehen wie in der Weltgeschichte ständig? Eine zweite Theorie besagt, die Stoßzähne seien von den Figurenherstellern so lange stilisiert worden, bis niemand mehr wußte, was einst die natürliche Vorlage gewesen war, worauf die Engländer auf eine Bischofsmütze tippten und die Franzosen auf eine Narrenkappe. Die Staunton-Läufer weisen eine Kerbe auf, die ebensogut die Schießscharte eines Turms symbolisieren können. Im Englischen heißt der Läufer «Bischof», im Französischen schmeichelhafterweise «Narr» (fou). Der Hofnarr war nicht selten

Reihe unten, v. l. n. r.:

Frankreich («fou», Narr auf Pferd), Elfenbein, erste Hälfte 16. Jh.

Frankreich («fou», Narr auf Esel), Elfenbein, 18. Jh.

Skandinavisch, um 1200.

Portugal, Porzellan, 20. Jh.

Frankreich, Elfenbein, erste Hälfte 19. Jh.

Java, Holz, polychrom, um 1880.

Deutschland, alpenländisch, Holz, farbig bemalt, Ende 18. Jh.

dasjenige Mitglied der Hofgesellschaft mit dem schärfsten Verstand und dem frechsten Mundwerk. Redefreiheit genossen auch andere Personen, sofern sie Sätze artikulierten, die Musik im Ohr des Herrschers waren. Nur der Narr konnte weniger lieblich klingende Bemerkungen beisteuern, ohne den Kopf zu gefährden, auf dem seine Kappe saß. Oft äußerten sich die Narren nur närrisch, also realistisch, ist doch die Welt nicht sehr viel mehr als ein geräumiges Narrenhaus.

Unten:
Dänisch, Elfenbein, dunkelbraun, Ende 12. – Anfang 13. Jh.

Der Springer ist der Kobold unter den Schachfiguren. Den anderen Offizieren eignet bei aller Geschwindigkeit, die sie entwikkeln, eine gewisse Sturheit: immer schön geradeaus und sei es auf einer Diagonale. Mit seinem Rösselsprung aber schlägt der Springer einen Haken, und das gewissermaßen in der Luft, denn er hat das Privileg, über andere Steine hinwegzuhüpfen. Die Tragweite dieses Rechts ist erst im 20. Jahrhundert voll erkannt worden, als verschachtelte, gedrängte, geschlossene Positionen nicht mehr verachtet, vielmehr gewürdigt und von einigen Theoretikern sogar gepriesen

SPRINGER

wurden. Gegen ineinander verkeilte Bauernmassen rennen Dame, Läufer und Turm wie gegen eine Wand an. Der Springer erspäht ein freies Plätzchen hinter der Front und setzt über die Wand wie über eine Hürde. Früher wurde der Springer um ein weniges geringer eingeschätzt als der Läufer. Das paßte zu der verbreiteten Vorliebe für offene Linien und Diagonalen, deren Länge eine Figur, die nie den geraden Weg geht, nicht richtig auszunutzen versteht. Dafür ist sie als Vorposten vorzüglich geeignet. Ein solcher Eindringling, den zu vertreiben der Gegner seine liebe Not hat und den zu ersetzen ein weiterer Stein, womöglich der zweite Springer, schon bereitsteht, wirkt wie ein

Linke Seite, oben links und rechts:
Italien, Keramik, erste Hälfte 20. Jh.
Deutschland oder Österreich, Holz, 20. Jh.

Linke Seite, unten links und rechts:
Italien, Elfenbein, aus «Edelleute», Ende 18. Jh.
Indien, Holz mit Elfenbeinaufsatz, 19. Jh.

Springer: Arabisch-ägyptisch, Bergkristall, Ende 9. – Anfang 11. Jh.

Links: *Läufer, England, Elfenbein, aus Figurensatz, den König James II. Samuel Pepys (1633 – 1703) schenkte.*

Rechts: *Nordisch, Bein (Walroß), 10. Jh.*

Unten: *Venedig, klares Hohlglas, 18. Jh.*

Rechte Seite: *Unteritalien, Elfenbein, Ende 11. Jh.*

Pfahl im Fleisch des Gegners. Nistet sich der weiße Springer auf e5, der schwarze auf e4 ein, so gilt das bereits als Etappensieg.

Das Denken, lautet ein garstiger Spruch, soll man den Pferden überlassen, die haben die größeren Köpfe. Unter den Lebewesen, die zu Schachsteinen wurden, hat bei Staunton nur das Pferd seinen Charakterkopf behalten. Wo sind die Physiognomien der Könige und der Läufer oder Bischöfe oder Narren geblieben, wo die der 16 Bauern, wo vor allem die der beiden Damen, deren Schönheit doch auch in Holz zu fassen gewesen wäre? Beim «lebenden Schach», wenn eine Partie, sie mag uralt sein oder von zwei Meistern synchron ersonnen werden, auf einem urbanen Areal mit Schachbrettmuster von 32 Menschen wahrhaft verkörpert wird, kehrt jener Realismus zurück, den die Stilisierung vertrieben hat. Doch nun stören die Pferde, obwohl sie die Attraktion sind – sie und nicht die Kronen der Könige, die Schleppenkleider der Damen, die Kopfbedeckungen der Läufer oder die Dreschflegel der Bauern. Die Gäule sind einfach zu groß. Daß sie mehr Volumen mitbringen als ihre Reiter oder Reitknechte, mag noch angehen; doch daß sie optisch die in ihrer Nähe befindliche Dame erdrücken, widerstrebt dem Geist des Spiels. Großer Kopf, kleines Gehirn, heißt ein italienisches Sprichwort.

Sachverstand plus Augenweide ergibt nach wie vor den Reiz des «lebenden Schachs». An einem Aprilnachmittag des Jahres 1988 steuerten zwei der drei besten Großmeister, Karpow und Timman, auf einem der schönsten Plätze der Welt, der Brüsseler «Grand' Place», den Sachverstand bei. Sie, die sonst auf Schusters Rappen den Turniersaal zu betreten pflegen, hatten den Spieltisch per Kutsche erreicht, umbrandet vom Beifall der schaulustigen Passanten, Fanfaren erklangen. Strategie und Taktik wurden zur Choreographie. Karpow und Timman dachten sich die Züge aus; Angehörige des Theaters «La Monnaie» führten sie vor. Die 64 Felder zwischen den beiden Spielern waren die üblichen, die 64 Felder auf dem Platz weitaus größer und nur zur Hälfte durch Farbe hervorgehoben, denn die dunkelgraue Originaltönung der Pflastersteine war für die schwarzen Felder dunkel genug. Die beiden Spieler trugen gewöhnliche Kleidung, die ausführenden Organe herrliche Roben in Weiß und Schwarz. Die Damen, die eine blond, die andere brünett, waren sehenswert im Sinn der

Oben: *Jüdisch, Elfenbein, 18. Jh.*

Rechte Seite, oben: *Dänisch, Keramik, 20. Jh.*

Reihe unten, v. l. n. r.:
Dänisch, Keramik, 20. Jh.
Portugal, Porzellan, 20. Jh.
Frankreich (Dieppe), Elfenbein, erste Hälfte 19. Jh.
Tschechoslowakei, Porzellan, polychrom, 20. Jh.
Indien, Holz mit Elfenbeinaufsätzen, 19. Jh.
Deutschland, Meissner Porzellan, Entwurf von 1752/53.
Ecuador, Tagua-Nußbaum, 20. Jh.
England, Elfenbein, aus Figurensatz, den König James II. Samuel Pepys (1633 – 1703) schenkte.

Männer, doch nicht wuchtig genug im Sinn des Schachspiels, trotz der Halskrause oben und des Schlepprocks unten. Die Könige hatten ein Krönchen auf dem Kopf, die Bauern eine Lanze in der Hand, die Läufer eine Armbrust unter dem Arm. Die Türme waren aus Pappe und wurden je von einem Insassen bewohnt, der sie gegebenenfalls bewegte. Nicht schwer zu erraten, wie die Pferde aussahen: Natürlich waren es zwei Schimmel und zwei Rappen.

Kaum war eine der winzigen Holzfiguren von Großmeisterhand bewegt worden, meldete eine altertümlich kostümierte Funktionärin über das Mikrophon, das sie unter ihrer Nase hielt, dem Publikum und dem Ensemble den Zug. Hierauf begab sich ein Zeremonienmeister gemessenen Schrittes zu der betroffenen Gestalt und geleitete diese auf ein anderes Feld oder, falls sie geschlagen worden war, bis zu dem Weg, der zu den Umkleidekabinen führte. Bei jedem Schlagen schmetterten fünf, in historische Phantasiekostüme gehüllte Blechbläser vom Balkon des Rathauses aus. Und Karpow (Schwarz) und Timman waren so liebenswürdig, sich eine Zugfolge auszudenken, bei der es hoch herging, bei der sehr viel geschlagen wurde und bei der die Schimmel und die Rappen samt Reiter und Knappen oft in Bewegung gesetzt werden konnten. Die Partie endete nach 20 Zügen oder nach ungefähr einer Stunde remis, was ein bißchen nach kollegialer Absprache roch. Nicht immer haben auf der

«Grand' Place» aufsehenerregende Ereignisse ein schiedlich-friedliches Ende genommen. Ziemlich genau an der Stelle, an der Timman und Karpow über ihren nächsten Zug nachdachten, waren 1568, während des Aufstands der Niederlande, die Grafen Hoorne und Egmont als Opfer spanischer Politik enthauptet worden. Doch auch das Ende der lebenden Schachfiguren war in früheren Jahrhunderten zuweilen grausam. Einige Despoten, Herren über Leben und Tod, ließen jene armen Teufel hinrichten, die einen geschlagenen Stein verkörpert hatten. Die Absicht, Bauern und Offiziere als Menschen aus Fleisch und Blut aufzufassen, wurde auf widerwärtige Weise ad absurdum geführt. Der Streit der Gedanken, bei dem sich derjenige blamiert, der nicht scharf genug nachgedacht hat, pervertierte zum Massenmord, dessen Opfer die gleichen Todesängste litten wie diejenigen, die durch Zufall davonkommen sollten. Sicher hat die Grausamkeit die Spannung erhöht und manche kranke Seele am königlichen Spiel überhaupt erst Gefallen finden lassen. Nicht nur Sultane hatten solche Sultanslaunen. Unter anderem werden einem russischen Zaren des 16. Jahrhunderts, Iwan dem Schrecklichen, derartige Abscheulichkeiten nachgesagt. Doch für blutrünstige Potentaten lieferten die Schachregeln nur einen Vorwand. Wäre das königliche Spiel unbekannt gewesen, hätte sich die schmutzige Phantasie anderer Anlässe bemächtigt. Schon die Annahme, es habe sich da um «blutige Konsequenz» gehan-

delt, ist eine Beleidigung des Spiels. Kein Bauer aus Holz wird vernichtet, nur weil er vom Brett zu verschwinden hat. Er mag unbeachtet neben der Kaffeetasse stehen, in eine Kiste geworfen und bei deren Transport heftig geschüttelt werden – sein Einsatz in der nächsten Runde ist so gut wie sicher.

Von allen Figuren, die ihrer Wiederverwendung harren, ist der Springer nicht nur die markanteste, sondern auch die typischste. Der König mit seinem Kreuz in Ehren, desgleichen der Läufer mit seiner Kerbe. Doch als Einzelstücke werden sie von manchem ungeübten Auge nicht auf Anhieb richtig identifiziert. Das widerfährt schon eher dem Turm mit seinen Zinnen. Erst der Springer, selbst wenn er einsam und allein auf weiter Flur steht, wird sofort in seiner wahren Bedeutung erkannt. Er ist unverwechselbar.

Oben: *Frankreich, Elfenbein, Ende 18. – Anfang 19. Jh.*

Rechts: *Skandinavisch, Bein (Walroß), um 1200.*

Unten, links und rechts:
Rußland, Walroß, 18. Jh.
Indien, Elfenbein, frühes 19. Jh.

BAUER

Noch ist der Führer der weißen Steine frei in seinen Entschlüssen. Noch ist der erste Zug nicht getan. Beim zweiten Zug wird Weiß bereits auf die erste Antwort von Schwarz Rücksicht nehmen müssen, beim dritten vielleicht schon genötigt sein, eine unangenehme Variante zu akzeptieren. Doch zu Beginn hat Weiß sein Schicksal in der Hand. Unmittelbar vor der ersten Partie eines Weltmeisterschaftskampfes, den Hunderte an Ort und Stelle, Hunderttausende über die Medien genau verfolgen, entsteht ein Klima festlicher Spannung. Zieht Weiß den Königs- oder den Damenbauern? Das Publikum mag die Vorliebe des Herausforderers für einen der beiden Anfangszüge kennen, muß jedoch damit rechnen, daß um des Überraschungseffekts willen der andere erfolgt. Oder zieht Weiß den Damenläuferbauern? Extravaganzen wie der Kurzschritt des linken Turmbauern wird sich der Herausforderer nicht leisten wollen, wenngleich andernorts dieser skurrilen Einleitung mitunter ein glückliches Ende folgte. Auch der Kurzschritt des Königsspringerbauern käme in Betracht – eine der ältesten uns überlieferten Partien aus dem 10. Jahrhundert hebt so an –, sofern nicht gleich der Königsspringer selber in Aktion tritt. Denn außer den acht Bauern sehen die Regeln auch die beiden Springer für die Initialzündung vor. Wahrscheinlich aber wird Weiß nach einem Mittelbauern greifen und wenn ja, ihn höchstwahrscheinlich um zwei Felder nach vorn rücken.

Dieser Doppelschritt, den ein Bauer einmal und nie wieder ausführen darf, ist im Hochmittelalter erfunden worden. Laie und Fachmann werden das unterschiedlich begründen, aber recht haben beide. Der Laie wird in der Genehmigung des Vorstoßes einen Anreiz zur Vitalität erblicken, der Fachmann eine Anerkennung der strategischen Notwendigkeit, das Zentrum so rasch wie möglich unter Kontrolle zu bringen. Oh, dieses Zentrum, bestehend aus den vier Feldern in der Mitte des Brettes! Myriaden von Schachgedanken haben dem Zentrum gegolten und werden ihm weiterhin gelten. In derjenigen Stunde der inneren Entwicklung, in der ein Spieler die Unschuld des routinierten Anfängers verliert, begreift er die einzigartige Bedeutung des Zentrums, das nicht nur die geometrische, sondern auch die energetische Mitte ist. Jeder Könner hat sich irgendwann einmal hinter die Ohren geschrieben, daß die Stellung zu zerbröckeln droht, wenn der Halt im Zentrum verlorengeht, daß ein Flankenangriff nur Erfolg verspricht, wenn das Zentrum gesichert oder wenigstens blockiert, verrammelt ist, und daß eine Unverschämtheit des Gegners an einem der Flügel am wirkungsvollsten mit eigener Aktivität im Zentrum zu bestrafen ist. Testfrage an den Schüler: «Warum ist 1.a3 nicht empfehlenswert?» Die Antwort muß lauten: «Aus strategischen Gründen. Das Zentrum wird vernach-

Oben: *Indien, Holz mit Elfenbeinaufsätzen, 19. Jh.*

Unten, links und rechts:
Israel, Speckstein, 20. Jh.
Java, Holz, um 1880.

Oben: *Burma, Holz farbig bemalt, Anfang 19. Jh.*

Unten, links und rechts:

Deutschland, alpenländisch, Ende 18. Jh.

Deutschland, alpenländisch, Holz farbig bemalt, Anfang 19. Jh.

lässigt.» Der Kampf um die Mitte hat mit dem ersten Zug zu beginnen. Deshalb besetzten die Meister des 19. Jahrhunderts, die wußten oder ahnten, daß Schach mehr ist als ein Schlagen und Geschlagenwerden, das Zentrum geflissentlich mit Bauern. Im ersten Drittel des 20. Jahrhunderts erfolgte die «Revolution». Die Menschen hegen diffuse Vorstellungen von Revolutionen, doch die Schachspieler sahen in der neuen Lehre, das Zentrum brauche nicht, es solle nicht einmal von Anfang an von Bauern eingenommen werden, eine Umwälzung sondergleichen. Kehrten große Theoretiker wie Nimzowitsch und Richard Réti das Unterste zuoberst? Hatten die Idole Capablanca und Aljechin sich den Kopf verdrehen lassen, wenn sie hin und wieder ihre Mittelbauern zurückhielten? Hatte Tarrasch, der als Praktiker das neue Gift ab und zu ausprobierte, als Theoretiker nicht recht, wenn er sich die Haare raufte? Aus zeitlichem Abstand betrachtet: Die Revolution war höchstens eine halbe. Denn Rücksichtnahme auf das Zentrum predigten Nimzowitsch und Réti mit der gleichen Emphase wie nur je ein Klassiker. Sie hatten bloß den feinen Unterschied zwischen Besetzung und Beherrschung herausgefunden. Sie waren dahintergekommen, daß eine Streitmacht ein paar Quadrate in ihrer Gewalt haben kann, ohne dort persönlich anwesend zu sein. Sie bemühten sich, das Zentrum unter Kontrolle zu bringen, indem sie die Läufer fianchettierten, die dann wie Kanonenrohre zur Mitte hin ausgerichtet waren. Auch die übrigen Figuren, von den schielenden Springern bis zur Mehrzweckdame, wurden perspektivenreich postiert. Sollte sich doch der Gegner mit seinen Bauern im Zentrum breitmachen! Die Unterminierung seiner Stellung würde über kurz oder lang einsetzen und schließlich durch den Aufzug der eigenen Mittelbauern besiegelt werden. Diese Bauern sollten ruhig auf der Warteliste stehen, in Erwartung großartiger, jedenfalls neuartiger Einsätze.

Die meisten starken Spieler sind Eklektiker. Sie kämpfen, je nach den Umständen, mit jeder Waffe. Während in den Bücherregalen Tarrasch und Nimzowitsch nie Frieden schließen, werden ihre Rezepte von ein- und denselben Individuen verquickt und befolgt. Wie auch immer, der Bauer steht jetzt, nach den ersten Eröffnungszügen, auf der vierten Reihe. Selbstverständlich wohnt ihm die Tendenz inne, den Marsch fortzusetzen. Für den Spieler ist das eine knifflige Entscheidung, denn der Bauer würde sich dann bereits sehr weit vorwagen, und das mit dem Handicap versehen, nicht umkehren zu können. Bauernzüge sind schwerlich wiedergutzumachen. Eine vorwitzige Dame kann die Flucht ergreifen, ein dreister Springer reumütig die Heimreise antreten. Zusammenklappbare Bretter haben zwischen der vierten und fünften Reihe einen Spalt. Das ist der Rubikon für den Bauern. Überschreitet er ihn, wird er als Eindringling behandelt. Es ist symptomatisch, daß er von seinem vorgerückten Platz aus, ebenfalls einmal und nie wieder, die Befugnis hat, einen gegnerischen Nachbarstein, der seinerseits den Doppelschritt ausführt, «en passant» zu schlagen und damit auf die sechste

Reihe zu gelangen. Denn dorthin zieht es ihn sowieso. Zumindest muß das der Gegner unterstellen und die entsprechenden Vorkehrungsmaßnahmen ergreifen. Das wiederum macht den nächsten Bauernschritt zu einem enormen Wagnis, das reiflich überlegt sein will. Wird es eingegangen, versteht Schwarz keinen Spaß mehr. Der Bauer wird von nun an mit hochachtungsvollem Widerwillen betrachtet, denn die Verwandlung in eine Dame kündigt sich an. Der Bauer hat mittlerweile einen Wert, der es seinen Besitzer geraten erscheinen läßt, die Schutzbedürftigkeit höher zu veranschlagen als den Vorwärtstrieb. Doch in einem günstigen Augenblick wird sich dieser durchsetzen, und der Bauer steht auf der siebenten Reihe. Bauer? Beide Seiten behandeln ihn schon als künftige Dame, als Unterpfand des Sieges hier, als Garant der Niederlage dort, denn er braucht ja nur noch einmal zu ziehen oder zu schlagen. Selbstverständlich setzen jetzt, sei es zur Beförderung des Bauern, sei es zu seiner Beseitigung, beide Gegner alle Hebel in Bewegung, doch schließlich tritt es ein, das Lieblingsereignis der Spieler und der Moralisten, die Metamorphose, in praxi der Erwerb einer Dame zum Preis eines Bauern.

Mittelalterliche, auf moralische Nutzanwendung erpichte Autoren haben gut daran getan, der Verwandlung des am wenigsten wertvollen in einen hochkarätigen Stein etliche Erörterungen zu widmen. Endlich einmal brauchte der Vergleich zwischen Schach und Leben nicht an den Haaren herbeigezogen zu werden. Der Kräftezuwachs ist einzigartig, wie denn nach den Maßstäben des Abtausches eine Dame mindestens acht Bauern aufwiegt. Alfons der Weise, Schachdenker und König von Kastilien, konstatierte in dem 1283 erschienenen «Codex», die Umwandlung sei ein Sinnbild für den Aufstieg einer Person aus niederem zu höherem Stand. Der Dominikaner Jacobus de Cessolis schrieb, niemand solle die Bauern – die «populares», zu denen auch Handwerker, Ärzte und Kaufleute zählten – geringschätzen, da sie durch Tugenden («virtutibus») zur höchsten weltlichen oder geistlichen Herrschaft gelangen könnten. Der Leser darf, Kaiser und Papst vor dem geistigen Auge, den Atem anhalten. Denn auf dem Schachbrett wird ausnahmslos jeder Bauer verwandelt, auf der Bühne des Lebens aber längst nicht jeder kleine Mann befördert, und sei er noch so durch «virtutibus» gekennzeichnet. Um die Nüchternheit der Betrachtungsweise fortzusetzen: Was sollte denn mit einem Stein, der am Brettrand angelangt ist und nicht umkehren darf, außer der Transformation geschehen? Als Regel wäre höchstens noch denkbar, daß der Bauer, nachdem er sich durchgesetzt hat, ersatzlos abtreten müßte, womit freilich nicht nur der Bauer verschwände, sondern auch der Anreiz, ihn unter vielen Mühen auf die letzte Reihe zu bringen. Die Umwandlung gehört zur Systematik des Spiels. Übrigens ist es in Ausnahmefällen ratsam, den Bauern nicht in eine Königin, sondern nur in einen Springer zu verwandeln,

Oben: *Ecuador, Tagua-Nußholz, 20. Jh.*

Unten: *Nürnberg, Bronze, vergoldet, um 1570.*

«Der Freibauer hat für mich eine Seele, genau wie der Mensch, Wünsche, die unerkannt in ihm schlummern, und Befürchtungen, von deren Existenz er selbst kaum ahnt.»

Aaron Nimzowitsch

Oben: *Frankreich, Elfenbein, erste Hälfte 19. Jh.*

Unten: *Tschechoslowakei, Porzellan, 20. Jh.*

Rechte Seite: *Figurensatz: Spanien, Holz, handbemalt, 20. Jh.*

da dieser Drohungen aufzustellen vermag, die der Dame verwehrt sind. Nach einem Turm oder Läufer zu greifen, wäre erlaubt, aber sinnlos, denn was diese können, kann die Dame schon längst.

Es ist dem Bauern oder «Fußsoldaten», wie er über Jahrhunderte hinweg genannt wurde, durchaus anzusehen, ob er, gut napoleonisch gesprochen, den Marschallstab im Tornister trägt. Um die Erfolgsaussichten beurteilen zu können, genügt fürs erste eine einfache Überlegung. Ein Bauer braucht, wie jeder Stein, Deckung. Da es unökonomisch ist, einen stärkeren Stein für die Betreuung eines schwächeren einzusetzen, sollte ein Bauer nach Möglichkeit von seinesgleichen gedeckt werden. Aufgrund dieser Überlegung ist klar, was von einem Bauern ohne Nebenmann zu halten ist, von einem «isolierten Bauern» oder «Isolani». Dieser lebt gefährdet und gilt als schwach. Es bedarf schon einer eigens ausgetüftelten Stellung, damit er, von Meisterhand geführt, ein kleiner Trumpf werde. Auch um denjenigen Bauern, der zurückgeblieben ist, während die beiden Nachbarn vorausgestürmt sind, steht es nicht rosig, denn jene können ihm ja nicht beistehen, da ihnen der Rückwärtsgang verwehrt ist. Der «rückständige Bauer» mag später aufschließen, momentan aber ist auch er schwach. Ähnlich verhält es sich mit dem «Doppelbauern», vom «Tripelbauern» ganz zu schweigen. Da steht also ein Bauer hinter dem anderen, aber leider nur im choreographischen, nicht im karitativen Sinn. Der Doppelbauer muß versuchen, sich in zwei Nebenmänner zu verwandeln, was nur möglich ist, wenn einer von ihnen schlagen kann. Der Prototyp eines starken Bauern hingegen ist der «Freibauer», charakterisiert durch die Abwesenheit feindlicher Nachbarn. Weder von vorn noch von der Seite können ihm Bauern entgegentreten. Ihn zu schlagen, ihn auch nur aufzuhalten, müssen also Offiziere her, was sein Ansehen erhöht und gegnerische Kräfte bindet. Wie stark ist da aber erst der (durch einen Bauern) «gedeckte Freibauer»! Wie riesenstark sind vollends «verbundene Freibauern», die sich in Vorstoß und Deckung gegenseitig abwechseln und nachgerade den Gegner zu einem Figurenopfer nötigen können! Wenn jedoch der feindliche König angenehm weit entfernt ist, wird vom Nonplusultra eines tüchtigen Bauern gesprochen, dem «entfernten Freibauern».

Ist das Damenopfer ein kräftiges Gewürz nach jedermanns Geschmack, so das Bauernopfer ein exquisit feines, das den Kenner entzückt. Der beabsichtigte Verlust eines Bauern – der unbeabsichtigte ist indiskutabel – mag die Stellung um jene Nuance verbessern, die den Kampf zweier ebenbürtiger Geister entscheidet. Weil mit den kleinen Leuten auf dem Brett so viel zu verderben ist, schrieb der Opernkomponist François André Philidor in der Mitte des 18. Jahrhunderts einen Satz, der viele seiner Werke überlebte, in den inneren Ohren feinsinniger Schachenthusiasten aber nach wie vor wie Musik klingt: «Die Bauern sind die Seele des Schachspiels.» Nur sind sie manchmal ungenießbar. Ein solcher Winzling trägt den Terminus technicus «vergifteter Bauer».

«Arme Menschen! Wie gleicht ihr in allen euren Unternehmungen dem Schachspieler, der ‹die Partie hätte gewinnen können› …

‹Jede Schuld rächt sich – am Schachbrett› .»

Savielly Tartakower

BRETT UND FELDER

Wie ein Schachbrett aussieht, weiß jeder, wenn auch nicht jeder imstande ist, es auf Anhieb richtig hinzulegen, nämlich mit einem weißen Eckfeld rechts unten. Der Anfänger erblickt in dem allbekannten, kunstgewerblich oft ausgeschlachteten Muster nicht viel mehr als eine passende Unterlage für Bauern und Figuren. Erst der reifer werdende Spieler schenkt wieder dem Brett als solchem die nötige nähere Beachtung. Er erkennt ein Kraftfeld, das sich im Verlauf der Partie wandelt. Das Zentrum, die Linien und Reihen sind, wo und was sie immer waren, doch werden sie plötzlich zu Mitwirkenden. Eines Tages gewahrt der Blick nicht nur weiße und schwarze, sondern auch starke und schwache Felder. Feldschwächen, die entstehen und vergehen, aber manchmal eben nur verzweifelt langsam vergehen, wird der Spieler als offene Wunden empfinden, in denen sich der Keim der Zerstörung am leichtesten einnistet. Schwächen können auf simpelste Art entstehen: durch eigene Züge. Haben diese, sehr lobenswert, ein Ziel angestrebt, so haben sie doch auch, sehr tadelnswert, den alten Standort vernachlässigt. Aus der Angst vor solchen Kehrseiten der Medaille erklärt sich der vorsichtige, defensive Stil mancher Meister. Keine gute Stellungsbeurteilung ohne Berücksichtigung derjenigen Felder, die fest in der Hand eines Spielers sind, sowie derjenigen, über die er die Gewalt verloren hat. Daß der Schriftsteller Nabokov sich fachmännisch auszudrücken verstand, zeigen die Hinweise auf eine für den Handlungsablauf seines Romans «Lushins Ver-

Miniatur und Text aus einer Handschrift (1407) von Jacobus de Cessolis. Bayrische Staatsbibliothek, München.
«Der Ritter auf dem Schachbrett soll auf einem Roß mit ganzem Wappen sitzen. Das Pferd hat (mit einer Schabracke) bedeckt zu sein.»

Rechte Seite: *Deutsches Spielbrett aus Holz und Keramik. Die eine Seite ist ein Schachspiel, die andere ein Backgammon. Die Schachfelder aus Keramik sind bemalt mit Herzen, Schellen, Pflanzenmotiven und figürlichen Darstellungen sowie Glückszahlen und Nachbildungen aus dem Tarot. Frühes 17. Jh.*

«Schach und Theater – das sind die Künste
der Dissidenten, der Mystiker und Andersgläubigen,
der Libertären und Propheten,
der Fischers und Ionescos, Morphys und Kortschnojs.»

Fernando Arrabal

«Schach ist ein Sport.
Ein gewalttätiger Sport...
Wenn es überhaupt etwas ist,
dann ist es Kampf.»

Marcel Duchamp

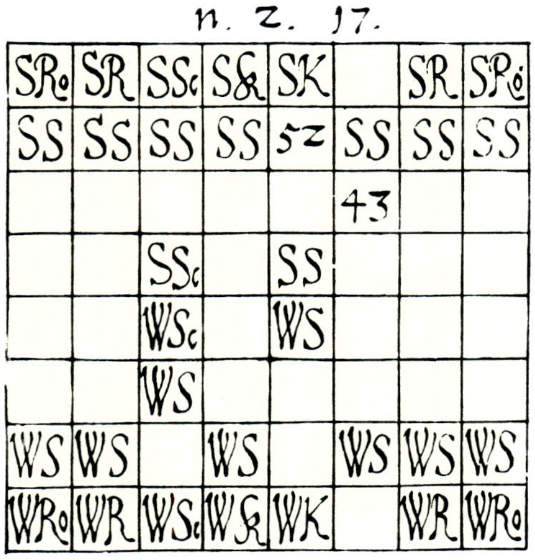

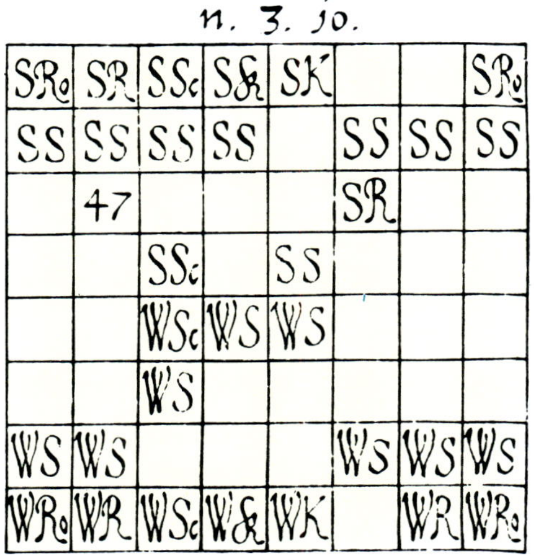

Schon die Araber wollten nicht nur ihre Gegner beim Schach besiegen, sondern ihre Spielzüge auch aufzeichnen. Für diese Notation der Spielzüge mußten die einzelnen Schachfelder klar erkennbar bezeichnet oder die Züge beschrieben werden. Im «Selenus» wurden die Felder von 1 bis 64 durchnumeriert. Die Abbildung zeigt zwei Partien aus dem Schachbuch von Selenus.

teidigung» wichtige Abbruchstellung. Nabokov schildert nicht, wie das ein anderer Schriftsteller getan hätte, die Figurenkonstellation, sondern erwähnt einen schwachen Bauern auf f4 und beim Gegner eine Schwäche auf d3.

Wenn bei der Erwähnung von f4 vor das geistige Auge zwei schwarze Diagonalen treten, die von c1 nach h6 und die von h2 nach b8, wenn außerdem d3 sofort als weißes Feld identifiziert wird, das ein Springer auf c5 oder ein Läufer auf a6 bedrohen kann, dann ist das Brett im Kopf fest verankert. Die Verwendung eines lateinischen Kleinbuchstabens und einer arabischen Ziffer zur Kennzeichnung eines Feldes entspricht einer Konvention, an die sich auch Spieler halten, die in kyrillischen Lettern zu schreiben gewohnt sind. Selbstverständlich wären auch andere Methoden denkbar, etwa die aus dem Fernschach geläufige, für jedes Feld eine zweistellige Zahl zu verwenden, 55 etwa für e5, 74 für g4. Oder eine reine Buchstabenkombination aus je einem Konsonanten und einem Vokal, wie es einmal bei telegraphischen Zugübermittlungen üblich war. Jede Notationsweise bezeichnet nicht nur Felder, sondern beschreibt auch Züge. Dabei ist extreme Kürze bei völliger Eindeutigkeit das Ideal. Früher schrieb man, und einige tun es noch heute, 1. e2–e4. Um den Doppelschritt des e-Bauern festzuhalten, genügt jedoch die Abkürzung 1.e4 – denn welcher andere Stein sollte im ersten Zug nach e4 gelangen, wenn nicht der Königsbauer? Gegenüber den Bauern werden die Offiziere durch Angabe ihrer Initialen geehrt, und zwar je nach Muttersprache des Spielers oder des Buchverlegers. C kann dasselbe bedeuten wie N, nämlich S, Springer, auf französisch Cheval, Pferd, auf englisch Knight, Ritter, wobei dieser das Pech hat, seinen ersten Buchstaben dem King überlassen und mit dem zweiten vorliebnehmen zu müssen. Wer der Internationalität Tribut zollen will, mag statt Initialen Symbole verwenden. Zu vermeiden sind lediglich Zweideutigkeiten bei Springern und Türmen. Td5 ist zu einsilbig, falls beide Türme, der auf a5 wie der auf d8, nach d5 gelangen könnten. Soll es die Schwerfigur auf d8 sein, ist Tdd5 zu notieren oder T8d5.

Diese «algebraische» Notation obsiegt allmählich über die deskriptive, wie sie etwa in angelsächsischen Ländern gebräuchlich war. 1.e4 hieß dort P-K4. Der Pawn, der Bauer, zog auf das vierte Feld der Königslinie. Der Unterschied zwischen den Notationssystemen beruht jedoch weniger auf der Verschiedenheit von Prosa und Mathematik als auf dem Kontrast zweier Perspektiven: Die «deskrip-

Das sogenannte «Große Schach», Miniatur aus dem Schachbuch Alfons' des Weisen. Diese Abart des klassischen Spiels wurde mit mehr Figuren auf 12 × 12 Feldern gespielt.

tive» Notation geht von den Steinen aus, die «algebraische» vom Brett. Man kann angeben, wo ein Eisenbahnzug fährt, aber auch, wo der Schienenstrang verläuft.

Schach ist nicht unbedingt an ein Quadrat oder eine bestimmte Anzahl von Feldern gebunden. Die Byzantiner haben einst auf einem runden Brett gespielt, das in Kreise und Sektoren eingeteilt war. Im England des vorigen Jahrhunderts war das Vierpersonenschach eine Möglichkeit des Zeitvertreibs, in London existierte ein Four Hands Chess Club. Jeder der vier Spieler hatte seine 16 Steine.

«Jeder leidlich begabte Spieler, er braucht keineswegs hervorragend veranlagt zu sein, kann es zum Meister bringen. Aber das ist ja auch gar nicht nötig! Der richtige Standpunkt ist es, zu seinem Vergnügen zu spielen, und man glaube ja nicht, daß der Genuß proportional dem Können sei.»

Siegbert Tarrasch

Markgraf Otto IV. von Brandenburg beim Schachspiel. Miniatur in der Manesse-Liederhandschrift von einem oberrheinischen Miniaturisten vom Anfang des 14. Jahrhunderts. Heidelberg, Universitätsbibliothek.

Rechts: *Ausschnitt aus einem deutschen Spielbrett aus Holz, mehrfarbig bemalt. Dieses Feld trägt die Inschrift «NICOMEDES SCHWABELIUS ANNO MDCV». Frühes 17. Jh.*

Wie beim Bridge waren die einander Gegenübersitzenden verbündet, was zuweilen zu einer Art Auferstehung führte, da ein Weiterspiel nach dem persönlichen Matt möglich war, sofern der Partner dem geschlagenen

Unten: *Persien, um 1900. Holzschnitt mit Elfenbein und verschiedenen Edelholzeinlagen, Schiraz-Mosaik (zusammenklappbar); Rückseite Backgammon.*

Rechts: *Detail aus einem Augsburger Spielbrett mit Darstellungen von Königen. Ebenholz und Horn. Um 1600.*

König aus der Patsche half. Es ließe sich darüber meditieren, warum das Vierpersonenschach sich in der Gunst der Spieler nicht erhielt. Vermutlich schätzt der Schachspieler nur Gegner und keine Partner. Das von Zufälligkeiten freie Schach soll nicht durch die Unberechenbarkeit einer verbündeten Psyche wieder zu einer Art Glücksspiel werden – die Anfälligkeit der eigenen Psyche genügt jedem Wettkämpfer vollauf.

In das Brett bohren sich die Blicke des Spielers. Oft schweben Kinn und Nasenspitze über den Feldern, als könne, wenn sich der Kopf äußerlich senke, die innere Versunkenheit intensiviert werden. In Vergessenheit gerät, soll geraten, die weite Welt jenseits des Brettrandes. Macht sie sich bemerkbar, dringt etwa ein Geräusch in das abgeschirmte Bewußtsein des Grüblers, empfindet dieser das als ungehörig. Es ist Aufgabe der Turnierleitung, Voraussetzungen dafür zu schaffen, daß sich der Spieler auf den Mikrokosmos der 64 Felder konzentrieren kann. Der Schachverstand ist selbstgenügsam, er respektiert die künstliche, mit dem Lineal gezogene Umfriedung des Großquadrats. Es existiert kein Feld a9, kein

Feld i1. Die Gedanken schweifen nicht, sie fliegen nicht in andere Räume, sie kreisen um einen kleinen Bereich. Nicht nur der Springer, sondern alle Steine, ja alle Überlegungen tummeln sich auf der einen Fläche wie Pferde in der Koppel. Die Außenwelt ist zum Stillstand gekommen, hat sich in Schweigen gehüllt. Sie stärkt den Spieler vielleicht mit einer Tasse Kaffee, die ihn jedoch nicht ablenken darf. Ohne das Brett kein Schach, ohne die Vorstellung des Schachbrettmusters kein Schachgedanke. Denn das Brett ist mehr als ein Spielfeld, es schafft einen geistigen Raum.

«Das Spiel sondert sich vom gewöhnlichen Leben durch seinen Platz und seine Dauer», schrieb der nieder-

Schachbrett mit Kasten, Eger (Böhmen), um 1700, verschiedene Hölzer, 11,7x54,0x54,0 cm. Schwarz gebeizter und lackierter, profilierter Rahmen mit gepunztem Dekor von Blütenranken bzw. Waffenemblemen. Schachbrett mit hell- und dunkelbraunen Feldern, intarsiert mit Blüten, die Blätter sind grün gebeizt. Im Innern des Kastens Trick-Track-Brett mit intarsierten Delphinen und Kartuschenkegeln. Auf der Rückseite intarsiertes Reliefbild einer Kampfszene aus einem Türkenkrieg.

Reihe rechts, v. o. n. u.:
Ausschnitt eines spanischen Schachbretts aus Elfenbein und Ebenholz; maurische Einlegearbeit in Blumenform, abwechselnd mit Feldern in Weiß, Grün und Braun. 16. Jh.

Schachbrett aus Holz, dunkelbraun und hellbraun eingelegt, mit Blumendekor aus Eger (Böhmen), 17. Jh.

Schachbrett mit Perlmutt- und Ebenholzfeldern. Die schwarzen Felder sind mit Golddekorationen geschmückt, das ganze Brett ist mit abstrakten Ornamenten umrandet. Der Rand enthält ein Elfenbeinband. Das Brett reflektiert kleinasiatische Einflüsse. 16. Jh.

Schachfelder eines Backgammon- und Schachbretts aus Fruchtbaumholz. Schnitzereiarbeit in hellen und dunkleren Holzarten mit Rosetten und naturalistischen Blumenmotiven. Mittleres bis spätes 17. Jh.

ländische Historiker Johan Huizinga, «es hat seinen Verlauf und seinen Sinn in sich selbst.» In seinem berühmten Buch «Homo ludens», erschienen 1938, geht es nicht um Schach, nicht einmal um eine Charakterisierung von Spielen, sondern um den Einfluß des Spiels auf die menschliche Kultur überhaupt. Dennoch ist das, was der Schachspieler im Grunde tut, ist seine Geistesverfassung ausgezeichnet beschrieben. Huizinga versuchte das Wesen eines jeden Spiels zu ergründen. Dem Menschen, fand er, stehe es frei, sich dem Spiel hinzugeben oder von ihm die Finger zu lassen. «Spiel ist nicht das gewöhnliche oder eigentliche Leben.» Das Spiel stehe außerhalb der normalen Lebensprozesse, ja unterbreche sie. Im Gegensatz zu anderen Tätigkeiten, die mehr oder minder notwendig seien, bezaubere das Spiel, dieses «Intermezzo im täglichen Leben» durch seine Überflüssigkeit wie durch seine Beziehungslosigkeit gegenüber den

Rechts: *Ausschnitt eines deutschen Schachbretts aus Keramik, bemalt mit Blumen, Herzen und Figuren. Frühes 17. Jh.*

Problemen der Welt. Nicht daß der Spieler das Spiel auf die leichte Schulter nähme. Im Gegenteil, er widme sich ihm mit einem Ernst, den er bei mancher anderen, für seine Existenz als Erdenbürger wichtigeren Handlung vermissen lasse. Denn gerade die Überflüssigkeit des Spiels begründe seine Unentbehrlichkeit für den Menschen, der sich nach Erholung sehne, darüber hinaus aber nach einem gewissermaßen von Erdenresten und Erdenschwere befreiten System. «In die unvollkommene Welt und in das verworrene Leben bringt das Spiel eine zeitweilige begrenzte Vollkommenheit.» Der Preis solcher Vollkommenheit aber ist die Abgeschlossenheit, markiert durch den Rand des Brettes.

Beheimatet in einer «Sphäre, die über der des rein biologischen Prozesses des Sichnährens, Sichpaarens und Sichschützens» liege, besteche das Spiel durch die Strenge seiner Regeln. Die beiläufige Äußerung des französischen Schriftstellers Paul Valéry, gegenüber Spielregeln sei kein Skeptizismus möglich, bezeichnet Huizinga als «Gedanken von ungemeiner Tragweite». Der Autor des «Homo ludens» fügt hinzu: «Sobald die Regeln übertreten werden, stürzt die Spielwelt zusammen. Dann ist es aus mit dem Spiel.» Daher das Schmähwort «Spielverderber». Huizinga weist darauf hin, daß der Spielverderber etwas anderes sei als der Falschspieler, der wenigstens noch so tue, als halte er sich an die Regeln.

Unten links: *Schachfelder mit Beineinlagen und eingravierten Früchte- und Blättermotiven. Die Felder sind umrahmt mit gravierten Beinfilets. Süddeutschland, 1560 – 1580.*

Bernstein-Schachbrett, wahrscheinlich aus Deutschland, mit verschiedenen Darstellungen von Königinnen und Königen, Bischöfen und Offizieren. In das Brett ist eine Schublade eingepaßt. 18. Jh.

Spielbrett mit Kasten, entstanden in Wien um 1730. Auf den Außenseiten sind die Felder für Schach und Mühle dargestellt, das Innere dient dem Trick-Track-Spiel.

Um nun wieder in dem «Spielenden Menschen» einzig und allein den Schachspieler zu sehen, sei angemerkt, daß in der Schachwelt der Falschspieler verloren wäre. Wie sollte er auch mogeln? Das geht beim

Oben: *Bordüre (Detail) eines persischen Schachbrettes, Holz mit Elfenbeinintarsien, Schiraz-Mosaik, um 1900.*

Oben rechts: *Bordüre (Detail) eines Fruchtbaumholz-Spielkastens (Schachseite) aus Eger (Böhmen), 17. Jh.*

Kartenspiel, aber nicht beim Schach, wo grundsätzlich nur mit «offenen Karten» gespielt wird. Wohl ist es denkbar, daß einer der Partner einem ungünstig stehenden Turm heimlich, still und leise einen Schubser gibt oder einen geschlagenen Bauern verstohlen aufs Brett zurückbefördert. Doch die Erwähnung dieser Möglichkeit grenzt bereits an Beleidigung. Jeder einigermaßen geübte Spieler hat die Stellung so im Kopf, daß er sie selbst bei der Rückkehr von der Toilette sofort identifizieren kann. Zumindest würde er stutzig werden, wenn die Position irgendeines Steins plötzlich nicht mehr zu den bisherigen Überlegungen passen würde. Jeder Gegner, jeder Kiebitz paßt auf, daß die Regeln eingehalten werden – bei Turnierpartien, die hinterher publiziert werden, ist es sogar die Öffentlichkeit. Keine Kontrolle könnte strenger und einfacher sein. Gerade

Links: *Schachbrett mit Kasten, Österreich (1872–1873). Die schwarze Partei des Figurensatzes ist gebeizt. Es stehen sich Kaiser Maximilian I. und König Ludwig XI. von Frankreich gegenüber. Alle Figuren sind in den typisch historischen Kostümen wiedergegeben. Maximilian trägt unter dem Mantel einen Brustpanzer und um seinen Hals das Goldene Vlies. Ludwig XI. ist unter dem Mantel ebenfalls mit einem Panzer bekleidet. Beide sind von ihrem Gefolge umgeben. Die Läufer als Maximilians Feldmarschälle mit dem habsburgischen doppelköpfigen Adler auf dem Mantel. Ihnen sind auf der Gegenseite französische Standartenträger gegenübergestellt. Springer: aufbäumendes Pferd. Turm: gotischer Turm, der sich über Felsen und Gestrüpp erhebt. Bauern: als Infanteristen mit Hellebarden oder Flinten. Das Schachbrett kann, um die Figuren zu verstauen, abgehoben werden. Dieser Figurensatz soll sich im Besitze Kaiser Franz Josephs von Österreich befunden haben.*

Oben: *Bordüre (Detail) eines Schachbrettes mit Perlmutteinlagen und Goldverzierungen, 16. Jh.*

in diesem Punkt unterscheidet sich das Schach vom Leben. Auf der Welt gibt es genügend Regeln, Vorschriften und Gesetze, und die Menschen halten sich auch an sie, doch nicht mit jener hundertprozentigen Zuverlässigkeit, die jeden halbwegs brauchbaren Schachpartner ziert. Der Unerbittlichkeit der undehnbaren Spielregeln unterwirft sich der Spieler mit freudigem Eifer. Doch im Leben? Da läßt der eine fünf gerade sein, schaut

Links: *Spielbrett, wahrscheinlich Augsburger Arbeit (vor 1700) aus Eiche, Elfenbein und Schildpatt. Auch die Seiten des Spiels sind mit reichen Einlegearbeiten, die mythologische Szenen zeigen, verziert.*

«Sehr viele beherrschen heutzutage das große Einmaleins des Schachspiels und kennen sogar dessen Logarithmentafeln auswendig – deshalb sollte man hin und wieder zu beweisen trachten, daß zwei mal zwei auch fünf sein kann.»

Michail Tal

Figurensatz mit Brett, Frankreich um 1870 – 1880. Das Fayencebrett besteht aus weißen und kobaltblauen Feldern, umgeben von Ornamentbordüren mit Bandelwerk in Manganrot, Kobaltblau, Gelb und Grün.

Unten: *Ausschnitt aus der Ornamentbordüre.*

der zweite durch die Finger, drückt der dritte ein Auge zu und beherzigt ein vierter das elfte Gebot: Du sollst dich nicht erwischen lassen. Im Schach würde jeder erwischt werden.

Aber werden nicht immer wieder Vergleiche zwischen dem Schachspiel und dem Leben gezogen? Ist Schach nicht gerade seiner Vielfalt wegen als Sinnbild des Lebens durchaus geeignet? Wird nicht gerade in diesem Buch dem toten Holz der Figuren manchmal Leben eingehaucht? Der jugoslawische Großmeister Milan Vidmar hat in seiner lesenswerten Autobiographie «Goldene Schachzeiten» – lesenswert, weil nicht nur seine eigene Individualität, sondern auch die der anderen Berühmtheiten zwischen 1900 und 1930 plastisch herauskommt – die Schachpartie eine «wohlgelungene Miniatur des Lebens» genannt. «Gibt es denn», fragte er, «im Schachkampf nicht so gut wie alles, was das wirkliche Leben braucht: Unternehmungslust, Vorsicht, Mut, Zähigkeit, Willenskraft, Ehrgeiz, Kenntnisse? Man kann doch, wenn man mit dem richtigen, heiligen Ernst seine Schachpartien spielt, immer wieder das Auf und Ab des Erfolges erleben, man kann, schachspielend, so gründlich und so lange man will, den zwar sehr verkleinerten, aber ihm doch verblüffend wesenstreuen Lebenskampf üben, einüben.» Dem pflichtet ein Weltmeister in seinem Buch «Garry Kasparow lehrt Schach» bei: «Wie auch viele andere Schachspieler sehe ich im Schachkampf ein erstaunlich genaues Modell des Menschenlebens mit seinem täg-

lichen Kampf und mit dem ständigen Auf und Ab.» Und Bobby Fischer hat derartige Gedankengänge auf den kleinsten Nenner gebracht: «Chess is life.»

Wirklich? Fischer hätte sich nur das Motto zu Gemüte führen müssen, das er selber – oder war es sein Co-Autor Larry Evans? – der herrlichen Anthologie «Meine 60 denkwürdigen Partien» vorangestellt hat, um eines

Rechts: *Augsburger Spielbrett aus Ebenholz und Horn. Die Außenseite ist ein Schachspiel mit Darstellungen von Kaisern und Königen. Um 1600.*

Figurensatz mit Brett, Deutschland (1925 – 1928). Entwurf von Max Esser (1885 – 1943), Staatliche Porzellanmanufaktur Meissen. Beide Parteien sind formgleich. Staffierung mit Goldbemalung, in Orangerot (weiße Partei) und Dunkelgrau (schwarze Partei).

Oben links: *Schachbrett aus Holz mit Elfenbein-Einlagen. Figuren aus Holz.*

Oben rechts: *Russisches Schachspiel mit Holz- und Elfenbein-Einlagen. Figuren aus Walroßbein.*

Unten: *Josip Broz Tito – hier beim Schachspiel 1944 in seinem Partisanen-Hauptquartier in einer Höhle auf der Insel Vis – war zeitlebens ein außerordentlicher Kenner und Liebhaber des Schachspiels. Die auf diesen Seiten abgebildeten Schachspiele sind Exemplare aus der Sammlung des «Memorial Center Josip Broz Tito» in Belgrad, wo Geschenke von Staatsmännern, Persönlichkeiten des öffentlichen Lebens, Organisationen und Tito nahestehenden Personen aus aller Welt aufbewahrt werden.*

Besseren belehrt zu werden. «Nun, auf dem Schachbrett der Meister gelten Lüge und Heuchelei nicht lange», hatte Emanuel Lasker notiert, eine Selbstverständlichkeit, die erst Gewicht erhält, wenn sie als Seitenhieb gegen das Leben begriffen wird. Lüge und Heuchelei, diese Weltmächte! Sollten sie auf den 64 Feldern zuschanden werden – und sie werden es im Nu –, dann wäre schon aus diesem Grund das gewöhnliche Dasein im Schach kaum wiederzuerkennen. Oder eine weitere Weltmacht, das Geld. Hierzu der brave Vidmar: «Sobald das königliche Schach mit dem schmutzigen Gelde in Berührung kommt, verliert es urplötzlich seinen ganzen oder aber wenigstens einen großen Teil seines Zaubers.» Ganz abgesehen davon, daß heute die führenden, allesamt gut betuchten Großmeister diesen Satz nur in einem Anfall von Heuchelei unterschreiben könnten – wie soll denn eine «wohltuende Miniatur des Lebens» geschaffen werden, wenn das Schach so edel und das Geld so schmutzig ist? Die Antwort muß lauten, daß sich bei der Betrachtung des Lebens und des Schachspiels einige Vergleichsmomente ergeben, doch fundamentale Unterschiede bleiben. Wenn Kasparow dem «Auf und

Ab» so große Aussagekraft beimißt, so könnte er den Schachkampf auch mit einer Achterbahnfahrt vergleichen. In jenem Lehrbuch redet er seine Leser unmittelbar an: «Sie, liebe Freunde, werden nie und nirgends erfolgreich sein, wenn Sie nicht die Beharrlichkeit, den Fleiß sowie die Fähigkeit in sich entwickeln, Ihr Potential objektiv einzuschätzen, sich reale Ziele zu setzen und diese konsequent, entschlossen und energisch zu verfolgen.» Jeder Schachspieler wird da zustimmend nicken, jeder nutze, so wäre zu erwidern, daß viele Sorgenkinder des Lebens froh wären, wenn sie sich nur mit derart geringfügigen Trübungen abzufinden hätten. In Wirklichkeit schickt das Leben, bildlich gesprochen, den einen mit fünf Türmen in die Arena, den anderen mit einem einzigen Läufer.

Oben links: *Schachbrett aus Holz mit Figuren aus Elfenbein.*

Oben rechts: *Peruanisches Schachspiel mit Brett aus exotischen Hölzern und Figuren aus Silber und Silber vergoldet (schwarze Partie).*

nicht spielende Geldfälscher aber auch. Wieder andere bringen es ohne jene rühmlichen Eigenschaften ganz hübsch weit im Leben. Vor Beginn einer Partie herrscht Chancengleichheit auf dem Brett. Wo herrscht sie zu Beginn der Lebenskämpfe? Sollte hier jemand einwenden, die Chancengleichheit sei auch im Schach getrübt, weil Weiß das Privileg des Anzugs Zum Ausgleich schützt vor dem Vernichtungswillen, der sich im Schach austobt, im realen Leben das Strafgesetzbuch.

Daß Schachspieler immer wieder Spaß am Vergleichen hatten, für die ihnen ihre Leib- und Magen-Beschäftigung eigentlich viel zu gut hätte sein müssen, liegt an dem Wunsch nach geistiger Überhöhung, der vor allem

Oben: *Schachbrett mit Figurensatz aus Elfenbein. Geschenk von Indira Gandhi.*

Oben links: *Auf diesem Schachbrett aus Holz mit Elfenbein-Einlagen und Figuren aus Elfenbein spielte Josip Broz Tito während der Kriegsjahre.*

Dame und Kavalier beim Schachspiel, Ludwigsburger Porzellanmanufaktur, um 1790.

Rechte Seite: *Schachtisch mit aufgestellten Figuren, indische Arbeit aus dem 18. Jahrhundert. Dieses kostbare, aus Ebenholz und Bein gefertigte Tischchen diente repräsentativen Zwecken. Es ist hervorragend erhalten.*

dann lebhaft ist, wenn die eigene Betätigung gesellschaftlicher oder politischer Ächtung ausgesetzt ist. Oft in der europäischen Geschichte ist das Schachspiel gepriesen, manchmal sogar öffentlich gefördert, oft aber auch milde belächelt, manchmal sogar rundheraus verboten worden. Auch heutzutage kann das Schach anspruchsvolle Parallelen gut vertragen. Ein Hauch von Komik durchzieht die Schachlokale und Turniersäle, denn die Spieler, zumal die exzellenten, gelten als schrullig und sind es mitunter auch. Außerdem hat sich herumgesprochen, daß mancher Großmeister in seiner Freizeit nicht viel mehr ist als ein großes Kind, daß andererseits viele intelligente und erfolgreiche Menschen während ihrer Karriere Schachkenntnisse wunderbar entbehren konnten. Vor allem aber steht jedes Spiel in dem Geruch, «nur ein Spiel», also eine Angelegenheit zu sein, die an Bedeutung mit den schwerwiegenden Vorkommnissen nicht konkurrieren könne. Jahrhundertelang haben die Schachspieler nicht ahnen können, welchen Adelsbrief ihnen eines Tages Friedrich Schiller mit dem geradezu umwerfenden Satz ausstellen würde: «Denn, um es endlich auf einmal herauszusagen, der Mensch spielt nur, wo er in voller Bedeutung des Worts Mensch ist, und er ist nur da ganz Mensch, wo er spielt.» Es fällt auf, daß Schachautoren diesen Satz nur zögernd zitieren. Am liebsten würden sie sagen: «Das ist zuviel des Lobes.» Schiller wäre ihnen darum nicht gram, denn er hatte nicht das Schach im Sinn, sondern Kunst und Ästhetik. Schillers Textstelle, ad usum delphini: Der Spieler macht es sich schwer. Wohl ist er der Schwierigkeiten des Lebens enthoben, hat sich dafür aber, freiwillig und selbstbewußt, andere eingetauscht.

Die Bühne des Theaters – das sind die Bretter, die angeblich die Welt bedeuten. Das Schachbrett bedeutet die Welt nicht, was kein Mangel, sondern ein großes Glück ist, weil sonst der Spaß beim Teufel wäre. Das Schachbrett ist eine Enklave, eine Oase der Ordnung, ein Refugium für den menschlichen Geist. Mag es mit Edelsteinen geschmückt oder mit Schmutzflecken besudelt sein: Es schlägt den Menschen in einen einzigartigen, unvergleichlichen Bann. Das Spiel dient dazu, «uns Erholung zu verschaffen und uns für den Augenblick die Sorgen unseres täglichen Lebens vergessen zu lassen.» Das hat nicht ein Kurdirektor gesagt, sondern Capablanca in seinen «Letzten Schachlektionen».

«Eine Kombination ist eine Zugfolge (oder eine Gruppe von Zugfolgen), in deren Verlauf beide Spieler erzwungene Züge machen und die mit einem objektiven Vorteil für die aktive Seite endet.»

Romanovsky
in «Das Mittelspiel»

DAS SPIEL SELBST

Miniatur und Text aus einer Handschrift (1407) von Jacobus de Cessolis. Bayrische Staatsbibliothek, München.

«Der fünfte ‹Bauer› soll vor der Königin stehen in solcher Gestalt, daß er auf eines Meisters Stuhl sitzt, ein Buch in der rechten und ein ‹Züberl› oder eine Büchse in der linken Hand hält. Unter dem Gürtel hat er ein Wundmesser.»

Am Anfang steht der Bazillus. Er erregt jene Leidenschaft, die den Menschen ans Brett kettet. Den Ausdruck «Bazillus» und somit den Vergleich von Schach und Krankheit hat einmal der sympathische Paul Keres gebraucht, als er über die Jugend im allgemeinen sprach und an seine eigene dachte. Die Schachleidenschaft ergreift mit Vorliebe Menschen im Entwicklungsstadium. Manches ihrer Opfer gibt sie wieder frei, wenn es dem Abitur zustrebt, manches beseligt und quält sie aber auch ein Leben lang. Nach Bazillenart kommt der Erreger unversehens, vielleicht während einer harmlosen Schieberei auf dem Brett, vielleicht während der Betrachtung einer Diagrammstellung. Über kurz oder lang wird der Bazillenträger ein wenig wunderlich. Der Blickwinkel, geweitet zum Verständnis der Welt, verengt sich zum Studium des Schachs. Die Schönheit der Kombination leuchtet auf und überstrahlt die anderen Herrlichkeiten des Lebens. Krampfhaft werden Spielgefährten gesucht. Der Vater, der womöglich an allem schuld ist, weil er seinem Sprößling das Spiel beigebracht hat, sieht mit tiefem Unbehagen, wie aus einem Zeitvertreib ein innerer Zwang wird. Der Spieltrieb ist übrigens auf seine Weise vernünftig, denn nur eine ausgedehnte Praxis inklusive zahlreicher Niederlagen führt zur Könnerschaft. Eitle Hoffnung, die Manie werde sich in Nichts auflösen, weil verhältnismäßig selten ein Partner zur Verfügung steht! Denn nun ist die Einbildungskraft zur Stelle. Auch ohne Brett und ohne Gegner beschäftigt sich die Phantasie unablässig mit

«Ich glaube in der Tat, daß jeder Schachspieler ein Gemisch zweier ästhetischer Vergnügen erfährt: erstens das abstrakte Bild, verwandt mit der poetischen Idee beim

Schreiben; zweitens das sinnliche Vergnügen der ideographischen Ausführung dieses Bildes auf den Schachbrettern ... Wenn auch nicht alle Künstler Schachspieler sind, so sind doch alle Schachspieler Künstler.»

Marcel Duchamp
1952 bei einer Ansprache vor der New Yorker State Chess Federation

Von André Miro stammt dieses Aquarell mit dem Titel «Schachspieler auf einer Bank», entstanden 1977.

Rechte Seite: *Fast in jeder großen Stadt, wie hier im Park Kalemegdan in Belgrad, können sich heute spontan Spieler aus allen Gesellschaftsschichten und jeden Alters zu einer Partie treffen oder nur kiebitzen.*

Schach, beim Frühstück, auf dem Schulweg, während des Unterrichts, wo und wann es nur irgend möglich ist. Bald werden die Bücher entdeckt. Ausnahmsweise ist die Ermahnung überflüssig, der Schüler solle gefälligst lesen. Die Lektüre erfolgt mit befremdender Intensität und endet nach Mitternacht im Bett. Vor allem entfaltet die Eröffnungstheorie ihre verführerischen Reize. Da tut sich ein Waffenarsenal auf, gerade das Richtige zur Vorbereitung auf künftige Kämpfe. Auf einsamen Spaziergängen wird dann die brennende Frage hin und her gewälzt, welche der vielen Eröffnungen die tauglichsten, die wirkungsvollsten seien, welche Eröffnungssysteme eine Spezialisierung lohnten.

82 Lebensjahre trennten den jungen Walter Wisbey und den greisen Mister Whiltard. Die Liebe zum Schach vereinigte sie – in Cheltenham am 22. August 1913. Einen klaren Kopf vorausgesetzt, ist kein Junger zu jung, kein Alter zu alt für das Spiel.

Die entsprechende Nomenklatur ist historisch gewachsen und für ein Spiel, das unter anderem durch Logik besticht, bemerkenswert unsystematisch. Gerade klar denkenden Laien ist es ein Rätsel, wer denn nun eine bestimmte Eröffnung «wählt» – Weiß oder Schwarz? Und was heißt schon «wählen», da doch der Gegner mitbestimmt? Die Sache ist schwerlich auf eine Formel zu bringen; deswegen einige erläuternde Beispiele. Wer mit Weiß 1.e4 oder 1.d4 zieht, überläßt Schwarz die Wahl, aber eine eingeschränkte Wahl. Liebt Schwarz die Grünfeld-Verteidigung und beginnt Weiß mit 1.e4, so hat Schwarz eben Pech, weil «Grünfeld» nur nach 1.d4 oder 1.c4 und nicht einmal immer dann möglich ist. Auf 1.e4 kann Schwarz 1. ... c5 antworten, und schon ist die Namengebung fällig: Die Eröffnung heißt «Sizilianisch». Auch nach 1. ... c6 oder 1. ... e6 hat das Kind sofort einen Namen: «Caro-Kann» oder «Französisch». Aber nach 1. ... e5, dem uralten Standardzug? Da verzögert sich die Taufe. Zieht Weiß nun 2.Sf3, so verzögert sie sich weiterhin. Hätte Weiß 2.Sc3 gespielt, könnte von einer «Wiener Partie» gesprochen werden, wäre 2.f4 erfolgt, läge ein klarer Fall von «Königsgambit» vor. Hat es nach 2.Sf3 nun Schwarz in der Hand, was aus der Eröffnung philologisch wird? Ja und nein. Mit 2. ... d6 ergibt sich «Philidor», mit 2. ... Sf6 «Russisch», doch mit dem ganz hervorragenden Zug 2. ... Sc6 bleibt alles wieder offen. Möglicherweise spielt Weiß jetzt 3.d4 oder 3.Lb5. Dann herrschen klare Verhältnisse, dann ist «schottisch» oder «spanisch» eröffnet worden. Wenn aber Weiß dem ungeduldigen Laien eine Nase drehen will, greift er zu 3.Sc3 und überläßt es Schwarz, daraus mit

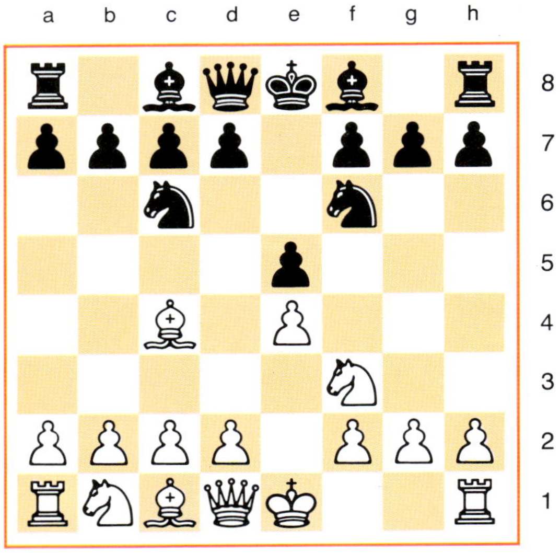

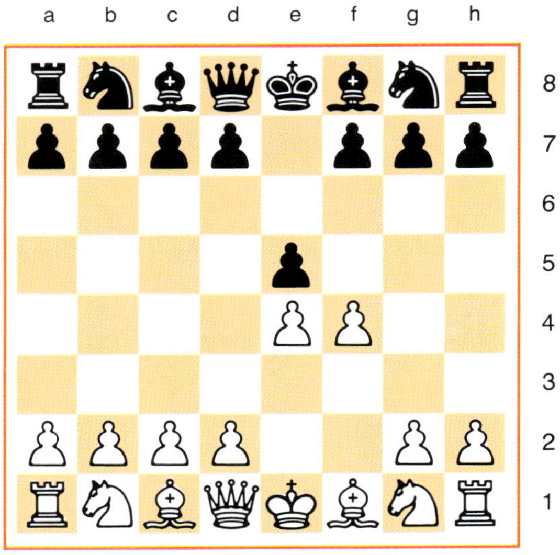

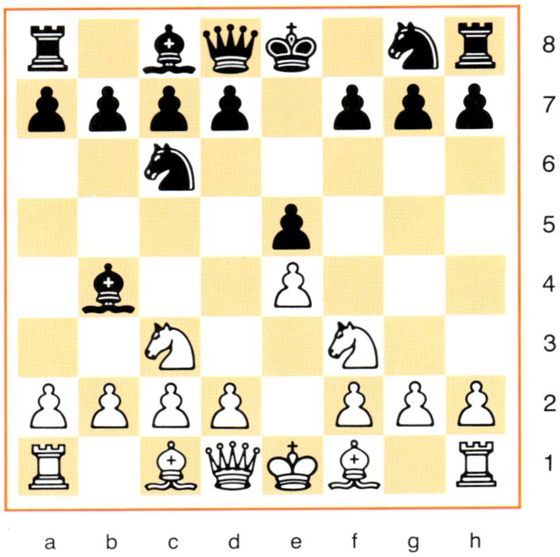

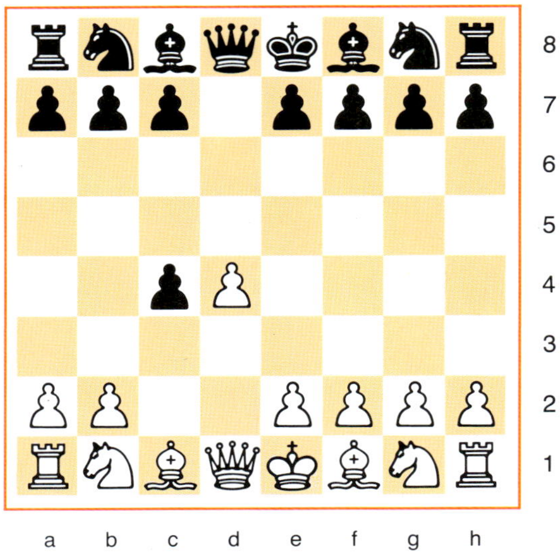

Oben: *Das Zweispringerspiel im Nachzug (Weiß am Zug): 1. e4 e5 2. Sf3 Sc6 3. Lc4 Sf6.*

Oben, Mitte: *Königsgambit (Schwarz am Zug): 1. e4 e5 2. f4.*

Rechts: *Das Dreispringerspiel: 1. e4 e5 2. Sf3 Sc6 3. Sc3 Lb4.*

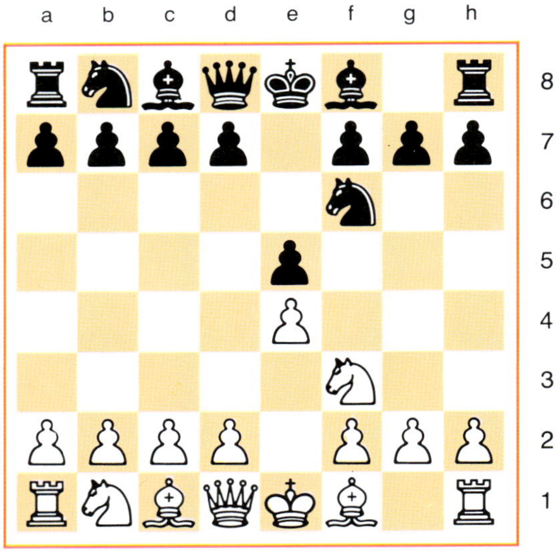

Oben: *Die Russische Partie oder Spiel des Petrow: 1. e4 e5 2. Sf3 Sf6.*

Oben, rechts außen: *Das Damengambit: 1. d4 d5 2. c4 d5xc4. Es wird heute auf internationalen Turnieren kaum mehr gespielt.*

3. ... Lb4 ein «Dreispringerspiel» oder mit 3. ... Sf6 ein «Vierspringerspiel» zu machen. Es mag ferner sein, daß Weiß sich für 3.Lc4 entscheidet, womit keineswegs entschieden ist, ob nun die «Italienische Partie» (3. ... Lc5) oder das «Zweispringerspiel im Nachzug» (3. ... Sf6) entsteht. Ist das zu kompliziert? Die Sprachregelungen nach 1.d4 sind komplizierter. Denn da kommt es viel häufiger als nach 1.e4 zu Zugumstellungen, die eine endgültige Benennung erst nach mehreren Zugpaaren gestatten.

Die Namengeber unterscheiden sich. Die Bezeichnung «Französisch» etwa rührt von einem Fernschachwettkampf her, der in den 30er Jahren des 19. Jahrhunderts zwischen London und Paris ausgetragen wurde. Die Londoner spielten nach Väter Sitte 1.e4, worauf die Pariser den damals exotischen Zug 1. ... e6 riskierten und die Partie gewannen. Ungefähr 40 Jahre später hatten die Engländer viel Glück mit 1.c4, weshalb bestimmte c4-Partien «Englisch» genannt werden. «Spanisch» heißt auf englisch «Ruy Lopez», denn der gleichnamige Spanier hat 3. Lb5 eingeführt. Ein absolutes Erstgeburtsrecht kann übrigens so gut wie nie geltend gemacht werden, da bei Absonderlichkeiten im Schach die Dunkelziffer hoch ist. Und absonderlich waren am Anfang die meisten Eröffnungen. Ab und zu fällt auch heute noch einem Spieler, der seinen Gegner auf unerforschtes Terrain locken will, eine namenlose Eröffnung ein. Auch dafür gibt es ein Etikett: «Unregelmäßig». Der witzige Ungar Emil Gelenczei hat in seinem Buch «200 Eröffnungsfallen» den dehnbaren Begriff analysiert: «Was also ist unregelmäßig? Ein schlechter Zug, von

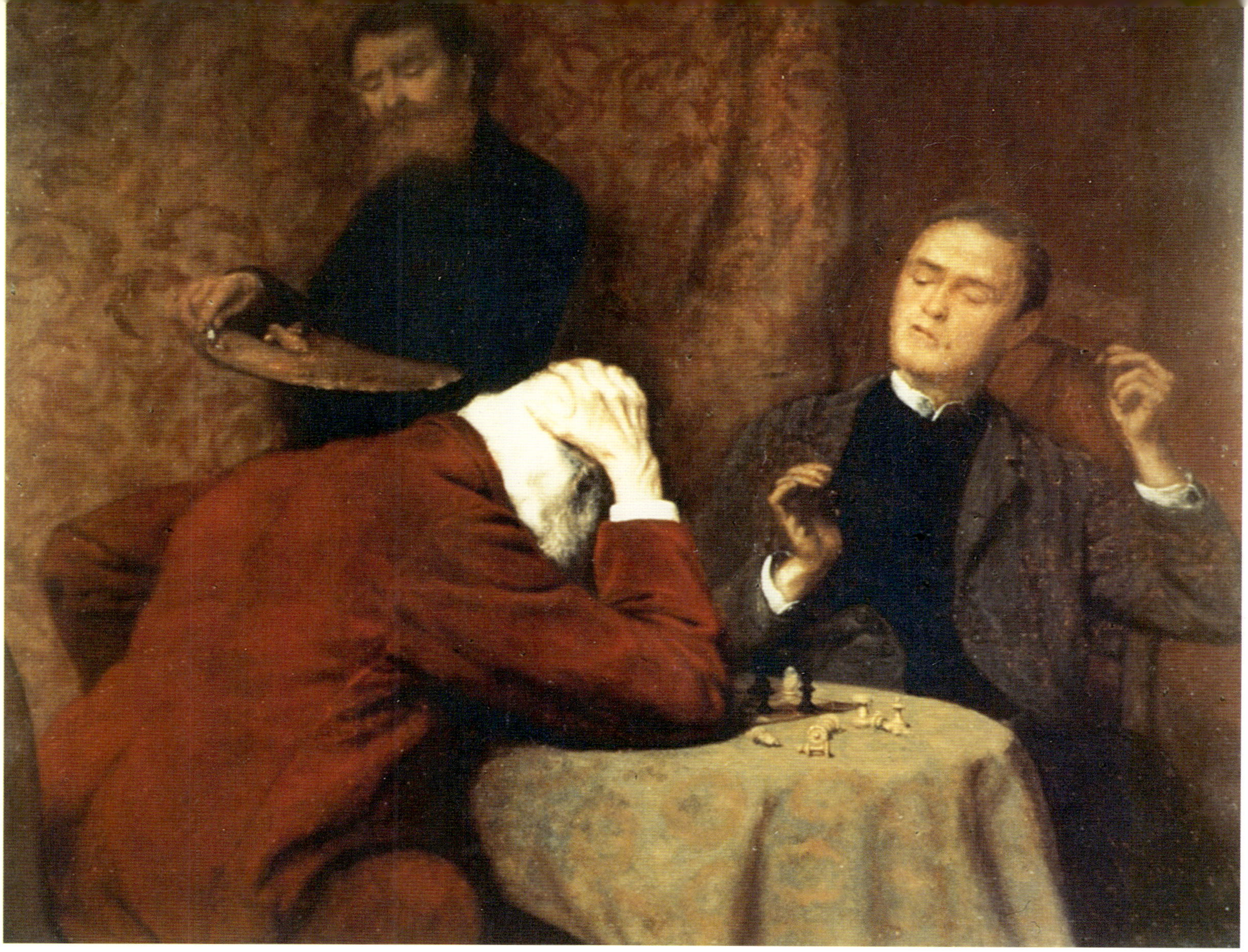

dem noch nicht bewiesen wurde, daß er gut ist.» Genau das traf auf die «Aljechin-Verteidigung» 1.e4 Sf6 zu. Der erste Zug von Schwarz galt, bevor Aljechin ihn eines Tages ausführte, als miserabel. Dann galt er nur noch als kühn, bald darauf als ganz normal.

Nicht jeder Name setzt sich durch. Die Deutschen wollten aus dem etwas sperrigen «Zweispringerspiel im Nachzug» die «Preußische Partie» machen, doch die ganze Welt war dagegen. Andere Namen werden eingeschmuggelt, kaum einer weiß woher. Die Pirc-Eröffnung (1.e4 d6) hieß unter sowjetischem Einfluß plötzlich «Pirc-Ufimzew», obwohl dieser Ufimzew, im Gegensatz zu dem jugoslawischen Großmeister Pirc, ein weltweit unbekanntes Wesen war. Wie diese Varianten, auch «Systeme» genannt, sich verzweigen und auf das tiefe Mittelspiel abfärben, ist erstaunlich, für eine ordentliche, gut durchforstete Eröffnung jedoch nicht ungewöhnlich. Man nehme nur den «geschlossenen Spanier». Der ist nicht durch den zweiten oder dritten, nein, erst durch den neunten Zug charakterisiert. «9.h3» spricht wirklich Bände. Denn ganze Bücher und nicht nur ein paar Seiten sind über die Folgeerscheinungen dieses Randbauernzuges schon verfaßt worden. Die Großmeister kennen die Schliche, zumindest die wichtigsten. Manche Gegner waren, obwohl sie für 40 Züge fünf Stunden Zeit hatten, mit den ersten 16 Zügen nach zehn Minu-

Die Schachspieler, Ölgemälde des Franzosen Henri-Eugène Campan, entstanden 1885.

Unten: *Der Marshall-Angriff (Weiß am Zug):*
1. e4 e5 2. Sf3 Sc6 3. Lb5 a6 4. La4 Sf6 5. 0-0 Le7 6. Te1 b5 /. Lb3 0-0 8. c4 d5.

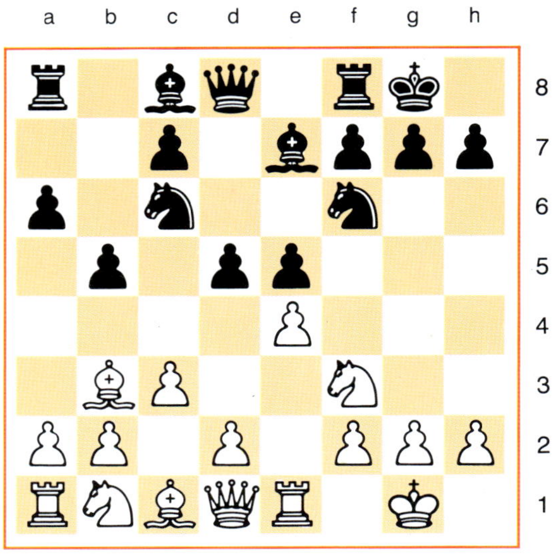

Rechte Seite:

Oben links: *Die Nimzowitsch-Indische Verteidigung (Weiß am Zug):*
1. d4 Sf6 2. c4 e6 3. Sc3 Lb4.

Oben rechts: *Königsindisch (weiß am Zug):*
1. d4 Sf6 2. c4 g6 3. Sc3 Lg7 4. e4 d6.

ten fertig – immer noch eine beachtliche Zeit, da sie dieselben Züge im Schlafe hätten hersagen können. Was aber passiert, wenn Schwarz jenem neunten Zug aus dem Wege geht, indem es im achten Zug mit einem Bauernopfer den Marshall-Angriff einleitet? Dann zahlen sich theoretische Kenntnisse erst recht aus. Frank Marshall, ein Draufgänger aus Amerika, hat gar nicht geahnt, was er mit seinem Angriff anrichten sollte: die detailliertesten Untersuchungen über die Situation im 24. oder 28. Zug. Die Analytiker haben ganze Arbeit geleistet. Viele Großmeister haben sie überprüft und so verinnerlicht, daß es aussieht, als hätten sie alles auswendig gelernt. Vielleicht haben es einige tatsächlich getan. Auf jeden Fall verleiten sie den Amateur dazu, es zu tun. Mag sein, daß sie den Amateur gerade davor warnen, doch durch die stolz zur Schau gestellte Beherrschung der verzwicktesten Abspiele verleiten sie ihn trotzdem. Die Warnungen sind berechtigt. Ein Spieler, der eine Variante «kennt», sie aber nicht durchdacht hat, gleicht einem Papagei. Er wird die mißliche Erfahrung machen, daß sein armer Kopf der Variante nicht gewachsen ist, die er heraufbeschworen hat. Die Misere vieler unerfahrener Spieler rührt daher, daß sie jene Rätsel nicht lösen können, die sie sich durch den Aufbau komplizierter Positionen selbst gestellt haben. Mit Recht hat Großmeister Wolfgang Unzicker in seinem Lehrbuch die Anfänger vor der Wahl anspruchsvoller Varianten abzuschrecken versucht. Sie seien, schrieb er, Gift.

Ein knappes Beispiel dafür, wie mit Eröffnungen geistig umzugehen ist: 1.d4 Sf6 2.c4 e6 3.Sc3 Lb4. Das ist eine berühmte, tausendfach erprobte Zugfolge, der Beginn der «Nimzowitsch-Indischen Verteidigung». Warum 1. ... Sf6? Um 2.e4 zu verhindern, was dem Weißen ein starkes Zentrum verschaffen würde. Warum 2. ... e6? Um dem Königsläufer den Weg zu öffnen. Warum 3.Sc3? Um e4 trotz des schwarzen Springers durchzusetzen. Warum 3. ... Lb4? Um den weißen Springer zu fesseln, so daß der Doppelschritt des weißen Königsbauern abermals vereitelt ist. Damit genug. Nur so viel sei noch gesagt, daß beide Seiten im «Geist der Eröffnung» weiterzuspielen haben. Weiß sollte nicht ruhen noch rasten, irgendwann doch seinen Königsbauern nach e4 zu bringen; Schwarz sollte nicht müde werden, dem immer neue Riegel vorzuschieben. Und jeder sollte aufpassen, wann anderweitige Kompensationen so groß sind, daß er den Kampf um e4 abbrechen kann.

In der ersten Hälfte unseres Jahrhunderts hatten sich Koryphäen wie Lasker und Capablanca in der Eröffnungsbehandlung noch eine gewisse Nonchalance gestattet. Sie wußten, sie hatten das Zeug, auch aus schlichten, unkomplizierten Varianten in aufregende Mittelspiele überzuleiten. Den Amateuren wurden unterdessen allgemeine Eröffnungsprinzipien gepredigt. Gelehrt wurde, wie mit möglichst wenig Zügen möglichst viele Figuren zu entwickeln seien und möglichst viel Terrain gewonnen werden könne. Das ist eine vernünftige Lehre, wenngleich sie mittlerweile den Ausschließlichkeitsanspruch eingebüßt hat. Schon dem gesunden Menschenverstand leuchtet ein, daß eine

«Der gute Spieler hat immer Glück.»

José Capablanca

«Der Verlierer ist immer schuld.»

Wassily Panow

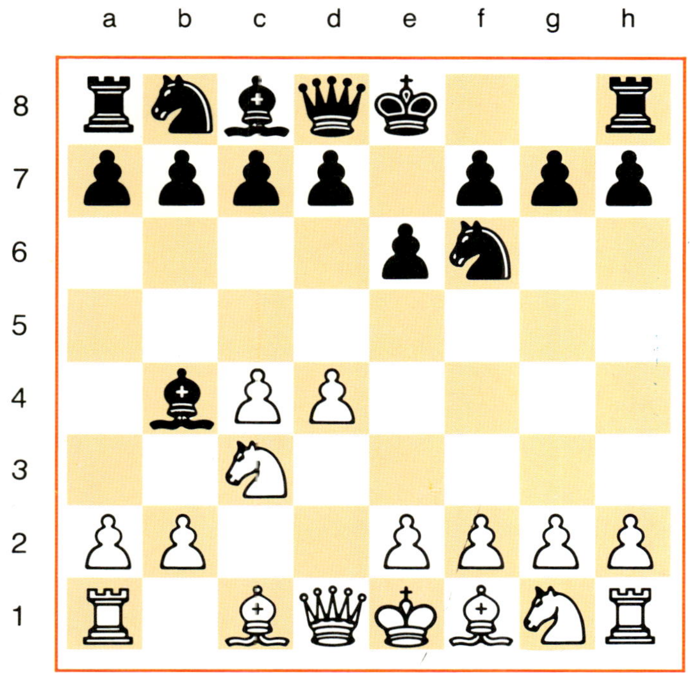

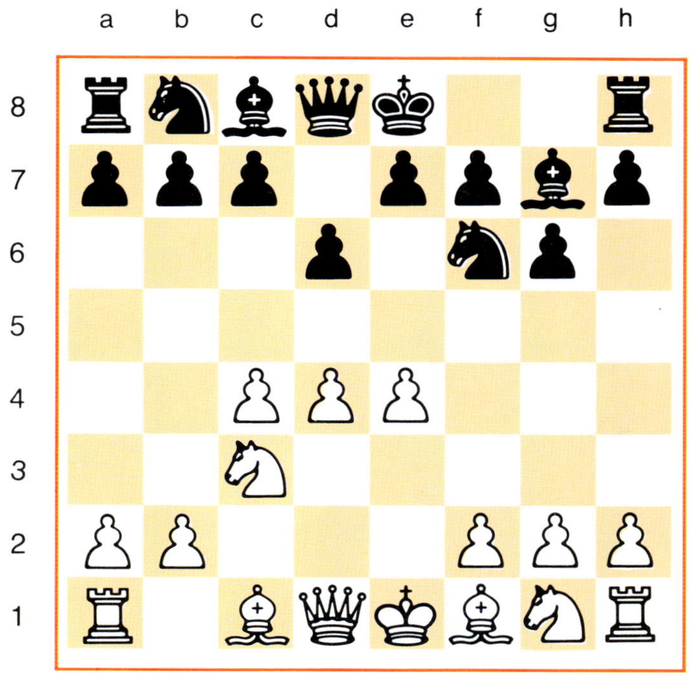

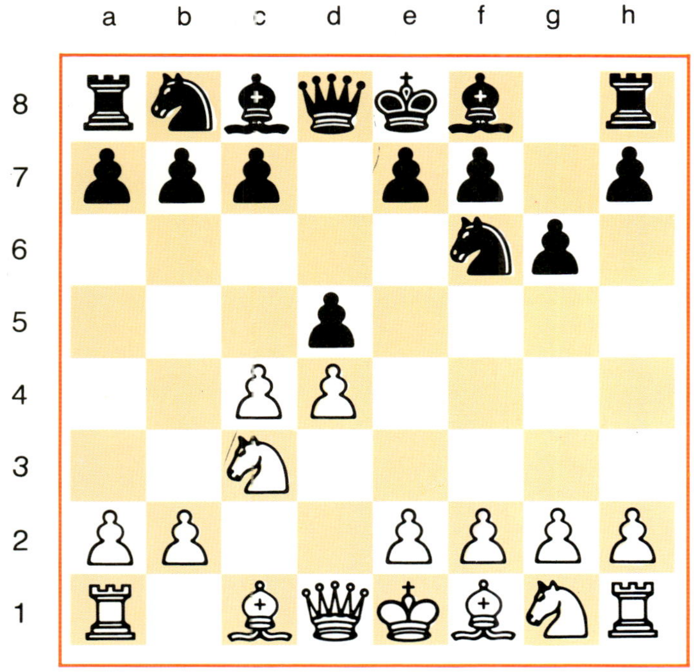

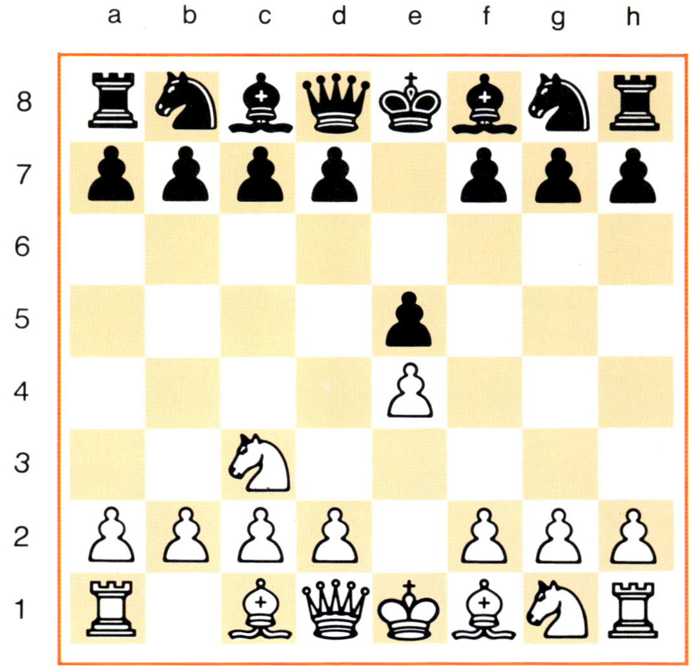

Figur, um wirken zu können, ein Minimum an Bewegungsfreiheit braucht. Die vier Türme etwa sind zu Beginn einer Partie totes Holz, die vier Läufer desgleichen. Wie die meisten Prinzipien sind auch jene ein wenig überstrapaziert worden, etwa durch die Empfehlung, erst den Springer zu ziehen und dann den Läufer, oder durch den Rat, in der Eröffnungsphase jedweder Figur nur einen einzigen Zug zu gönnen. Das waren

Oben links: *Grünfeld-Indisch (Weiß am Zug):*
1. d4 Sf6 2. c4 g6 3. Sc3 d5.

Oben rechts: *Die Wiener Partie (Schwarz am Zug):*
1. e4 e5 2. Sc3.

«Die Natur hat uns das Schachbrett gegeben,
aus dem wir nicht hinauswirken können noch wollen;
sie hat uns die Steine geschnitzt,
deren Wert, Bewegung und Vermögen
nach und nach bekannt werden;

Rechts: *Die Schachpartie, Ölbild, Ende des 19. Jahrhunderts. Dieses historisierende Gemälde stellt Mönche beim Schach dar. In den Klöstern war das Schach schon im Mittelalter weit verbreitet. Selbst wiederholte kirchliche Verbote konnten seine Popularität nicht unterdrücken.*

Der Niederländer Max Euwe, Weltmeister von 1935 – 1937, war ein eifriger Praktiker und Systematiker. In seinem Standardbuch über «Das Mittelspiel» brachte er sogar die menschlichen «Unzulänglichkeiten» in ein System. Ein Kapitel widmete er der Habsucht, ein zweites der Tauschsucht, ein drittes der Mattsucht und das vierte dem Gegenteil der Mattsucht, nämlich der Unentschlossenheit.

Faustregeln, die durch die glänzenden Erfolge derer, die sie mißachteten, alsbald in Mißkredit gerieten. Die schönen Tage freilich, in denen die Eröffnungsweisheiten lax beachtet werden durften, sind vorbei. Weltmeister Aljechin, dieser Schachriese, witzelte noch über «Lady Theorie». Doch der nächste Weltmeister, der Niederländer Euwe, vermählte sich mit dieser Lady, indem er das Mammutwerk einer ausgefeilten Eröffnungslehre in mehreren Bänden schuf. Auch andere Autoren ließen sich nicht lumpen und ermöglichten es dem Schachfreund, ganze Bücherregale mit Eröffnungsschrifttum zu füllen. Mit jedem Jahr wurde die Theorie verzwickter, ihre Aneignung mühsamer. Die Methode, die sich gerne wissenschaftlich gab, war eine verhältnismäßig einfache: Die Ausbeute von Jahrzehnten wurde gesichtet, geordnet und auf Wirksamkeit hin untersucht. Theorie als geronnene Erfahrung. Die Erkenntnisse wurden in der Praxis getestet, somit bestätigt, modifiziert oder zum alten Eisen geworfen, wo sie unter Umständen schon bald wieder hervorgeholt wurden.

Es ist ein munterer Kreislauf: Die Theorie beeinflußt die nimmermüde Praxis und diese die wandelbare Theorie. Die Profis müssen mithalten; es bleibt ihnen gar nichts anderes übrig. Die Amateure können verzweifeln – und wohl ihnen, wenn sie es rechtzeitig tun! Denn wer sich ohne höheren Ehrgeiz am Spieltisch niederläßt, sollte seinen Kopf vor Spitzfindigkeiten der Spitzenspieler abschirmen, sollte vor allem nicht aus lauter Gier auf die Differentialrechnung das ewig gültige kleine Einmaleins vergessen.

nun ist es an uns, Züge zu tun,
von denen wir uns Gewinn versprechen;
dies versucht nun ein jeder auf seine Weise
und läßt sich nicht gern einreden.»

Goethe in «Schrift zur Naturwissenschaft»

Partie im Berliner Café Kerkau und dennoch keine sogenannte Kaffeehauspartie. Denn am runden Tischchen saßen 1909 nicht zwei Amateure, sondern Akiba Rubinstein und Jacques Mieses. Mehr als die Zuschauer beweist das Demonstrationsbrett im Hintergrund, daß bei diesem Wettkampf Pardon nicht gegeben wurde.*

Rechte Seite, unten: *Im Pariser «Café de la Régence» wurde alles gespielt: Schach, Dame, Domino, Billard und Karten. Das Lokal öffnete um acht Uhr morgens und war in wenigen Stunden rauchgeschwängert. Dort gesehen zu werden, war gesellschaftlich von Vorteil, weshalb sogar Philosophen wie Rousseau und Voltaire auftauchten, aber auch Politiker wie Napoleon. Zeitgenössische Darstellung.*

Eröffnungsliteratur wird zuviel, Endspielliteratur zu wenig studiert. Nicht daß es an Fürsprechern fehlte, die warme Worte für das Endspiel fänden. Die Propaganda ist in vollem Gange, und da sie selten fruchtet, wird sie auch künftig in vollem Gange sein. Jeder ernstzunehmende Lehrmeister zeigt sich von der Bedeutung des Endspiels durchdrungen, doch jeder zuckt auch die Achseln, wenn die Schüler schwänzen. Wohl ahnen die Schüler, was sie versäumen: die Kunde von tausend Tricks und Kniffen, die unverwüstlich sind wie naturwissenschaftliche Gesetze. Aber auch die wahrheitsgemäße Mitteilung, daß die Eigenart der Figuren am deutlichsten zutage tritt, wenn das Brett zum großen Teil abgeräumt ist, erhöht nicht den Reiz des Studiums. Endspiele gelten als trocken, und damit hat der Durchschnittsamateur den Stab über sie gebrochen. Die Abneigung wird durch die Beobachtung gefördert, daß zahllose Partien, und nicht die schlechtesten, sich schon im Mittelspiel entscheiden. Richtet sich nun die Wißbegier auf das Mittelspiel? Nicht mit jener Vehemenz wie auf die Eröffnungen. Bei der theoretischen Behandlung des Mittelspiels ist die Systematisierung am schwierigsten, weil die Stellungen am nuancenreichsten und die Überlegungen am verschlungensten sind. Dennoch finden sich da brauchbare Bücher, etwa das von Euwe, eines als Praktiker und Theoretiker bienenfleißigen Mannes. Wirklich beliebt ist das Nachspiel, die Wiederholung schöner Meisterpartien im trauten Heim. Dabei aber bitte keine Hast! Der Nachvollzug lohnt nicht, wenn er mehr eine Fingerübung als ein Geistestraining ist. Falls der Laie von den Gedanken, die beide Spieler hegten, verwarfen oder ausführten, wenigstens ein Drittel zu erfassen strebt, darf er schon mit sich zufrieden sein.

Ob einem unbefangenen Gast das königliche Spiel noch königlich vorkommt, wenn er eine jener Gaststät-

Links: *Wer zwischen 1750 und 1830 in Paris Schach spielen wollte, begab sich ins «Café de la Régence». Denn dort stieß der Amateur nicht nur auf seinesgleichen, sondern auch auf einen eigens verpflichteten Berufsspieler, der gegen jeden anzutreten hatte, der das wünschte und dafür bezahlte. Im Dienste der Gastronomie standen so hervorragende Meister wie Pierre Saint-Amant, Charles La Bourdonnais, Alexandre Deschapelles und Lionel Kieseritzky. Zeitgenössische Darstellung.*

ten betritt, in denen es gepflegt wird? Niemand wird verallgemeinern wollen. Doch die Lokale, die der Anfänger über kurz oder lang aufsucht, um auf Gleichgesinnte, sprich auf Gegner, zu stoßen, bestechen nur selten durch elegantes Fluidum. Schachspieler sind mit ihren Gedanken vollauf beschäftigt und legen auf Äußerlichkeiten geringen Wert. Da sie sich in Worten wenig zu sagen haben und von der Atmosphäre nur verlangen, daß sie nicht stört, wird diese von Stunde zu Stunde trister. Mag sein, daß es nach Tabakrauch und ungelüfteter Kleidung riecht. Dem entspräche die übliche Unerquicklichkeit des innenarchitektonischen Rahmens. Wirte mögen nämlich Leute nicht, die eine kleine Zeche machen, aber lang herumsitzen, weshalb sie ihren Schachgästen wenn überhaupt einen, dann den am wenigsten ansehnlichen Raum zu Verfügung stellen. Wie sollten auch Teller, Besteck und Serviette vor dem Bauch des Schachspielers Platz haben, wenn dort schon das geliebte Brett liegt. Alkohol fließt kaum.

Als man den deutschen Philosophen Gottfried Wilhelm Leibnitz einmal fragte, was das Schachspiel für Nutzen bringe, antwortete er, es diene zur «Übung der Denkfähigkeit und der Erfindungsgabe. Wir müssen nämlich überall dort, wo wir uns der Vernunft bedienen müssen, eine ausgearbeitete Methode zum Erlangen des Zieles haben. Und außerdem: Der Einfallsreichtum des Menschen kommt am besten beim Spiel zum Vorschein.»

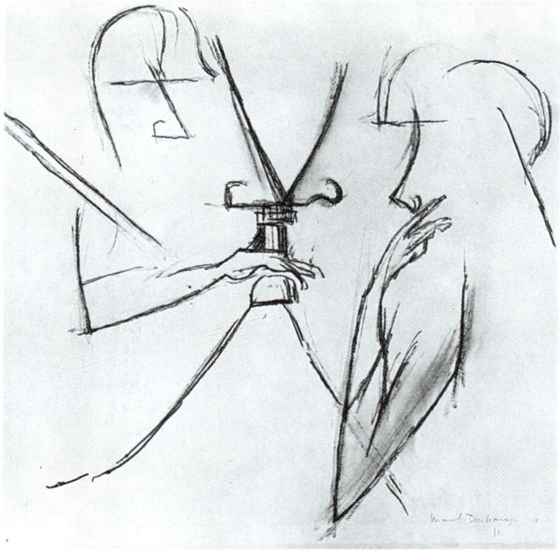

Rechts: *Zwei Gegner und dazu ihrer beider Gegner, die Schachuhr. Eine Studie von Marcel Duchamp, der dem Thema «Schach» etwa 25 seiner Arbeiten widmete, was für einen leidenschaftlichen Spieler wie ihn nicht einmal besonders viel war.*

Schachuhr, wie sie bei privaten und öffentlichen Turnieren verwendet wird.

Rechts: *Der «raffinierte Schachzug» ist in die Sprache der Politiker eingegangen, ebenso das «Patt» und die «Hängepartie». Das Flair des Geistigen tut der Politik gut, in der schließlich immer irgendwer «am Zuge» ist. Auch lassen sich einige politische Profis gern am Brett fotografieren. An einem Maiabend des Jahres 1976 spielten im Bonner Bundeskanzleramt dessen Hausherr Helmut Schmidt, der spätere Bundespräsident Richard von Weizsäcker und andere Politiker gegen Journalisten.*

Scharfe Sachen werden als Verhinderer scharfer Kombinationen abgelehnt. Die von vornherein desinteressierten Kellnerinnen vergessen häufig, wer es war, der abgewandten Gesichts einen Kaffee bestellte, bieten diesen dann halblaut feil, werden prompt angefaucht, gefälligst etwas ruhiger zu sein, und entdecken Minuten später den Besteller des kalt werdenden Getränks, der so in seine Partie vertieft war, daß er die Aufforderungen, sich zu melden, überhört hatte. Demnach ist es gut, wenn ein Schachklub dort Unterschlupf findet, wo niemand auf größere Umsätze erpicht ist. Öffentliche oder halböffentliche Institutionen kommen in Betracht, sofern sie mit einem stillen Winkel aufwarten können sowie mit einem Kühlschrank zur Selbstbedienung.

Leider durchbrechen auch Schachspieler die Stille. Sie «blitzen» gerne, weil es sonst bei ihnen betont langsam zugeht und sie, wie andere Menschen auch, von einem Extrem ins andere fallen. Dabei kommt die Schachuhr zum Einsatz, eine Doppeluhr, bei der ein Werk zu laufen beginnt, sobald das zweite zu laufen aufhört, ein Meßgerät, das unentbehrlich ist zur Überwachung der beiderseitigen Bedenkzeit. Wer seine Zeit zuerst überschreitet, hat verloren, wie gut oder schlecht seine Stellung auch sei. Da beim Blitzen die Frist je fünf Minuten beträgt, hat der Spieler, der ja auch blitzschnell denken und ziehen muß, keine Zeit, den Auslöser behutsam zu drücken. Vielmehr versetzt er ihm einen Schlag, dessen Lautstärke durch die Geschwindigkeit der Handbewegungen entschuldigt, doch oft durch den Wunsch vergrößert wird, mit akustischen Mitteln Selbstsicherheit zu demonstrieren. Blitzt ein ganzer Verein, so klingt das wie Maschinengewehrfeuer einer Liliputanerkompanie. Weitere spezifische Geräusche stammen von jenen Spielern, die es sich angewöhnt haben, jeden Zug abschätzig oder aufmunternd zu kommentieren. Diese Unart wiederum kontrastiert zu der bei Turnierpartien üblichen Schweigsamkeit.

Im allgemeinen dient der Eintritt in einen Klub der Selbsterkenntnis. Drei, vier Partien mit verschiedenen Gegnern – und die Stärken und Schwächen sind kein Geheimnis mehr. Ein Ansporn zu besseren Leistungen ist die Wichtigtuerei gewisser Klubkameraden, die jeden, der sie nicht zu schlagen vermag, mit höhnischer Verachtung strafen. Doch eines Tages werden auch sie überflügelt und von dem, den sie demütigen wollten, nicht einmal mehr zur Kenntnis genommen.

Für einen aufstrebenden Spieler ist der Klub unentbehrlich, nachdem andere Gelegenheiten, die geistigen Kräfte zu messen, an Bedeutung ein-

Links: *Wenn kein Fotograf Zeugnis abgelegt hat, ist der Kunstmaler gern zur Stelle. P. Wasiljew hielt Gorki und Lenin im Bild fest, dazu die kiebitzende Lebensgefährtin Lenins, die Krupskaja.*

«Der König fällt zu Boden» heißt die Lithographie, die den nach St. Helena verbannten Napoleon bei einer seiner Lieblingsbeschäftigungen zeigt. Damals war in Europa mancher König zu Boden gefallen und schließlich auch der Kaiser der Franzosen. Doch ein Kaiser kommt im Figurensatz nicht vor, was den geächteten Potentaten beruhigt haben mag, obwohl er in seinen guten Tagen das königliche Spiel das kaiserliche genannt hatte.

Links: *«Der Affe hat gezogen.» Die Satire des deutschen Grafikers A. Paul Weber ist nicht gerade schmeichelhaft für die Schachfreunde.*

«Sicherlich, Schach ist eine traurige Verschwendung von Geist.»

Walter Scott

«Die geistige Langsamkeit ist schwer zu ertragen, aber die Langsamkeit der Mittelmäßigkeit ist untolerierbar.»

Henry Buckle

Der Schachclub in Belgrad ist ein internationaler Treffpunkt. Hier wird nicht nur nach strengen Kriterien ausgebildet, sondern es werden auch große Turniere durchgeführt.

gebüßt haben. Die Schachgeschichte weist zwei Hochburgen auf, um 1800 das Café de la Régence in Paris, um 1900 das Café Central in Wien. In beiden Lokalen spielten tagtäglich Halbgötter gegen Patzer – selbstverständlich für Geld. Es war keine Schande, auf solche Art sein Brot zu verdienen, und wenn es dennoch eine war, so mußte das den Meistern gleichgültig sein. Anders als heute waren viele von ihnen Hungerleider. Das Geld und der hinter ihm vermutete Spielteufel waren auch einer der Gründe gewesen, weshalb im Mittelalter das Spiel da und dort in Verruf kam und verboten wurde. Auch heute holt sich der Meister sein Geld von Leuten, die trotz ihrer Schwäche den Zweikampf suchen, doch verschmäht er es, im Café auf Kunden zu warten, und gibt lieber eine Simultanvorstellung. Wieder wird der Qualitätsunterschied dadurch ausgeglichen, daß sich der Stärkere ein Handicap auferlegt. Besteht es bei Vorgabepartien darin, daß er auf einen Turm oder Springer verzichtet, ergibt es sich hier durch die Vielzahl der Gegner. Der Meister kommt, schaut, zieht und geht. Während er die Runde macht und an jedem Brett nur verweilt, um zu schauen und zu ziehen, kann jeder seiner Gegner den nächsten Zug, den er vor den Augen des zurückkehrenden Solisten ausführen wird, sich in Ruhe überlegen. Trotzdem verlieren die meisten zahlenden Gäste ihre Partie.

Doch selbst wenn sie gewinnen, ist damit kein Aufstieg in der Schachwelt verbunden. Karriere ist nur über den Klub zu machen, der kleinsten Einheit im System der regionalen und nationalen Verbände und schließlich

des Weltschachbundes. Die Klubs oder Vereine veranstalten interne Turniere, treten gegen andere Klubs an und versuchen, sich in diesem System emporzuarbeiten. Allenthalben bekannt, weil finanziell attraktiv, wurde die Deutsche Bundesliga, in der etliche prominente Ausländer

In der öffentlichen Meinung steht *Kortschnoj* da als ein Anarchist, der seine Gegner bei hellem Tage in die Luft zu jagen sucht, *Kasparow* als ein junger Napoleon des Schachs, der über außerordentlich starke Geschütze verfügt; *Karpow* aber wirkt wie ein Gendarm, der seine Gegner am liebsten in Handschellen und Ketten unter Verschluß hätte.

Raymund Keene 1984 in «Schach»

spielen, unter ihnen solche, die kaum drei, vier Worte Deutsch sprechen. Denn jeder Mannschaft ist gestattet, von ihren acht Köpfen zwei aus dem Ausland zu beziehen. Aufgrund einer komplizierten Wertungsarithmetik, die nicht nur die Zahl der Siege, sondern auch die Qualität der überwundenen Gegner veranschlagt, wird die Stärke jedes Klassespielers kontinuierlich und international verbindlich eingestuft. Durch Erfüllung gewisser Normen mausert sich in Turnieren die Hochbegabung zum Großmeister. Jeder Berufsspieler sehnt sich nach diesem Titel, der ihm einen

Stehenbleiben, schauen, ziehen, weitergehen, stehenbleiben, schauen, ziehen – am 9. November 1985 spielte Viktor Kortschnoj in Luzern gegen 40 Gegner. Simultanvorstellungen sind eine unter Großmeistern beliebte Einnahmequelle.

Eine Drohung
ist stärker als eine Ausführung.

Savielly Tartakower

Mehr Zeit gehabt und doch verloren. Es ist ärgerlich, aber nicht zu ändern, ob sich nun der Verlierer am Kopf kratzt oder am Rücken. Bei Simultanveranstaltungen hat der vielbeschäftigte Meister, der von Tisch zu Tisch geht, stets Weiß.

Rang und jene Einkünfte verschafft, von denen er mehr oder minder gut leben kann. Auf der Welt gibt es heute mehr als 200 Großmeister, mit der Folge, daß kaum ein anderer Spieler, und sei er noch so rührig, mit der ohnehin begrenzten Aufmerksamkeit des breiten Publikums rechnen darf.

Auch wird, da die Freude am Schach überall zunimmt, da außerdem in den Industriestaaten die durchschnittliche Lebenserwartung steigt und der begehrte Titel auch bei altersbedingter Inaktivität nicht abzuerkennen ist, die Zahl der Großmeister sich weiter erhöhen. Geht es derzeit bei der Vergröße-

rung des erlauchten Kreises hauptsächlich mathematisch, also im wesentlichen mit rechten Dingen zu, so waren die ersten Ernennungen der Sultanslaune eines russischen Zaren entsprungen. 1914 schmückte Nikolaus II., der die Schirmherrschaft über ein von der Petersburger Schachgesellschaft veranstaltetes Turnier übernommen hatte, die Teilnehmer, die zum Schluß die ersten fünf Plätze belegten, beim Bankett mit der Ehrenbezeichnung «Großmeister». Und es traf genau die Richtigen. Denn schon von den elf Spielern, die überhaupt einer Einladung gewürdigt waren, hatte jeder bereits ein internationales Turnier gewonnen. Die fünf, die besser waren als Dr. Ossip Bernstein, Akiba Rubinstein, Aaron Nimzowitsch, James Henry Blackburne, David Janowski und Isidor Gunsberg, die fünf, die es wahrlich verdienten, auf spektakuläre Weise ausgezeichnet zu werden, hießen Emanuel Lasker, José Raúl Capablanca, Siegbert Tarrasch, Alexander Aljechin und Frank Marshall. Das waren nicht nur Männer, die phänomenal gut spielten, das waren Vorbilder. Lasker stand für Weisheit und Psychologie, Capablanca für Harmonie und schlafwandlerische Sicherheit, Tarrasch für Methodik und Exaktheit, Aljechin für Originalität und Dämonie, Marshall für Witz und Schläue. Ein Wort der Umgangssprache, mit dem herausragende Meister charakterisiert wurden, war «Großmeister» schon zuvor gewesen und blieb es auch noch eine Weile, denn die jetzige Regelung wurde erst nach dem Zweiten Weltkrieg getroffen. Die Russen, die von allen Völkern die meisten Großmeister stellen, haben das deutsche Fremdwort in ihre Sprache übernommen.

In der Blüte ihrer Jahre führen Großmeister ein Nomadenleben. Sie reisen – falls sie dürfen, was im Ostblock nie ganz sicher ist – von Turnier zu Turnier, werden auf Kosten des Veranstalters verpflegt und beherbergt, kassieren Startgeld und diskrete Zuwendungen und manchmal auch einen Preis, der natürlich in harter Währung zu bestehen hat und nicht aus einem Silberpokal oder Zinnteller. Untereinander sind die Großmeister gute alte Bekannte, und sollten sich aus Zufall zwei noch nicht gesehen haben, so kennen sie sich vom Hörensagen und aus Fachzeitschriften. An halbleere Säle sind sie gewöhnt. In vielen, nicht allen Ländern, leidet das Schach an Zuschauermangel. Sitzen und Denken sind eben Tätigkeiten ohne optischen Reiz. Der schnellste Bewegungsablauf ergibt sich gleich zu Beginn einer Turnierrunde: Der Schiedsrichter huscht von Spieltisch zu Spieltisch und setzt mit einem flüchtigen, aber treffsicheren Schlag die Uhren in Gang. Einige Teilnehmer sind schon da, andere finden sich verspätet ein, doch alle erwecken sogleich den Eindruck, als verfielen sie in eine Art Trance. Dabei geht es in der Eröffnung vergleichsweise hurtig zu. Da die Theorie geläufig ist, folgen Zug auf Zug, Uhrendruck auf Uhrendruck, Notierung des gegnerischen auf Notierung des eigenen Zuges. Mancher Sonderling bie-

Links: *1914 lud Nikolaus II. zu einem internationalen Turnier nach St. Petersburg ein. Fünf Spieler erreichten die Endrunde: Lasker, Capablanca, Aljechin, Tarrasch und Marshall. Ihnen verlieh der Zar den Titel «Großmeister».*

Kaum älter als seine vielen Gegner war der Brite Nigel Short, als er gegen Hamburger Schüler eine Simultanvorstellung gab. Seine internationale Karriere hatte begonnen, als er noch ein halbes Kind war. Heute zählt er zur Weltelite. Die Fähigkeit, simultan zu spielen, betrachtet er wie alle, die zur Spitze vorgestoßen sind, als Selbstverständlichkeit.

«Wie Tristan Tzara habe ich den Nachteil,
immer gewinnen zu wollen.
Ein guter Schachspieler zieht jedoch
eine schöne Partie einem Sieg vor.»

Fernando Arrabal

Rechte Seite, außen: *Der Kampf findet in den Köpfen statt, auch in denen der Zuschauer. Die Wildheit der Kombinationen, die durchdacht, verworfen und vielleicht noch einmal überprüft werden, spiegelt sich nicht völlig auf den Gesichtern. Doch die innere Anspannung ist an ihnen abzulesen. Dabei ist der Zuschauer doppelt so oft überrascht wie der einzelne Spieler, der ja seine eigenen Überlegungen kennt, nur die des Gegners nicht. Manchmal wächst die Spannung so, daß der Eindruck entsteht, der Spieler müßte auf telepathischem Wege mitbekommen, was die Zuschauer (hier bei einer Simultanvorstellung Wolfgang Unzickers) für oder gegen ihn denken.*

Oben und oben rechts: *Die Simultanveranstaltung, 1985 in Luzern, war ein gesellschaftliches Ereignis. Verwandte, Freunde, Clubkameraden wollten sehen, wie sich ein bestimmter Spieler schlagen würde, einer von 40, dem sie den Daumen hielten. Viele aber wollten Großmeister Kortschnoj beobachten.*

tet allerdings schon vor seinem allerersten Handgriff das stumme Schauspiel grüblerischer Unentschiedenheit. Das ist jedoch Theater. Auch dieser Spieler ist seit Jahren mit sich zu Rate gegangen und jetzt felsenfest entschlossen, mit Weiß nur so, mit Schwarz, je nachdem, so oder so zu ziehen. Doch ungeachtet seines abrufbaren Eröffnungsrepertoires möchte er den Gegner ein wenig zappeln lassen, vielleicht sogar, das sei eingeräumt, selber zu jener inneren Ruhe finden, die sich ja nicht automatisch einstellt. Alsbald erfolgt der Übergang ins Mittelspiel, der dem Meister die moralische Verpflichtung auferlegt, einen Plan auszuhecken, denn nur aufs Geratewohl zu spielen und dem Gegner die Initiative zu überlassen, gilt als laienhafte Unterlassungssünde.

Lange dauert es, bis der Plan gefaßt, bis seine Durchführbarkeit teils pedantisch, teils prophetisch geprüft worden ist. Der Kiebitz, der just diese eine Partie genau verfolgen will und den dafür günstigsten Stuhl erobert hat, wappnet sich mit Engelsgeduld. Im Saal ist es, und so gehört es sich auch, mäuschenstill. Trauerfeierlichkeiten pflegen geräuschvoller zu sein. Hin und wieder wispert ein Zuschauermund in der Nähe eines Nachbarohrs eine kombinatorische Erkenntnis, ein Resultat der Ungeduld und des honorigen Wunsches, mitzudenken. Der Nachbarmund verwirft diese Erkenntnis, wobei die Flüstertöne den Schiedsrichter erreichen, der mit einer energischen Geste die Lautlosigkeit wiederherstellt. Ein Neuling in der Zuschauerschar sehnt sich jetzt vielleicht nach dem Trubel der Welt

und nimmt auf leisen Sohlen Reißaus.

Der Kiebitz, der von seinem Stuhl aus den regungslosen Pläneschmied beobachtet, macht sich aus Langeweile klar, daß die Grabesstille ein Fortschritt ist. Er vergegenwärtigt sich, was ein gewisser George Walker über den Wettkampf zwischen Charles Mahé de la Bourdonnais und Alexander McDonnell, London 1834, berichtete. Im Westminster Chess Club machte damals jeder Zuschauer seinem Herzen ungeniert Luft. Jeder redete, wie ihm der Schnabel gewachsen war. La Bourdonnais, der Weltmeister geworden wäre, wenn die Welt schon einen solchen hätte haben wollen, war des Englischen, das um ihn erscholl, nicht mächtig, war auch an Lärm gewöhnt, vergrößerte diesen sogar durch gelegentliche Lachanfälle. Robert Hübner hingegen, ein Kind unserer Zeit, wollte und brauchte die Stille. Die aber wurde, als er gegen Tigran Petrosjan einen Ausscheidungskampf zur Weltmeisterschaft bestritt, durch den Straßenlärm von Sevilla vertrieben, der in das ungünstig gelegene Spiellokal drang, jedoch nur Hübners Nerven, nicht die seines Widersachers reizte. Denn der schwerhörige Petrosjan schaltete einfach sein Hörgerät ab, was sich bei ihm schon gegen Mecking ausgezahlt hatte. Hübner brach den Wettkampf ab und hatte ihn damit verloren.

Der Plan scheint noch immer nicht ausgereift zu sein. Ein paar Tische weiter links tauscht das Spielerpaar bereits die Partieformulare aus, die dann, von Weiß und Schwarz unterschrieben, in die Obhut der Turnierleitung gelangen werden und von dort über das moderne Vervielfältigungswesen in die Öffentlichkeit. Es ist das zweite Remis in dieser Runde, nachdem am Außentisch rechts die Gegner schon vor einer halben Stunde die Lust verloren, wenn nicht gar eine vorher getroffene Absprache eingehalten hatten. Das wäre also eine Großmeister- oder Salonremise, über die sich der zahlende Zuschauer vergeblich ärgert. Der Kiebitz ist froh, einem Spieler nahe zu sein, der durch sein endloses Sinnen beweist, daß es ihm ernst ist um seine Partie und deren Schwierigkeitsgrad. Die Endlosigkeit ist natürlich nur ein subjektiver Eindruck, denn die Schachuhr tickt unerbittlich. Für 40 Züge hat der Spieler zwei oder zweieinhalb Stunden Zeit, die er sich nach Belieben einteilen kann. Verschwendet er sie zu einem großen Teil für den strategischen Plan, muß er später zum

«In einigen Fällen dient das Schachspiel der Befriedigung von Größenphantasien, in anderen ist es eine unter anderen Formen intellektueller Betätigung, von denen es sich insofern unterscheidet, als es größere libidinöse Befriedigung verschafft als die normalen Tätigkeiten des Intellektuellen.»

Reuben Fine

Rechts: *Am Brett war Bobby Fischer stets ein Gentleman. Sicher, er wollte den Gegner vernichten, «killen», aber nur mit geistigen Mitteln, nicht mit Mätzchen. Wolfgang Unzicker hat einmal seine Begegnungen mit Fischer beschrieben und dem ihm überlegenen Großmeister tadellose Manieren bescheinigt. Hinter den Bauern und Offizieren saß kein «Enfant terrible», sondern ein reifer, wenngleich nicht alter Meister.*

Michail Tal aus Riga (Lettland) hatte 1960 Botwinnik den Titel abgenommen und 1961 wieder zurückgegeben. Den Ruf, der Hexenmeister zu sein, hat Tal erst sehr viel später verloren. Das Bild zeigt den 25jährigen Exweltmeister bei der Europa-Mannschaftsmeisterschaft in Oberhausen.

Rechts: *Boris Spassky ist ein großer Könner, ein glänzender Praktiker, ein kleiner Faulpelz und ein den Freuden des Lebens zugewandter Genießer.*

Ausgleich mit ihr geizen. Selbst wenn die Partie mit 40 Zügen noch nicht entschieden sein und nach dem Abendessen als Hängepartie weitergespielt werden sollte, wird diese Sitzung vier oder fünf Stunden dauern und keine Minute länger. Vier oder fünf: Die kürzere Frist, von Vereinen bei ihren Kämpfen schon immer eingehalten, wird seit neuestem auch bei den Auseinandersetzungen der Elite beachtet. Wann immer auch die Zäsur erfolgt, wichtig ist, daß sie überhaupt eingeführt wurde. Aus den Jahrhunderten ohne Zeitkontrolle, dem 18. und 19. etwa, sind die kuriosesten Geschichten überliefert. Jeder dachte nach, solange er wollte, und wenn er

deshalb auch gehänselt wurde, so war und blieb er doch am Zug. Von manchem kurzen Nickerchen wird erzählt, auch davon, daß einer, der seit zwei Stunden an der Reihe war, vergessen hatte, daß er es war. Kaum zu glauben, daß in England ein «Patzer» namens Mucklow einfach so lange untätig ausharrte, bis sein stärkerer Gegner nach Hause mußte und aufgab.

Wenngleich es zu einem solchen Sieg des Sitzfleisches über den Geist heute nicht mehr kommen kann, muß sich unser Kiebitz weiterhin gedulden. Der Gegner des Pläneschmieds geht im Hintergrund auf und ab. Er bewegt sich wie in einem goldenen Käfig. Es handelt sich da um ein Areal, von dem die Zuschauer ferngehalten werden, sei es durch ein Seil oder eine Bühnenrampe. Ein eigenes Buffet und eigene Waschräume mögen die Qualitäten des Veranstalters bezeugen. Der Gegner, des Wanderns überdrüssig, setzt sich wieder an den Tisch, erhebt sich jedoch, des Sitzens müde, bald wieder aufs neue. Irritiert ist der Gegner keineswegs, denn seine Zeit ist es ja nicht, die verstreicht. Der Kiebitz beginnt, die Engelsgeduld für Schafsgeduld zu halten. Er

«Die Großmeister
kochen auch nur mit Wasser,
wenn auch
mit heißerem als wir.»

Andreas Dückstein

Links: *Das ist kein Pokergesicht. Wolfgang Unzicker gehört zu denen, die ihr Innenleben nur schwer zu verbergen wissen. Solchen Menschen ist die Anstrengung anzumerken, mit der sie ein Variantenbündel begutachten, die Verzweiflung, mit der sie einen Ausweg aus einer vielleicht verlorenen Stellung suchen, aber auch die Genugtuung, mit der sie dem für sie glücklichen Ausgang der Partie entgegensehen.*

Schachspieler und ein bißchen Schauspieler – der Armenier Tigran Petrosjan. Er weiß, daß der Turnierteilnehmer auf einer Bühne steht, den Blicken des Publikums, vor allem des Gegners, schutzlos preisgegeben. Ein wenig Verstellung kann da nicht schaden. Was in Petrosjan wirklich vorging, hat selten jemand erfahren. Auf jeden Fall hatte er, wie Euwe schrieb, «eine schier unüberwindliche Geduld».

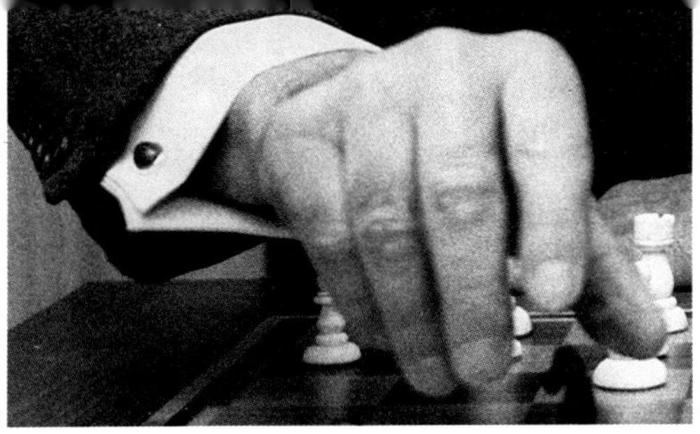

wendet sich, ein Zeichen leichter Erbitterung, innerlich dem Aspekt der Herrenmode zu. Die Spieler sind lässig bis nachlässig gekleidet. Der Kiebitz erinnert sich an gutsituierte Großmeister, die in ausgefransten Jeans und durchlöcherten Segeltuchschuhen zur Arbeit erschienen. Im ersten Drittel unseres Jahrhunderts, als der Österreicher Carl Schlechter an Entkräftung zugrunde ging und Emanuel Lasker sich überlegte, ob mit Bridge nicht mehr Geld zu verdienen sei, war die Kleidung der Turnierteilnehmer vom Stehkragen bis zu den Gamaschen korrekter. Die Spieler legten Wert darauf, als Herren aufzutreten, mochte ihnen auch der Magen knurren.

Der Pläneschmied reckt sich ein wenig, zieht aber nicht. Es war eine Zuckung des Körpers, die dem Kiebitz nur deshalb nicht entgangen ist, weil er sehnsüchtig einer Veränderung der Stellung harrt. Schon mehrmals hat er geglaubt, die rechte Hand des Spielers greife nach einem Stein, während sie in Wirklichkeit nach dem Kinn oder dem Hinterkopf griff. Unter solchen unbeabsichtigten Irreführungen leidet vor allem der Augenzeuge von Weltmeisterschaftskämpfen, weil da wirklich nur zwei Individuen zu besichtigen sind und nicht wie bei einem Turnier ein gutes Dutzend. Wer wohl wird der nächste Titelträger sein? Der Kiebitz hängt dieser alle Schachfreunde bewegenden Frage nach, blickt dabei gedankenverloren auf ein Stuhlbein oder eine Tischkante und gewahrt plötzlich, daß der Zauderer vor ihm auf seinem Partieformular einen Zug notiert. Unversehens ist einer geschehen. Der Gegner, der das Brett nie aus den Augen verloren hat, eilt herbei, sucht und sieht im Bruchteil einer Sekunde die Veränderung und bringt sie seinerseits zu Papier. Endlich.

Das Ereignis braucht keine Offenbarung zu sein. Vielleicht ist es für den Kiebitz sogar ein Rätsel. Denn im Gegensatz zu dem Aha-Erlebnis, das der Einstieg in eine zündende Kombination vermittelt, stiftet der Ansatz zu einer weitreichenden strategischen Unternehmung in ungeübten Köpfen ein wenig Verwirrung. Doch sogar der alte Miguel Najdorf hat, als er den Meraner Weltmeisterschaftskampf Karpow – Kortschnoj in einem Nebenraum kommentierte und plötzlich einen Zug trotz sichtbarer Inanspruchnahme seines Großmeisterkopfes nicht kapierte, seine Verständnislosigkeit mit der Auskunft «Das ist ein strategischer Zug» zu vertuschen versucht. Tatsächlich ist das Unbegreifliche entweder ein Fehler oder der Gipfel der Raffinesse. Es könnte zum Beispiel sein, daß ein Vorstoß auf dem Damenflügel eingefädelt werden soll. Nun gut, doch wird der Gegner, wie der Kiebitz nach mühseliger Überlegung erkennt, den Vorstoß durch eine Umgruppierung seiner Streitkräfte abzufangen wissen. Genau das ist beabsichtigt. Soll nur der Gegner auf dem Damenflügel die Oberhand behalten. Denn während er sie behält, schwenken drei Figuren des Angreifers auf den von der Verteidigung entblößten Königsflügel. Derart sind Spielpläne im Schach.

Setzen die Spieler auch andere Mittel ein als rein geistige? Und ob. Millionen von Menschen spielen, und es wäre eine Abnormität, wenn sich

Vlastimil Hort: «Wen es reizt, mit mir zu diskutieren, der findet mich bei den verschiedensten Veranstaltungen, und nach getaner Arbeit bin ich meistens in der richtigen Stimmung zu einem Plausch.» Der in der Bundesrepublik lebende Tscheche Hort, der diese Einladung an alle Schachfreunde in seinen «Begegnungen am Schachbrett» aussprach, ist ein umgänglicher Mensch und kein schlechter Lehrer.

als einen Sport, der den ganzen Menschen fordert.» *Willi Weyer*

unter diesen Millionen nicht mehrere schwarze Schafe befänden. Gegner sind Tischgenossen. Da sind die Entfernungen nicht groß, etwa die von einer Schuhspitze zum gegnerischen Schienbein oder die von der niesenden Nase zum anderen Gesicht. Tabakrauch und Knoblauchduft verstehen es, sich bemerkbar zu machen. Manche Leute können mit leerem Mund schmatzen, andere ohne Erkältung unentwegt schnauben. Es ist nicht nötig, sich derlei anzugewöhnen; es genügt der Vorsatz, sich so etwas nicht abzugewöhnen. Großmeister allerdings achten auf eine Verfeinerung der Sitten – nicht unbedingt aus Sittenstrenge, sondern aus Angst, es könnte der Eindruck entstehen, sie seien auf Mätzchen angewiesen. Den-

Der entscheidende Augenblick. Lange mögen Gegner und Publikum auf ihn gewartet haben. Ist der Spieler noch frei in seinen Entschlüssen? Es gilt die Regel «Berührt – geführt». Die Figur, die angefaßt wurde, muß auch gezogen werden, selbst wenn es dem Spieler plötzlich wie Schuppen von den Augen fallen sollte, daß der Griff nach einem anderen Stein besser gewesen wäre. Doch immer noch hat der Spieler die Wahl zwischen mehreren Feldern. Deshalb sein Zögern.

Rechts: Jung, hochtalentiert und seelisch aber leicht aus der Bahn zu werfen ist Gata Kamsky, ein Russe, der in den Vereinigten Staaten lebt. 1996 forderte er in Elista, Kalmückien, den FIDE-Weltmeister Anatoli Karpow heraus. Die Niederlage – 7 1/2 : 10 1/2 Punkte – hat Kamsky ein wenig demoralisiert.

Um die «sowjetische Schachschule» ist nach dem Zweiten Weltkrieg viel Aufhebens gemacht worden. Handelte es sich um ein Gebäude, eine Institution oder eine Lehre? Sowjetische Spieler sagten, es sei eine Methode. Über die Erziehung der jungen Talente wachte ein Kollektiv von Großmeistern, Trainern und Funktionären. Kamen die Spieler zum ersten Mal außer Landes, waren sie in der Regel schon sehr stark. So geschah es mit Anatoli Karpow (unten), so auch mit Artur Jusupow (oben), der heute in Deutschland lebt.

noch ist es bei einem Wettkampf in Belgrad Boris Spassky gelungen, das Publikum zum Lachen und dadurch den Rivalen Viktor Kortschnoj zur Raserei zu bringen. Auf der Bühne, wo es warm und nicht zu hell war, probierte Spassky zwei Kopfbedeckungen aus, eine Wollmütze und eine Sonnenblende. Der Blick Michail Tals, des Hexenmeisters der Kombinationen, wurde von einigen Widersachern als ziemlich durchdringend empfunden. Einer von ihnen, der Ungar Pal Benkö, der 1956 in die USA geflohen war, setzte daher zum Spiel eine Sonnenbrille auf. Tal, nicht träge, besorgte sich ebenfalls eine dunkle Brille, ein ausgefallenes Modell mit übergroßen Gläsern, über die sich der Gegner mehr erregte als zuvor über die Blicke. Ein Protest beim Schiedsrichter bewirkte nichts. Benkö quittierte nur das Gelächter der Kiebitze. Außerdem rauchte Tal. Bei ihm hätte die verbrauchte Bedenkzeit nach Zigarettenlängen gemessen werden können. Viele Schachspieler rauchen im Dienst. Irgendwie, die Gesundheitsapostel mögen diese Anmerkung verzeihen, paßt es zu ihnen. Nicht wegen der Metapher «rauchende Köpfe», sondern weil es ein Sinnbild höchster innerer Anspannung ist, wenn die aufrechtgehaltene Zigarettenasche lang und länger wird, ohne abgestreift zu werden, wenn die Glut gewissermaßen hautnah an die Finger herankommt, ohne daß jemand es wagen dürfte, den Großmeister auf die Gefahr aufmerksam zu machen. Weltmeister Botwinnik war gegen Rauch allergisch, ein Grund für ihn, sich von seinem Trainingspartner, dem Raucher Wjatscheslaw Ragosin, unentwegt anblasen zu lassen. Methodiker, der er war, steuerte Botwinnik das Ideal der Empfindungslosigkeit an. Ein Übel verschwindet durch Beseitigung oder durch die Kunst, es nicht mehr als Übel wahrzunehmen. Der Selbstschutz dem Alkohol gegenüber war einfacher. Wohl hätte Botwinnik das Ideal der Trinkfestigkeit verfolgen können, um während einer wichtigen Partie bei klarem Verstand zu sein. Stattdessen verschmähte er jeden Tropfen, und zwar schon Monate vorher.

Die wahre Großmeisterbosheit ist das Remisangebot aus heiterem Himmel. «Warum», soll der Gegner sich fragen, «bietet der Kerl ausgerechnet jetzt Remis an, wo ich doch gerade so schön in Schwung bin? Sieht der Bursche womöglich etwas, was mir entgangen ist? Unsinn. Ich werde das Angebot ablehnen. Wenn ich es aber ablehne, bin ich zum Sieg moralisch verpflichtet. Aber kann ich denn auch dann siegen, wenn er die Ablehnung krumm nimmt und vor Zorn besser spielt als bisher?» Jetzt, da der Zweifel nagt, heißt es, das Pokergesicht wahren. Jeder Turnierteilnehmer bemüht sich, eine Miene zur Schau zu stellen, in der niemand lesen kann. Doch die Körpersprache verstummt nicht auf Befehl. Den einen verrät die gerötete Ohrspitze, den anderen die blasse Nase, einen Dritten die Furche zwischen den Augenbrauen. Jeder Großmeister hat seine persönliche Art, wie zufällig den Gegner kurz und

scharf zu mustern. Weltmeister Karpow hatte auf seinen Nachfolger Kasparow schon manchen verstohlenen, aber festen Blick geworfen, als jener eines Tages sich zusammennahm und eine Nervosität heuchelte, die ihn nicht im mindesten ergriffen hatte. Das sind Feinheiten, die dem gewöhnlichen Zuschauer verborgen bleiben. Ihm drängt sich der gröbere Eindruck auf, die Spieler könnten, von einem bösen Geist heimgesucht, zur Salzsäule erstarren. Hübsche Geschichten wie die, ein Spieler habe aus Geistesabwesenheit mit einem Läufer statt mit einem Löffel im Kaffee gerührt, begegnen ihm höchstens in der Literatur, kaum im Turniersaal.

Unser Kiebitz hat plötzlich das prickelnde Gefühl, der Knalleffekt stehe bevor. An zwei anderen Brettern sind schon Siege errungen worden, stille Triumphe, die das hartnäckige allgemeine Schweigen nicht durchbrechen. Die jeweiligen Spieler analysieren ihr Werk, indem sie es rekapitulieren, Varianten vorführen und dabei eine spezifische Taubstummensprache anwenden. Hinter dem Rücken des Kiebitzes formiert sich eine Menschentraube. Die Partie spitzt sich zu, weil der Plan im großen und ganzen gelungen, derjenige jedoch, der ihn ersonnen hat, in fürchterlicher Zeitnot ist. Noch sechs Züge sind zu machen, bevor auf dem Zifferblatt der Uhr das Metallfähnchen fällt, das der Minutenzeiger zu heben schon begonnen hat. Der Spieler muß diese sechs Züge nicht mehr wie der Gegner aufschreiben, sondern nur noch auf seinem Formular abhaken, doch ausknobeln und ausführen muß er sie, und zwar die richtigen. Da, ein Damenzug, ein Klaps auf die Uhr, ein Strich aufs Papier. Der Gegner hat noch verhältnismäßig viel Zeit, doch die weitaus schlechtere Stellung. Kaum hat er gezogen, kommt auch schon die Antwort wie aus der Pistole geschossen. Beim nächstenmal verbraucht der Angreifer eine kleine Ewigkeit – ganze fünf Sekunden. Doch dann geht es wieder Schlag auf Schlag. Da, der 40. Zug. Kurz darauf fällt das Metallfähnchen. Noch zwei Züge, und der Angreifer hat gewonnen. Grandios! Psst! Bitte kein Aufruhr! An anderen Brettern wird noch gespielt.

Hätte ein dienstbarer Geist im Hintergrund das Demonstrationsbrett bedient und mit magnetisch haftenden Symbolen die Partie nachzuvollziehen versucht, wäre er gegen Schluß nicht mehr mitgekommen. Das ist der Nachteil dieses Informationsmittels. Moderner und besser ist die Nabelschnur der Elektronik. Der auf ein Feld des Brettes plazierte Stein löst Impulse aus, und auf den Bildschirmen, mögen sie im Turniersaal oder sonstwo stehen, erscheint die Diagrammstellung.

An den meisten großen Turnieren nehmen nicht nur Kapazitäten teil, sondern auch deren Kanonenfutter. Die 1988 gegründete «Großmeister-Assoziation» aber bringt es mit ihren Weltcup-Turnieren wieder einmal zuwege, daß die Crème de la crème unter sich ist. Die Partien müssen deshalb nicht besser sein. Schachschönheit ist nicht bestellbar, doch scheint die günstigste Voraussetzung dafür, daß sie zur freudigen Überraschung des Publikums hervorgebracht wird, immer noch die Paarung mit kleinem,

Der Ukrainer Wassili Iwantschuk (oben) hat ganze Schachbibliotheken im Kopf. Ein gutes Gedächtnis ist in der Turnierpraxis viel wert. Dennoch ist jede Partie anders und neu. – Ruhige Energie und ein gutmütiger Gesichtsausdruck kennzeichnen den Russen Wladimir Kramnik (oben links). Mit großem Erfolg pflegt er einen dynamischen Positionsstil, bei dem die Stellung langsam, aber sicher verbessert wird. Die große Kombination soll schließlich der strahlende Abschluß sein.

Er spielt, wie jeder gern spielen würde: einfallsreich und unverkrampft. Der Inder Viswanathan Anand führt im Turnier seine Züge zügig aus und besticht durch eine intellektuelle Natürlichkeit, die aussieht als sei sie leicht zu erwerben. Tatsächlich aber ist kaum etwas schwieriger. In der Weltrangliste ist er Zweiter nach Kasparow, dem er 1995 in New York beim Kampf um die Weltmeisterschaft mit 7 1/2 : 10 1/2 Punkten unterlag.

Mundus vult decipi – die Welt will betrogen sein. Die Tür des Schachautomaten ist geöffnet, und jeder sieht, daß er aus Walzen, Rädern und Schrauben besteht. Doch im entscheidenden Moment ist die Tür eben geschlossen und ein Schachmeister im Gehäuse versteckt. Der malerische Türke ist eine Marionette, hat jedoch dem Schachautomaten des Wiener Hofrats von Kempelen den Spitznamen gegeben. Der «Türke», der zuerst 1770 am Hof Kaiserin Maria Theresias vorgestellt wurde, präsentierte sich in vielen Hauptstädten Europas als nicht zu unterschätzender Gegner.

aber deutlichem Qualitätsunterschied zu sein. Auch nicht die Kandidatenwettkämpfe als Vorspiele zu den Weltmeisterschaften, ja nicht einmal diese selbst garantieren berückende Zugfolgen.

Zum Schach gehören zwei. Doch ist eine Methode entwickelt worden, dem zweiten die körperliche Anwesenheit zu ersparen. Er muß nur postalisch erreichbar und bereit sein, mit einem Partner auf vorgedruckten Karten über Monate hinweg zu korrespondieren. Auf der Einsamkeit des Denkers beruht der Reiz – auf der angeblichen Gründlichkeit der Gedanken der gute Ruf des Fernschachs. Im Büro, im Bus, in der Badewanne und

Die Schachcomputer (auf dem Bild «Mephisto») sind vorzügliche Trainer. Mit verblüffender Geschwindigkeit und gnadenloser Unbestechlichkeit weisen sie jeden taktischen Fehler nach. Das Falsifizieren von Varianten und Analysen ist ihre Stärke.

vor dem Bücherschrank mit der vielen Schachliteratur kann der Fernspieler seinen nächsten Zug ausbrüten. Was dabei herauskommt, ist verblüffenderweise nicht hintersinniger oder schwungvoller als die Geistesprodukte des Nahschachs. Auch sind bei offiziellen Turnieren mehrere Korrespondenzen gleichzeitig zu führen. Wie auch immer, der Kuß der Muse läßt sich nicht organisieren.

1770 präsentierte Baron Wolfgang von Kempelen am Hof der Kaiserin Maria Theresia einen Schachautomaten, einen vor dem Brett sitzenden lebensgroßen «Türken», angetan mit einem kleidsamen Turban. Der automatische Türke schlug jeden lebendigen Wiener. In der Kiste unter dem Brett waren Stangen, Walzen und Räder zur Besichtigung freigegeben. Dank einiger Spiegel sahen die Leute jedoch mehr Metall, als vorhanden war, so daß Platz blieb für eine den Arm des Orientalen dirigierende Fachkraft. Noch im 19. Jahrhundert waren solche Versteckspiele gehörige Sensationen, denn allzu gern läßt sich der moderne Mensch von der Frage nach seiner künftigen Überflüssigkeit kitzeln. Mittlerweile sind die Schachcomputer da. Ein für allemal sei wiederholt, was ein britischer Computerspezialist sagte: Die Menschheit werde das Schachspiel nicht aufgeben, wie sie auch den Hundertmeterlauf nicht aufgibt, obwohl die Autos schneller fahren können. Trotzdem wollen die Leute wissen, ob eines Tages der beste Computer den Weltmeister besiegen werde. Zu seinem Glück vermag auch hier der Mensch nicht in die Zukunft zu blicken – zu seinem Pech kann es nicht einmal der Computer. Zur Zeit entspricht die Stärke eines ausgereiften Computers der eines exzellenten Amateurs. Doch selbst wenn irgendwann einmal die Maschine den fähigsten Menschen überwinden sollte, wäre bei der anschließenden Siegesfeier ein Loblied auf das humane Schachhirn fällig, das sich den Nachstellungen der Elektronik so hartnäckig und lange hatte entziehen können. Denn der kluge Mensch macht es sich einfach. Von sagen wir 40 Möglichkeiten, die sich in einer bestimmten Mittelspielsituation ergeben, würdigt er 30 nicht der geringsten Aufmerksamkeit. Von den

Im Mai 1997 besiegte in New York der beste Computer erstmals den besten Schachspieler. «Deep Blue» von IBM, der in der Sekunde 200 Millionen Varianten durchrechnen konnte, schlug Garri Kasparow in einem Sechs-Partien-Wettkampf 3,5 : 2,5. Der 1,4 Tonnen schwere Rechner rechnete nicht nur, sondern entwarf auch Strategien und beurteilte Stellungen. Kasparow sagte nach der letzten Partie: «Ich schäme mich.»

Rechts: *Honoré Daumier. Die Schachspieler, 1864/65. Gemälde auf Holz.*

«Daß das Schachspiel, diese wunderbare Gabe aus dem Morgenlande, nicht nur das edelste und schönste aller Spiele ist, sondern, auch an der Grenze von Spiel, Kunst und Wissenschaft stehend, zu den größten geistigen Genüssen gehört, diese Behauptung wird jeder Schachspieler gerne bestätigen.»

Siegbert Tarrasch

restlichen zehn läßt er nach kurzer Überlegung sechs links liegen. Vier Möglichkeiten zieht er in Erwägung, wobei er sich hütet, allen vorstellbaren Konsequenzen nachzuspüren. Er rechnet nur voraus, wenn er spürt, daß es sich lohnen könnte. Denn er hat Intuition, Erfahrung, Positionsgefühl. Der Computer hingegen macht es sich schwer; er rechnet und rechnet, als ginge es um sein Leben. So töricht kann gar kein Gedanke sein, daß er ihn nicht aufgriffe. Rümpfe jedoch keiner die Nase: Fleiß ist kein schlechter Ersatz für Talent.

Der Taktiker weiß, was er zu tun hat, falls es etwas zu tun gibt; der Stratege erfaßt, was er zu tun hat, wenn es nichts zu tun gibt. Im Sinne dieses weisen Scherzwortes ist der Computer ein blendender Taktiker. Einen König matt setzen, der keine Chance mehr hat, eine Dame fangen, die in jeder Variante verloren ist – das schafft er in null Komma nichts. Die reinen Lösungen, kompliziert, aber rein, sind seine Domäne. Im Angesicht von Schachrätseln, wie sie die Zeitungen veröffentlichen, ist er in seinem Element. Doch wehe, es gibt nichts dergleichen zu erledigen. Dann tappt der Computer mit der Energie und Emsigkeit eines Haufens von Ameisen im dunkeln. Im Fach Strategie hat er noch viel zu lernen. Aber er lernt, daran besteht kein Zweifel, auch hier. Der Computer wäre auf der Höhe des homo sapiens, wenn er es über sich brächte, einen Plan zu fassen, einen positionsgerechten, der besten Gegenwehr gewachsenen Plan, ähnlich dem, auf den der Kiebitz so lange gewartet hat.

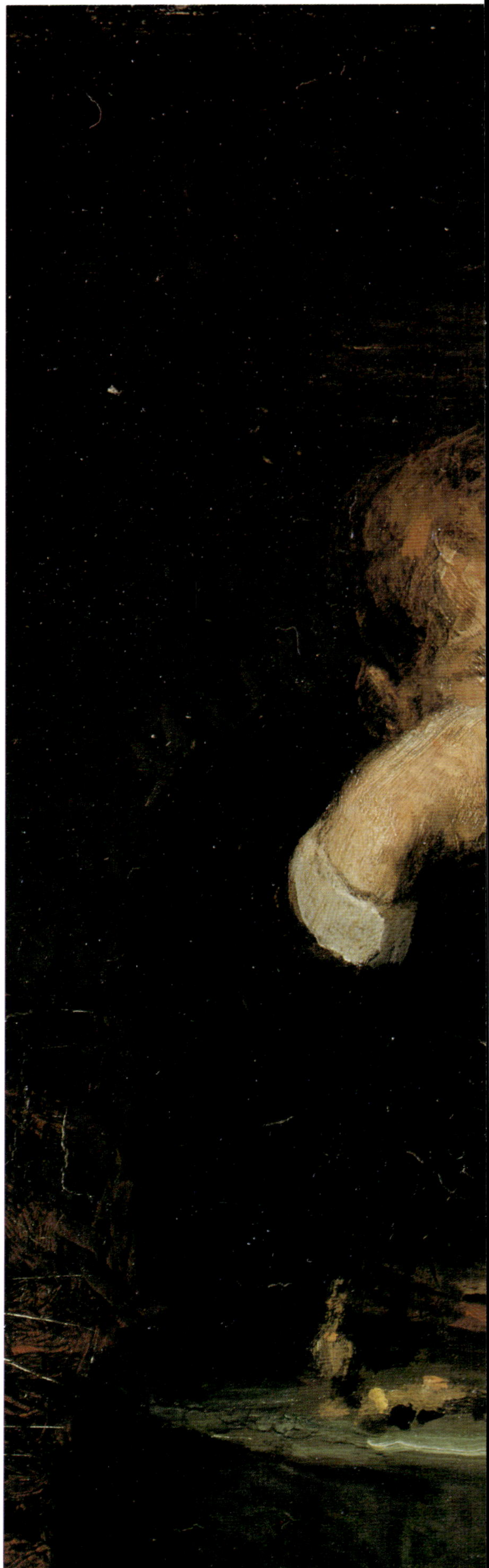

«Spielzeuge sind wir, wie's dem Himmel gefällt. Das ist wahr, kein Gleichnis; das Schachbrett der Welt sieht etwas uns spielen, bis eins nach dem andern zurück in den Kasten des Nichtseins fällt.»

Omar Chaijam,
persischer Dichter (1048 – 1131)

RITTER, BÜRGER, FRAUEN

Miniatur und Text aus einer Handschrift (1407) von Jacobus de Cessolis. Bayrische Staatsbibliothek, München.
«Das Roch (der ‹Turm›) soll ein auf dem Pferde sitzender Ritter mit einem Fellmantel und einer fellverbrämten Kopfbedeckung sein. In seiner rechten Hand soll er ein Reis tragen. Er bedeutet Statthalter und Legat des Fürsten.»

Rechte Seite: *Letzte Seite des Schachbuches von Alfons dem Weisen. In einem Zelt, vor dem zwei Lanzen stehen, spielen ein christlicher Ritter und ein Muslim Schach. Eine einladende Geste des Muslims weist auf eine Flasche und Trinkbecher.*

Aus Elfenbein sind das Schachbrett und die Figuren, an denen die Blicke des 14jährigen Tristan hängenbleiben. Er ist ein aufgeweckter Edelmann, ein Musterknabe im Sinn des Mittelalters. Alles, was zu lernen gewesen ist, kann er: in mehreren Sprachen parlieren, mit verhängtem Zügel galoppieren, den Pfeil durch die Mähne eines mit heiler Haut davonkommenden Pferdes schießen, den Falken jagen und abrichten, das Wild erlegen und ausweiden. Auch das Schach hat es ihm angetan. Deshalb faszinieren ihn die Intarsien des Bretts und die kunstvoll geschnitzten Figuren mehr als Hermeline, Walroßzähne, Edelsteine und die übrige kostbare Fracht eines vor der französischen Küste ankernden norwegischen Handelsschiffs. Zu seinem Unheil imponiert er den fremden Händlern. Sie komplimentieren ihn in ein an Deck aufgeschlagenes Zelt und bieten ihm die Gelegenheit zu einer Schachpartie. Tristan konzentriert sich, zieht, sinniert, kombiniert, grübelt, greift an und setzt schließlich mit einem Damenzug seinen Gegner matt. In dem Augenblick, in dem er sich zufrieden zurücklehnt, hört er das Meer rauschen. Das Schiff befindet sich auf offener See. Er ist entführt worden.

Das ist eine Episode aus dem mehrfach aufgegriffenen Romanstoff «Tristan und Isolde». Wunderbar die Darstellung, wie sich ein Mensch in das Spiel versenkt und darüber mit der ganzen Welt auch jede Vorsicht vergißt! Doch «Tristan und Isolde» ist keine Schachnovelle, sondern eine Liebesgeschichte. In der mittelalterlichen Epik spielt das Schach eine

«Es ist für den Ernst zu viel Spiel
und für das Spiel zu viel Ernst.»

Gotthold Ephraim Lessing

Unten: *Minne, Jagd und Schach füllten den Alltag der Ritter aus. Szene aus dem Schachbuch König Alfons' des Weisen.*

durchaus bemerkenswerte, meistens sogar sympathische, alles in allem aber kleine Rolle. Viele Dichter waren der Meinung, es ziere den Mann, wenn er den Helm abnehme und mit seiner Kriegerhand nach zierlichen Figuren greife. Sie fanden übrigens auch, es ziere die hohe Frau – doch wollen wir vom weiblichen Geschlecht erst später reden. Das hohe Sozialprestige der Schachpartie ist das eine, deren Häufigkeit im täglichen Leben das andere. Unter allen Kulturtechniken, die Zeit totzuschlagen und

«Besserung des Königs,
Streben, dem Nichtstun vorzubeugen,
und Schulung des vorausschauenden
logischen Denkvergnügens.»

Jacobus de Cessolis

Reihe oben: *Miniaturen aus der Manesse-Handschrift, die um 1330/40 in Zürich entstand. Dargestellt sind der bedeutende Dichter Wolfram von Eschenbach, Tristan von Hamle, Walther von Klingen und Markgraf Otto IV. von Brandenburg, der mit einer Dame Schach spielt. In der höfischen Welt des Mittelalters erfreute sich das Schach großer Verbreitung und Wertschätzung. Auch die Damen spielten.*

die Langeweile zu vertreiben, galt Schach als eine besonders edle. Das erlaubt jedoch noch nicht den Rückschluß, die Ritterschaft habe von dieser Möglichkeit ausgiebig Gebrauch gemacht. Auch heutzutage taucht in Filmen oder in der Werbung sporadisch das Schachspiel auf. Das soll meistens nicht mehr sein als ein Hinweis auf gesittete Verhältnisse oder eine gewisse Durchtriebenheit der zur Schau gestellten Personen.

Die Ritter, denen der ehrenvolle Ruf zuteil geworden ist, die ersten christlichen Schachspieler gewesen zu sein, waren normalerweise gepanzerte Reiter. Die für sie typische Sitzgelegenheit war der Sattel, nicht der Stuhl. Viele von ihnen lagen entweder in Fehde oder auf der faulen Haut. Selbst die Ideale des Rittertums bezogen sich nicht auf Denksport, sondern auf körperlichen Einsatz. Der Ritter hatte den Menschen, die gut und schwach waren, beherzt und aufopfernd beizustehen und für diejenigen, die unschuldig verfolgt wurden, im wahrsten Sinne des Wortes eine Lanze zu brechen. Im Schach hingegen ist Schwäche nur ein Anlaß, sie auszunützen, und Unschuld keine Kategorie. Trotzdem erfüllten die Ritter zwei wichtige Voraussetzungen für eine gehobene Schachpraxis: Es ging ihnen gut, und sie hatten Zeit. Wer den ganzen Tag über schuften muß und abends hundemüde ins Bett fällt, spielt nicht Schach, es sei denn zu Betäubungszwecken. Schach erfordert Muße. Diese beruht, von der erzwungenen Muße des Gefangenen einmal abgesehen, auf der zumindest zeitweiligen Freiheit von drückenden Sorgen und drängenden Verpflichtungen. Auf einem hohen Lebensstandard beruht sie nicht. Übrigens ist Lebens-

Papst Innozenz III. (1198–1216) auf einem Mosaik, das die Apsis der antiken Basilika von St. Peter in Rom ziert. Als machtbewußter und diplomatisch geschickter Kirchenfürst war er eine der herausragenden Gestalten des Hochmittelalters.

Der Dominikanermönch Jacobus de Cessolis predigte Moral und lehrte Schach – und vermengte eines mit dem anderen. Sein Schachbuch wurde zum Bestseller für Generationen, mußte also tausendmal abgeschrieben werden. 1458 schenkte Johann Pachmann aus Amberg, ein Pariser Bakkalaureus, diesen Band dem Kurfürsten Friedrich von der Pfalz. 1988 erschien eine Faksimile-Ausgabe des in der Bibliotheca Vaticana aufbewahrten Originals.

standard relativ. Nach mittelalterlichen Vorstellungen von Zivilisation war der Lebensstandard der Ritter großartig, nach unseren zum Erbarmen.

Besser als zum Reiter unter freiem Himmel paßt das Schachspiel zum Klosterbruder. Unter Geistlichen war die Zulässigkeit einer Beschäftigung mit Türmen und Läufern umstritten, weniger wegen der bibelfernen Kombination als wegen des Mammon, um den gemeinhin gespielt wurde, und wegen der Handgreiflichkeiten, in die mancher erboste Verlierer den geistigen Kampf ausarten ließ. Immerhin stand ein Gigant unter den Kirchenführern, Papst Innozenz III., nicht so hoch, als daß ihm nicht mit bester Absicht, wenn auch wohl fälschlicherweise, die Autorschaft an einem bekannten Schachbuch hätte in die Schuhe

geschoben werden können. Das wichtigste literarische Werk dieser Art jedenfalls stammt von einem Dominikaner, dem bereits erwähnten Jacobus de Cessolis. Schon der Titel seines Werkes zeigt, daß es dem Verfasser neben dem Spiel auch um die Sitten der Menschen und die Pflichten der Adligen geht. Es stellt sich dann heraus, daß auch bürgerliche Pflichten zur Sprache kommen, zum Beispiel die des Arztes. Wie das? Ganz einfach, der Arzt wird durch den Damenbauern repräsentiert. Bruder Jacobus hat nämlich die Bauern oder Fußsoldaten bis auf den h-Bauern in Vertreter bürgerlich-städtischer Berufe verwandelt. Auf f2 etwa steht der Tuchmacher und mit ihm auch der Färber, Schneider und Kürschner, auf e2 der Kaufmann und Geldwechsler, auf d2 der Arzt oder Chirurg oder Apothe-

Aus der Einleitung von Gerhard F. Schmidt zu einer deutschen Ausgabe des Schachtraktates:

«Von Jacobus, einem zweifellos in der Lombardei beheimateten Dominikaner, ist nur bekannt, was er im Eingangskapitel seiner Schrift über sich selbst aussagt. Als Prediger war er auf den Gedanken gekommen,

Links der König auf dem Thron mit Zepter und Reichsapfel. Rechts die Königin (Dame), das Herrscherpaar steht an der Spitze der mittelalterlichen Gesellschaftspyramide.

das im Mittelalter allgemein bekannte und beliebte Schachspiel heranzuziehen, um an seine Figuren, an ihre Auslegung auf die höheren und niederen menschlichen Stände (die Geistlichkeit schloß er aus), an ihre Verteilung und Züge auf dem Schachbrett und an die Einrichtung des Schachbrettes selbst in der Form eines Predigtzyklus allerlei Betrachtungen und Lehren zu knüpfen und diese durch zahlreiche beispielhafte Erzählungen vor allem aus der antiken, seltener aus der biblischen und zeitgenössischen Überlieferung zu veranschaulichen und im Gedächtnis seiner Zuhörer zu verankern. Als erfahrener Sittenlehrer hütete er sich davor, aus Eifer Geifer oder bittere Satire werden zu lassen, die Gläubigen durch allzu ausgedehnte moralische Diskurse zu ermüden oder sie womöglich durch die Erzählung von Geschichten allgemein bekannten Inhalts, z.B. biblische Geschichten oder Heiligenlegenden, zu langweilen. Dieser Mäßigung, der geschickten, wohlabgewogenen Verteilung von Betrachtungen, erbaulichen und belehrenden Erzählungen und sich daraus ergebenden Ermahnungen, und nicht zuletzt dem Stoff der Geschichten wird es zuzuschreiben sein, daß die Predigten einen solchen Anklang fanden, daß seine Mitbrüder und Zuhörer ihn drängten, sie schriftlich niederzulegen und sie so auch anderen Seelsorgern zur Verwendung und durch sie dem Volke zur Erbauung zugänglich zu machen. In der Wahl der Erzählungen liegt wohl auch die eigentliche literar- und geistesgeschichtliche Bedeutung dieser Schrift. Wenn auch nirgends darin der Hauch eines Renaissancegeistes zu verspüren ist, so liegt doch auf der Hand, daß sie zumindest eine gewisse Kunde der vorchristlichen Antike wirklich unter die breite Masse getragen und dem gläubigen Volk heidnische Tugendhelden als Musterbeispiele vorgeführt und zur Nachahmung empfohlen hat… Jacobus willfahrte dem Anliegen seiner Mitbrüder und schrieb sein Werk in der Form eines lateinischen Traktats um das Jahr 1275.»

Von links nach rechts:

Richter (Symbol für den Läufer); Landmann und Arzt (Bauern).

Schmied und Gastwirt (Bauern).

Der Ritter (Springer); Wollmeister und Stadtschließer (Bauern).

Der Statthalter (Turm); Geldwechsler und Bote (Bauern).

Ein junger Höfling. Er sieht gut aus, und viele ritterliche Kunstfertigkeiten dürfen ihm zugetraut werden, zum Beispiel die völlige Beherrschung der Pferde und der professionelle Umgang mit Pfeil und Bogen. Von einem Mann wie ihm erwartete die Gesellschaft aber auch gute Umgangsformen sowie die Fähigkeit, sich die Zeit standesbewußt zu vertreiben, etwa durch das Schachspiel. Gemälde von Gozzoli Benozzo (1420–1497).

Rechts: *Grecos Matt. 1. Lxh7 + Kxh7 2. Sg5 + Kg6 (2. – Kg8 3. Dh5 f5 4. g6 folgt matt; 2. – Lxg5 3. hxg5 + folgt matt.) 3. h5 + Kh6 4. Sxf7 + mit Damengewinn.*

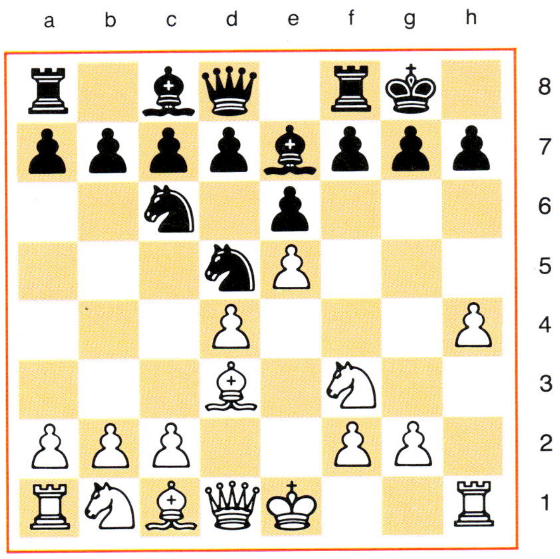

ker. Warum aber steht der Arzt ausgerechnet vor der Königin? Die Antwort sei, weil sie sonst niemand für möglich hält, im Latein des Originals gegeben: «Ante reginam vero medicus statuitur, ut castitatem in corpore habere signetur.» Das ist eine typische Argumentation: «Der Arzt steht vor der Königin, damit ersichtlich sei, daß er Keuschheit im Leibe habe.» Denn wenn er Königinnen oder andere Frauen untersuche, müsse seine Sittenreinheit gewährleistet sein. Jacobus empfiehlt ihm, viel zu lesen und zu studieren, und scheut sich in diesem Zusammenhang keineswegs, die allgemeine Überzeugung wiederzugeben, mancher Arzt sei eher ein Mörder (Occisor hominum) als ein Mediziner. Die Absicht des Dominikaners, Mißstände seiner Zeit aufs Korn zu nehmen, erhellt aus einigen hübschen Bemerkungen über die Sucht der Ärzte, ihre Meinungsverschiedenheiten ausgerechnet am Krankenbett auszutragen, in die Länge zu ziehen und zu genießen. Heftiger jedoch ist der Drang des Autors, die Antike heraufzubeschwören. Einst sei es niemandem gelungen, den großen, weil keuschen Hippokrates zu verführen, nicht einmal einer bildschönen Dirne, die sich, einer Wette gemäß, zu ihm ins Bett gelegt habe. Als die erfolglose Dirne ausgelacht worden sei, habe sie zu ihrer Rechtfertigung dieses Muster von einem Arzt nicht als Menschen, sondern als Statue klassifiziert.

Was haben Krankenbesuch und Diagnose, was Hippokrates und das Flittchen mit der Problematik eines Mittelbauern zu tun? Natürlich nichts. Jacobus und seine zahlreichen Leser wußten das auch und ergötzten sich an den Gedankensprüngen desto mehr. Beifall von allen Seiten rechtfertigte die Methode, in einem Schachbuch Moral zu predigen, in einem Moraltraktat Schach zu lehren. Heutzutage hätte es der Geistliche schwerer gehabt, weil das Publikum von einem Denker verlangt, daß er sich am Leitseil der Logik bewege. Die mittelalterlichen Köpfe hatten Sinn für Symbole und Allegorien sowie für die Kunst, Dinge zusammenzubringen, die nicht zusammengehören. Auch die neue Schicht der Stadtmenschen fand an derlei Gefallen. Das aufstrebende Bürgertum, von Nachahmungstrieben nicht frei, hatte dem Adel das Schachspielen abgeguckt. Das Bürgertum, zumal das oberitalienische, wollte jedoch auf das hinaus, was dann die Renaissance genannt wurde, eine Epoche mit neuen Lebensformen und neuen Idealen.

Der Idealtyp der Renaissance war der «Uomo universale», der wahre Antipode des modernen Europäers im 20. Jahrhundert. Der universale, das heißt vielseitige, eigentlich allseitige Mensch hatte noch etwas mehr zu wissen und zu können als der Tausendsassa Tristan. Lateinische Texte hatte er zu lesen und zu rezitieren, als wären es florentinische, in Literatur und Wissenschaft hatte er bewandert, in der Musik ein kleiner ausübender Virtuose zu sein. Verständ-

Ein Kontrastbild zur Friedlichkeit des Schachs hat im 15. Jahrhundert ein anonymer toskanischer Künstler geschaffen: «Das Civettino-Spiel». Es war eine Art Boxkampf; ein «Boxer» trat dem anderen auf den Fuß – und dann wurde die Sache mit Fäusten ausgetragen.

«Ich suche im Schach immer etwas Eigenes. Riskantes Spiel im Stile schachlicher Musketiere ist nicht meine Sache, auch wenn es vielen Freunden scharfer Wendungen gefällt.»

Anatoli Karpow 1984 in «Schach»

Ausschnitt aus einem Wandteppich von 1470, der einen «Liebesgarten» darstellt. Die Frauengestalt ist die Minnekönigin. Die Liebe hat dem Schach schon manchen Streich gespielt. Bei einem Turnier in Hastings (1962) gab eine junge Amerikanerin nach wenigen Runden mit der Begründung auf, sie sei verliebt und könne sich nicht mehr konzentrieren.

ein vorzüglicher Tänzer. Er, der die Meinung vertrat, die Menschen könnten, was sie wollten, hätte den heutigen Spezialisten, dem die Fachkenntnisse als Ausrede dafür dienen, daß er ansonsten über nichts Bescheid weiß, mit Verachtung gestraft, auf jeden Fall nicht zu sich nach Haus eingeladen. Viele moderne Großmeister hätte er für Barbaren gehalten. Sollte er überhaupt selber Schach spielen? Nicht unbedingt. Tanzen war wichtiger, Latein auch. Mochte der Alleskönner hundertmal ein Phantom sein, dessen Leibhaftigkeit immer nur in Annäherungswerten bestehen konnte, so ist es doch lehrreich, daß die Fähigkeit, Schach zu spielen, niemals als unverzichtbar gegolten hat. Weder der italienische Cortigiano noch der spanische Hidalgo, noch der französische Honnête homme, noch der englische Gentleman war moralisch oder gesellschaftlich verpflichtet, sein Augenmerk dem königlichen Spiel zu widmen. Keiner dieser Idealtypen hatte das nötig. Zum Gentleman, dem jüngsten in der Reihe, gehört es etwa, fair zu sein. Mit Fairneß aber ist im Schach nichts auszurichten, sie und ihr Gegenteil, die Unfairneß, können sich in dem geregelten Spiel gar nicht niederschlagen. Schach war nie die ganz große Mode. Das war sein Glück.

Schach hat sich nie dadurch unbeliebt gemacht, daß es mit einer Epoche, einem Stand oder Staat allzu eng verbunden war. Wäre es von einer Modeströmung mitgerissen worden, wäre es bald als unmodern verschrien gewesen. Die Sache mit den Rittern war schon riskant genug, da in der Neuzeit die geistigen Betätigungen des Mittelalters, siehe die Scholastik, mit hochnäsigem Argwohn betrachtet wurden. Der moderne Europäer ist ein wahrer Entwicklungsfetischist. Das 20. Jahrhundert hat auf die Romantik herabgeblickt, diese auf die Aufklärung, diese auf den Barock. Immer muß es weitergehen, immer etwas Neues kommen, weshalb die Anmerkung, daß die Schachregeln ein paar hundert Jahre alt sind, zur Reklame nur wenig taugt. Tatsächlich schätzt, wer dem Schach sich hingibt, nicht

«Zum Schachspiel
– diesem Berechnungsspiel par exzellence! –
gehört Glück und Glück
und noch einmal Glück!»

Savielly Tartakower

In Shakespeares «Sturm» spielen Ferdinand und Miranda Schach. Der englische Maler E. Reginald Frampton, einer der letzten Präraffaeliten, bannte die Szene auf die Leinwand.

dessen ehrwürdiges Alter, sondern dessen ewige Jugend. Hand aufs Herz: Wer von uns möchte sich in Ritterspielen üben? Wer nachäffen, was im Café de la Régence geschah? Legen doch nicht einmal Historiker Wert auf altertümlichen Lebensstil. Doch kein Mief, kein Moder umfängt die Schachgedanken. Sie sind, mögen sie auch schon durch Tausende und Abertausende von Köpfen gegangen sein, frisch wie am ersten Tag.

Schach ist ein imposanter Zeitvertreib. Schon die mittelalterlichen Autoren haben die Kurzweil gepriesen, die es auslöse. Schach ist außerdem ein Vergnügen. Wo der Spaß aufhört, beim Training und bei den Kämpfen der Profis, bleibt es doch ein Spiel, dessen Schönheit und Brillanz sich selbst genügen. Es sind dies Vorzüge, die da und dort in Gefahr schweben, als Nachteile interpretiert zu werden. In Staaten, in denen die indi-

Rechts: «*Schachmatt*», *Lithographie von Irwing Amen, 1977. Die Gesichter der Spieler sind von der Anspannung gezeichnet. Das Ende der Partie steht bevor.*

Fred Marcus hat mit seinem Cartoon eine der vielen Möglichkeiten geschildert, die Frau in der Hochzeitsnacht zu enttäuschen.

viduellen Beschäftigungen auf ihre gesellschaftliche Relevanz abgeklopft werden, haben sich einige Wortführer beeilt, den Unterhaltungswert des Spiels zu bagatellisieren, dafür aber seine Nützlichkeit herauszustreichen. Nicht von ungefähr verspüren gerade in sozialistischen Ländern Spieler und Autoren entsprechende Rechtfertigungszwänge. Nicolaj Krogius, sowje-

«Das Publikum macht sich im allgemeinen kaum klar, daß die für hartes Wettkampfschach erforderliche geistige Anspannung die körperliche Leistungsfähigkeit der Spieler in höherem Maße beansprucht als schwerathletische Übungen. Ein angesehener Arzt in Havanna, den ich während meines letzten Wettkampfes in Havanna konsultierte, sagte zu mir: ‹Ich habe mich als Amateur überanstrengt, sowohl beim Schach als auch in der Turnhalle, und ich kann mir nichts vorstellen, das alle lebenswichtigen Organe zugleich – Gehirn, Herz, Nieren und Leber – so belastet, wie die Erregung beim Schachspielen unter den Augen eines kritischen Publikums.› »

Wilhelm Steinitz

Folgende Doppelseite: *Kaffeehauspartie in Triest. Was tun? Es ist nicht das erste Mal in seinem Leben, daß der ältere Herr die Frage aller Fragen beantworten muß. Er kennt seine eigenen Schwächen, er kennt die Tücken der Stellung, doch ob er jetzt gewinnt oder verliert – morgen wird er den Kampf wieder aufnehmen.*

Clubpartie in Moskau. Was tun? Wenn dieser unbekannte Spieler so stark wäre wie die Großmeister, die sein Vorbild sind, dann könnte er die Frage vielleicht rasch beantworten. Der Schachspieler muß eben nicht nur seinen Kopf, sondern auch sein Schicksal in beide Hände nehmen.

tischer Großmeister, Psychologe und Funktionär, behauptete in seinem Buch «Psychologie im Schach», das Spiel sei mehr als ein Spiel, nämlich ein glänzendes Erziehungsmittel.

Vielleicht liebte Krogius das Schach und lobte es deshalb auf einleuchtende Weise. Es zwinge zur Konzentration, fordere einerseits gedankliche Klarheit, andererseits In-

Rechte Seite: *Die Göttin oder vielleicht auch nur Muse des Schachspiels, Caïssa genannt, ist eine Erfindung des 18. Jahrhunderts. Der Brite Sir William Jones (1746 – 1794) schrieb 1763 ein Gedicht mit diesem Titel. Der Italiener Alberto Dapietri schuf 1975 dieses Ölbild, der «Caïssa» gewidmet.*

tuition. Es ermuntere zur geistigen Selbständigkeit, denn wer sich darauf beschränke, andere Meister nachzuahmen, ansonsten aber passiv reagiere, bringe es nicht sehr weit. Auch der Segen der zur Selbsterkenntnis führenden Mißerfolge wird richtig gewürdigt. Bedenklich wird es, wenn sich der Blick des Autors weitet und unsere Zeit umfaßt, eine «Periode der wissenschaftlich-technischen Revolution». Krogius meint, daß der Schachschüler lerne, sich nicht nur auf dem Brett, sondern auch in der revolutionierten Welt zurechtzufinden. Hier

In einem Gemach des königlichen Palastes vergnügen sich zwei hochgestellte Damen des Hofes beim «königlichen Spiel». Ihre Begleiterinnen schauen zu. (Aus dem Schachbuch Alfons' des Weisen).

wie dort sei die Arbeit des Geistes wichtiger als die des Körpers. Hier wie dort komme es darauf an, Methoden und nicht bloß Fakten zu studieren. Hier wie dort gelte es, sehr viele Informationen zu sichten und die wirklich wesentlichen auszuwerten. Schön wäre es gewiß, zwei Fliegen so unterschiedlicher Größe, Schach- und Weltverständnis, mit einer Klappe zu schlagen. Krogius vermag jedoch niemanden namhaft zu machen, bei dem das auf beispielhafte Weise gelungen wäre. Wohlweislich unterläßt es dieser Doktor der Psychologie, die naheliegende Frage aufzuwerfen, ob die führenden Großmeister nach kurzer Umschulung in der Lage wären, ein Industrieunternehmen, eine Partei oder eine Armee zu führen. Richtig ist lediglich, daß für einen geistigen Menschen Schach eine angemessenere Nebenbeschäftigung ist als fast alle anderen Spiele. Wer würde schon zu einem jungen Anfänger sagen: «Studiere die Struktur von Bauernketten und die Eigenart von Blockaden, damit du im Leben deinen Weg machst?» Ein anderer Zuspruch ist viel vernünftiger: «Beschäftige dich mit Schach, es wird dich freuen und bereichern – und schaden kann es nichts, wenn du lernst, dich zu konzentrieren und an dir zu arbeiten.»

Wäre das auch für ein Mädchen ein guter Rat? Immer werden, wenn es um Schach geht, die Frauen in Gedanken und Worten vernachlässigt. Wer etwas über zwei Gegner hört, stellt sich zwei Männer vor, wer etwas über einen Verein erfährt, malt sich eine Männergesellschaft aus. Wer sich an die Schreibmaschine gesetzt hat, tippt die Vokabel «Spieler», als sei ihm die Tatsache, daß auch Spielerinnen an Brettern sitzen, noch gar nicht zum Bewußtsein gekommen. Es ist wahr, Frauen spielen schlechter. Leider ist diese Erkenntnis Allgemeingut geworden. Die

Nicht nur Wand und Leinwand sind bemalt worden, sondern auch hölzerne Truhen. Für den Künstler, Girolamo da Cremona, war um 1500 das Spiel ein gesellschaftliches Ereignis. Viele Zuschauer waren da, doch auch die beiden Akteure wußten, daß sie sich nicht allzu sehr in das Geschehen auf den Feldern versenken durften. Sie hatten auch zu repräsentieren.

meisten Frauen verzichten von vornherein auf eine Beschäftigung, in der sie, da es sich nicht um eine körperliche handelt, den Männern eigentlich gewachsen sein müßten, in der sie aber trotzdem, aus welchem Grund auch immer, notorisch unterlegen sind. Wohl trägt auch eine Frau den höchsten Titel, doch errungen hat sie ihn im Kampf gegen Frauen. Wir haben eine Weltmeisterin im Damenschach, die aber gegen den unter den Herren ermittelten Weltmeister nichts auszurichten vermöchte. Noch keine Frau hat so gut gespielt wie Lasker oder Capablanca, wie Fischer oder Kasparow. Es fällt bereits auf, wenn eine Frau genügend Selbst-

sicherheit besitzt, sich unter wetteifernde Männer zu mischen und an einem Großmeisterturnier teilzunehmen. Vera Menschik war die erste, die es gewagt und manchmal gewonnen hat. Da saß sie mit ihrem runden Gesicht und ihren großen Augen, ein Unikum, eine Ausnahme von der Regel, in den 20er Jahren fast eine unnatürliche Erscheinung, mit ihren Niederlagen aber auch ein vorläufiger Beweis dafür, daß die Herrlichkeit der Herren nicht zu trüben war. Wie Frau Menschik stammten auch die ihr nachfolgenden Weltmeisterinnen aus der Sowjetunion. Was sie schufen, erregte selten die Aufmerksamkeit und gelangte so gut wie nie in eine Samm-

Ein Ehekrieg. Hans Muelich zeigte 1552, wie Herzog Albrecht V. von Bayern und seine Gemahlin Anna von Österreich unter den Augen höfischer und bürgerlicher Kiebitze gegeneinander kämpften. Die Miniatur entstammt dem Kleinodienbuch der Herzogin, das in der Bayerischen Staatsbibliothek zu München aufbewahrt wird.

Rechts: *Zwischen den beiden Weltkriegen war Vera Menschik, eine nach London ausgewanderte Tochter tschechischer Eltern und dort die Frau eines Mr. Stevenson, die ganz große Ausnahme. Sie spielte weitaus besser als jede andere Frau auf der Welt und nahm, ohne sich zu blamieren, regelmäßig an Männerturnieren teil. Sie amtierte als erste Weltmeisterin von 1927 bis 1944.*

Rechts, daneben: *Elisabeta Bykowa war bereits eine typische Vertreterin des Frauenschachs und von 1953 bis 1962, mit einer zweijährigen Unterbrechung, Weltmeisterin.*

lung von Glanzpartien. Da machte in jüngster Zeit eine blutjunge Ungarin auf sich aufmerksam, Zsuzsa Polgar, die den Anspruch erhob, sich in Zukunft mit immer besseren Männern zu messen. Kaum hatte Zsuzsa ihre ersten kleinen Triumphe in der Tasche und sich zur Frau entwickelt, führte sie ihre Schwester in die Schachwelt ein, Judit, ein Kind noch, aber, wie die Erwachsenen bald erkannten, ein durchaus schlagfertiges. Als Zehnjährige besiegte Judit schon ausgekochte Amateure, wobei sie ein Bild der Erregung und der Eiseskälte bot. Der Körper vibrierte von den Füßen bis zu den Schultern, doch die Blicke, die durch die Augenschlitze drangen, verrieten eine gefestigte Psyche und ein Herz aus Stein. Bald erweckte Judit den (natürlich unverbindlichen) Eindruck, sie werde einmal den Männern vielleicht noch größere Schrecken einjagen als Zsuzsa. Auch eine weitere Schwester, Sofia, tritt schachspielend auf. Gleichgültig, wie steil die Karriere der Polgars letzten Endes sein wird – willkommen ist die Öffentlichkeitsarbeit, die sie für ihr Geschlecht leisten. Wie traurig war es doch, wenn auf Schacholympiaden die Frauen in derselben Halle grübelten wie die Männer und ihnen außer ihrem Trainer niemand zusah, während sich vor manchem Männerbrett üppige Menschentrauben bildeten.

Doch rebus sic stantibus spielen die Frauen schlechter. Aber ist das ein Naturgesetz? Müssen sie, mit oder ohne die Geschwister Polgar, auf ewig und immerdar das Nachsehen haben? Es ist doch seltsam: Da widmen sie sich einer Disziplin, bei der die Körperkraft nicht ausschlaggebend ist. Der Einwand, daß jede intensive geistige Arbeit eine Anspannung des Körpers mit sich bringe, sticht insofern nicht, als sich auf das Hochleistungsschach auch schmächtige Männer einlassen und so zart und zerbrechlich Frauen nun auch wieder nicht sind. Gedächtnis und Verstand,

Drei Geschwister der allerersten Güteklasse und dann auch noch drei Frauen – das hat es noch nie gegeben. Links Sofia Polgar, geboren am 2. November 1974, in der Mitte Zsuzsa Polgar, geboren am 19. April 1969, rechts Judit Polgar, geboren am 25. Juli 1976 – und hinter ihnen die äußerst ehrgeizigen Eltern.

Rechts: *Olga Rubzowa, Weltmeisterin von 1956 bis 1958, stand, wie andere hochbegabte Frauen auch, ganz im Schatten der Männer. Die Schachwelt sprach damals von Michail Botwinnik, Wassily Smyslow und anderen männlichen Meistern.*

Wille und Zähigkeit verteilen sich auf beide Geschlechter. Intuition und Phantasie sind sogar, so sollte man meinen, eine Domäne der Frauen. So müßten sie doch eigentlich... Viele Autoren gehen der Streitfrage geflissentlich aus dem Weg. Entweder sind sie Kavaliere der alten Schule und schweigen aus Galanterie. Oder sie sind durchdrungen vom Gedanken an die Gleichheit aller und können sich keinen Reim machen auf jene offenkundige Diskrepanz. Einige andere meinen, die Sünden früherer Jahrhunderte, in denen die Frauen des Kampfspiels gewissermaßen entwöhnt wurden, seien noch nicht zur Genüge gebüßt. Eine Frau hingegen sagte klipp und klar: «Der Unterschied wird immer bleiben.»

Das erklärte jedenfalls die Weltmeisterin Maja Tschiburdanidse 1988 der Schweizer «Schachwoche». Nicht nur physisch, auch psychisch sei der Mann stärker. Auch liege ihm jenes abstrakte Denken mehr, das zur Beurteilung einer Stellung, zur Erfassung ihrer Hauptmerkmale unerläßlich sei. Frau Tschiburdanidse widersprach der von Zsuzsa Polgar geteilten Ansicht, der Qualitätsunterschied beruhe auf Tradition und sei durch Training auszugleichen, mit dem Ausruf: «Nein, nein, bestimmt nicht.» Soweit diese kompetente Stimme. Dennoch wäre einem Mädchen, das nicht weiß, ob es sich vervollkommnen soll oder lieber nicht, dieser Rat zu geben:

«So gescheit wie die Männer bist du, liebe Schachfreundin, allemal. Das Pech, auf einen noch gescheiteren Gegner zu treffen, widerfährt nicht nur den Frauen, sondern auch den Männern. Was die Tradition betrifft, so ist das Eis gebrochen. Als Vera Menschik es den Männern zeigen wollte, hat ein Witzbold einen Vera-Menchik-Klub gegründet. Die Mitglieder sollten jene männlichen Schwächlinge sein, die gegen diese Frau den kürzeren zogen. Davon abgesehen, daß der vorlaute Gründer alsbald von Vera geschlagen wurde, entspricht solcher Spott nicht mehr dem Geist

Oben links: von 1978 – 1991 war Maja Tschiburdanidse Weltmeisterin. Davor, von 1962 bis 1978, hielt Nona Gaprindaschwili (oben) den Titel.

Oben: Dabeisein ist alles, sagten sich Spielerinnen aus Nigeria und fuhren 1988 nach Thessaloniki zur Schacholympiade. Sie wurden 49ste.

Links: *Weltmeisterin will Judit Polgar gar nicht werden, höchstens Weltmeister. Sie bevorzugt die Teilnahme an Herrenturnieren. Sie war die Sekundantin ihrer Schwester Zsuzsa, als diese Anfang 1996 ihrem Geschlecht die Treue hielt und gegen die Chinesin Xie Yun die Damenweltmeisterschaft mit 8 1/2 : 4 1/2 gewann.*

Rechts: *Blatt 49 (verso) des Werkes «Livre des conquestes et faits d'Alexandre» von Jean Wauquelin. Diese etwa 250 Blatt starke, mit zahlreichen Miniaturen geschmückte Pergamenthandschrift stammt aus der 2. Hälfte des 15. Jahrhunderts, gehörte einst zur Bibliothek der Herzöge von Cleve und wurde 1654 für die Herzogliche Bibliothek zu Gotha erworben.*

Die Pergamenthandschrift erzählt die Geschichte Alexanders des Großen von Mazedonien. Der auf dem Bild links dargestellte Sultan von Baudres ist der Neffe des Königs von Indien, der die Stadt Pheson belagert hatte. Bei einem Ausfall der Einwohner der Stadt wird er gefangengenommen, aber von den Siegern wie ein Gast behandelt, so daß er am höfischen Leben teilnehmen und sogar mit der Prinzessin Phesonne – sie trägt burgundische Hoftracht des 15. Jahrhunderts! – Schach spielen kann. Alexander selbst ist auf dem Bild nicht zu sehen, er hat mit seinem Heer die Stadt im Kampf unterstützt.

der Zeit. – Maja unterscheidet zwischen konkretem und abstraktem Denken. Das sollte dich nicht sehr beeindrucken. Abstrakt gesprochen: Aus der Tatsache, daß etwas so und nicht anders ist, darf nicht ohne weiteres geschlossen werden, daß es notwendigerweise so und nicht anders sei. Konkret: Bloß weil bisher die weibliche Weltmeisterin niemals den männlichen Weltmeister überwunden hat – doch du hast ja schon verstanden; der abstrakte Hinweis genügte. Nun will ich allerdings nicht den Propheten spielen und kühn behaupten, daß Zsuzsa recht habe und Maja nicht. Im Grunde gefallen mir nämlich die Unterschiede zwischen Mann und Frau. Ich finde sogar, daß die Ausübung des Schachspiels einer Frau besser steht als einem Mann. Lassen wir einmal das Innenleben beiseite, die Konzentration, die Kombination und dergleichen. Eine ruhig dasitzende, nachdenkliche Frau ist ein schöner Anblick. Werde bloß kein Zappelphilipp wie manche Burschen. Wann schon besteht für eine Frau Gelegenheit, sich vier oder fünf Stunden lang sehen zu lassen, sitzend, stehend oder auf und ab gehend? Dein Kleid, dein Schmuck, dein Make-up wird zur Geltung kommen und, ich möchte wetten, auch deinen männlichen Gegner ein wenig aus dem Konzept bringen. Die männlichen Schachspieler befinden sich in einer Übergangsphase. Irgendwann werden sie sich an hübsche Ringe und lange rote Fingernägel gewöhnt haben, doch bis es so weit ist, hast du dich durchgesetzt, denn das Zeug dazu, ich sagte es schon, hast du ja in deinem Köpfchen.

Dein Schachfreund.»

«Neulich äußerte ein Moslemphilosoph die Ansicht, daß der Erfinder des Schachs ein Verfechter des freien menschlichen Willens ... sei. Die wahre Weisheit aber bestehe darin, sein Leben im Einklang mit den Glücksfällen zu formen.»

*Al-Masudi,
gestorben 956*

DIE NATIONALEN SCHULEN

Freude über eine gewonnene Partie. Alter Chinese beim Schachspiel auf der Straße in Peking.

Rechte Seite: *Beim chinesischen Schach, dem Elefanten-Spiel (über dem Brett die chinesischen «Schriftzeichen für Xiangqi»), teilt der Chu-Fluß als Grenze zum Land der Han das Spielfeld in zwei Reiche, die gegeneinander Krieg führen. An der Basis jeder Seite befindet sich der Königspalast, gekennzeichnet mit zwei Diagonalen. Die 16 Steine stehen auf den Schnittpunkten der Linien, also nicht auf den Feldern. In der Ausgangsstellung sind es auf der hintersten Linie Wagen, Pferd, General, Minister, König, Minister, General, Pferd, Wagen; auf der dritten Linie zwei Kanonen und auf der vierten Linie fünf Soldaten.*

Auf den ersten Blick ähnelt das Brett des chinesischen Schachs unserem Schachbrett. Das Auge glaubt zwei mal zweiunddreißig Felder wahrzunehmen. Doch stehen die Figuren nicht auf den Feldern, sondern auf den Schnittpunkten ihrer Grenzlinien, was die Aufstellung von neun Figuren an der Basis erlaubt. Auch teilt ein «Fluß», ein breiter Streifen, das Spielfeld in zwei Hälften. Beim Elefantenspiel begrenzt der Fluß Chu das Land Han. In diesem spielt Rot gegen den Gegner, der je nach Spiel über schwarze, blaue oder grüne Steine verfügt. Auch im europäischen Schach taucht die Farbe Rot immer wieder auf, sei es bei der Bemalung von Figuren, sei es bei der Kennzeichnung «weißer» Symbole auf Magnet- oder Demonstrationsbrettern.

Han und Chu haben jeweils ihren «Palast». Drei Figuren dürfen den Palast nicht verlassen: der König, der jeweils nur einen Schritt vorwärts, rückwärts oder seitlich tun darf, und seine beiden Ratgeber (Minister), die sich nur um einen Schritt diagonal verschieben. Die Bewegungsfreiheit des auf zwei Diagonalschritte eingestimmten Generals beschränkt sich auf das Land, dem er dient. Den Fluß überqueren darf der «Wagen», der unserem Turm entspricht. Die «Kanone» bewegt sich wie der Wagen, kann aber nur über *einen* anderen Stein schlagen. Das Pferd macht auch wie in Europa Rösselsprünge; wenn aber eine andere Figur neben ihm steht, sind ihm in dieser Richtung «die Beine gebunden». Der Soldat, unser Bauer, zieht und schlägt vorwärts und, nach Überschreiten des Flusses, auch seitwärts. Eine Umwandlung auf der

象棋

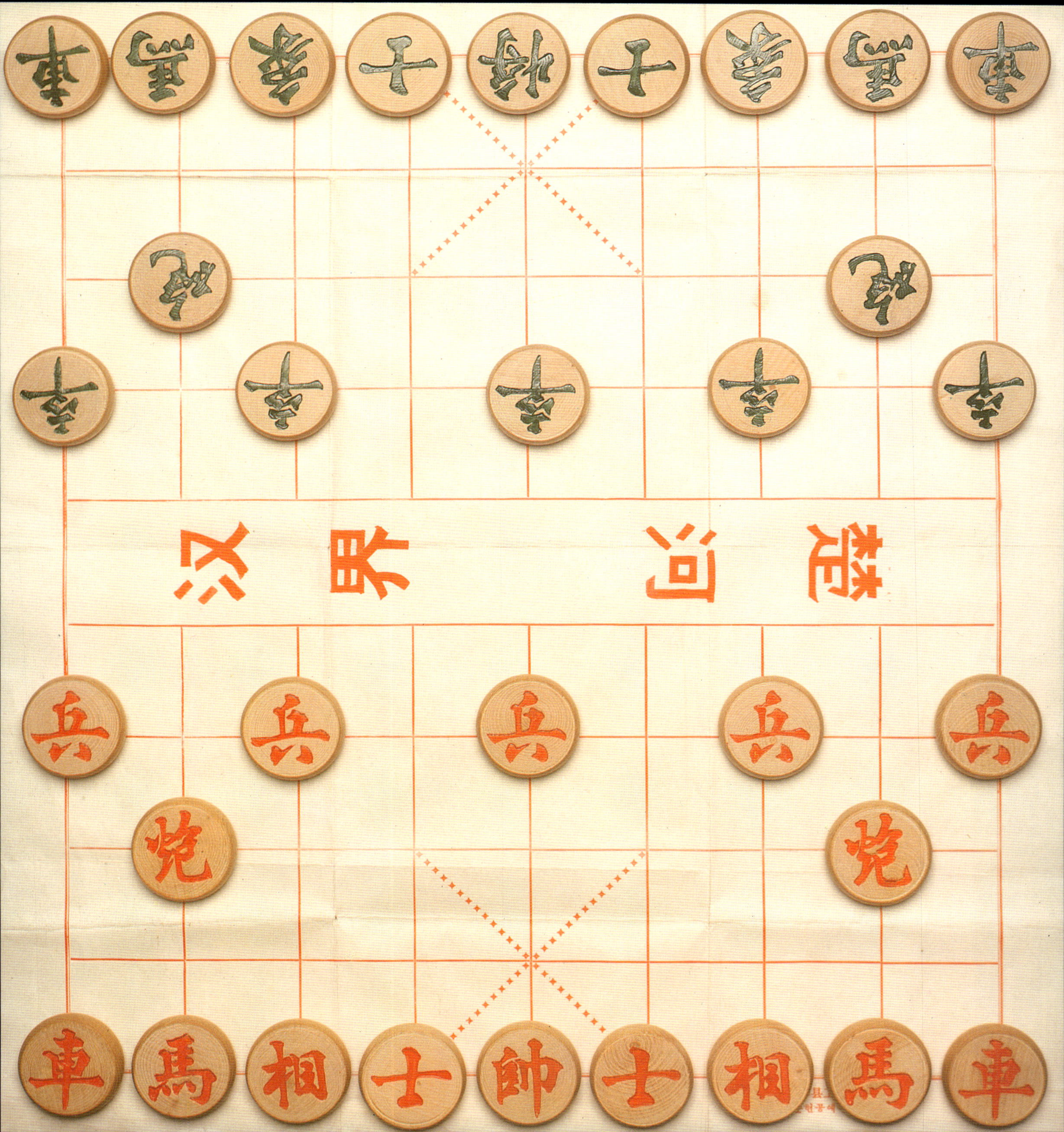

Chinesen müssen erfinderisch sein, um ihren Lebensunterhalt zu bestreiten, auch noch im Jahre 1989. Dieser Chinese «verkauft» sich als Schachspieler. Er wartet an der Yangtze-Brücke in Wuhan geduldig auf einen Spielgegner.

gegnerischen Grundlinie ist nicht möglich. Wo aber bleibt der Elefant, der Namengeber des Spiels? Es ist der schwarze General im Gegensatz zum roten General, der Kanzler heißt. Auch die Könige haben verschiedene Namen: Bei den Roten ist es der Feldherr, bei den Schwarzen der Anführer. Zwischen den beiden Königen muß immer ein anderer Stein stehen; er darf nicht seitlich wegziehen, weil sich sonst die Könige gegenseitig Schach bieten würden.

Auch bei den Chinesen war und ist die Mattsetzung des feindlichen Königs das Ziel der Partie. Das Patt gilt – ein Vorteil für den Stärkeren – als Matt. Hingegen hat ein Spieler, der dreimal hintereinander in derselben Position Schach bietet, nicht ein Remis erzwungen, sondern die Partie verloren.

Der geschlagene Stein verschwindet vom Brett und wird irgendwo zwischen Teetasse, Zigarettenpäckchen und Aschenbecher abgestellt. Könnte er nicht, statt unnütz herumzustehen, in der Streitmacht desjenigen Dienst tun, der ihn schlug? So halten es die Japaner, zu denen von Korea aus das Spiel ebenfalls gelangt ist. Shogi, das japanische Schach, darf nicht mit Go verwechselt werden. Während es beim Go hauptsächlich darum geht, auf einem Brett mit 361 Schnittpunkten ein möglichst großes Terrain einzukreisen und damit in Besitz zu nehmen, ist im Shogi wie im internationalen Schach die Mattsetzung des Königs das Ziel. Doch geschlagene Steine können der eigenen Armee einverleibt werden, sofort oder später. Also schwarze Beute im weißen Lager und umgekehrt? Da ist es von Vorteil, daß sich die beiden Heerscharen nicht durch ihre Farbe, sondern einfach durch die Ausrichtung der Steine unterscheiden. Shogi-Steine sind bemalte und lackierte, sechs Millimeter dicke Plättchen mit einer Seite, die zugespitzt und gegen den Feind zu richten ist. Anders als in Europa, wo nur der Bauer umgewandelt werden darf, hat in Japan jeder Stein mit

Auf vielen chinesischen Schachbrettern steht geschrieben:
«Wer die Hand bewegt und nicht zurückzieht,
ist ein großer Mann.
Der schweigende Zuschauer ist ein wahrer Edelmann.»

Ausnahme des Königs und des Goldenen Generals eine Anwartschaft auf Beförderung. Also muß eine Menge Ersatzmaterial parat sein? Da ist es wiederum von Vorteil, daß die Steine platt sind. Es braucht nur die obere Fläche nach unten und die untere nach oben gedreht zu werden, und schon ist das Symbol für den neuen Rang sichtbar, der größere Bewegungsfreiheit gestattet. Die Umwandlung vollzieht sich nicht bei der Ankunft am Ende des Bretts, sondern zu einem beliebigen Zeitpunkt nach dem Eintritt ins feindliche Territorium, das drei Reihen umfaßt, wie denn überhaupt das Shogi-Brett neun Reihen und neun Linien, also 81 Felder hat. Bauer, Lanzenträger, Springer und Silberner General avancieren

Der Spielgegner ist gefunden! Gewinnt dieser, erhält er als Preis das einfache Schachspiel in blauer Schachtel, verliert er, muß er für die Partie bezahlen. Der Alte gewann dieses Spiel in weniger als fünf Minuten.

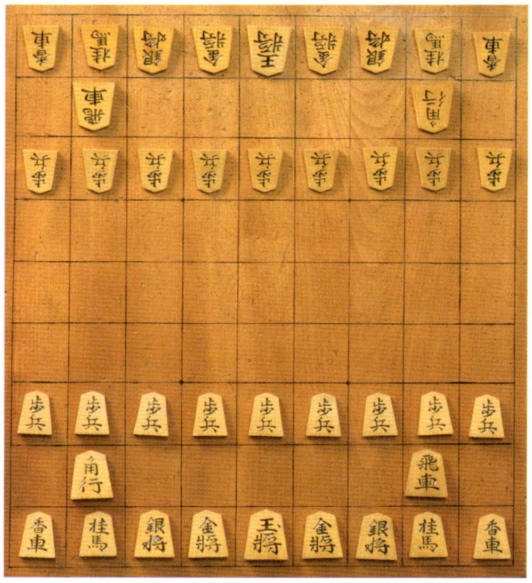

Oben: *Stellung einer Partie Shogi, dem japanischen Schach, das auch das Spiel der Generale genannt wird. Das Shogi gelangte im 8. Jh. von Korea aus nach Japan.*

Rechts: *Ausgangsstellung beim Shogi. Das Brett hat 9x9 quadratische Felder. Die Steine bestehen aus flachen Blättchen und sind mit chinesischen Schriftzeichen markiert.*

zum Goldenen General, der Läufer zum Drachen, der Turm zum Drachenkönig. König, Turm und Läufer dürfen sich in Japan europäisch bewegen. Die Qualitäten des Königs und des Läufers vereinigt der Drache, die des Königs und des Turms der Drachenkönig. Der Bauer zieht und schlägt geradeaus. Uneuropäisch an den übrigen Figuren ist weniger ihre unterschiedliche Reichweite als die Beschränkung ihrer Bewegungsfreiheit auf einige der insgesamt acht möglichen Richtungen. Selbst der Springer, der wie bei uns springen kann, auch über andere Steine hinweg, darf das nur vorwärts tun.

Auch für den europäischen Schachfreund ist es nicht völlig verkehrt, in Nationen zu denken. Denn die Geschichte lehrt, daß in manchen Ländern das Spiel plötzlich (niemand weiß genau, warum) eine Blütezeit erlebte, dann unversehens, ohne daß man echte Begründungen finden könnte, verfiel und da und dort sogar in Vergessenheit geriet. Die Schachnation des 16. Jahrhunderts war Spanien, der herausragende Meister Ruy Lopez, mit dessen Namen noch heute die Engländer die Spanische Eröffnung bezeichnen. Dieser Geistliche hatte die nachahmenswerte Angewohnheit, für jeden Zug einen guten Grund zu suchen, womit er das trieb, was später, ein wenig großspurig, «Theorie» genannt werden sollte. Im 17. Jahrhundert schwang Italien das Zepter und brachte spritzige Kombinatoriker wie Gioacchino Greco hervor. Grecos Opfer, der Einschlag des weißen Königsläufers in die schwarze Rochadestellung zwecks Mattangriff mit Dame und Königsspringer, ist seitdem ein unsterbliches Motiv. Doch lange vor und lange nach 1800 waren nahezu alle führenden Meister Franzosen. François Philidor, Alexandre Deschapelles, Louis-Charles La Bour-

Japaner beim Go-Spiel. Farbholzschnitt von Utagawa Kuniyashi um 1820. Dieses Brettspiel setzt strategisches Verständnis voraus und ist nicht nur in Japan sehr beliebt. Es stammt aus China und heißt dort Weiqi.

Unten: *Die Shogi-Steine sind beidseitig markiert (sofern sie umgewandelt werden können), oft auch mit Symbolen. Von links nach rechts: König, Turm, Läufer, der goldene General, der silberne General, Springer, Lanzenträger und Bauer.*

«Die wichtigste Gabe, die ein großer Schachspieler haben muß, ist meiner Meinung nach eine üppige Phantasie. Er muß in der Lage sein, sich aus der Welt aufdringlicher Realitäten in einen Bereich seltsamer Gestalten und Formen zurückzuziehen, die er miteinander kombiniert, um neue, nie dagewesene Situationen zu schaffen.» *Reuben Fine*

donnais, Pierre Saint-Amant – der Betrachter reibt sich die Augen und fragt sich, wo denn heute im Lande Descartes' die außergewöhnlichen Schachspieler geblieben sind. Mit Morphy und Staunton zog am Schachhimmel ein anglo-amerikanisches Zwischenhoch auf, doch in der zweiten Hälfte des 19. Jahrhunderts war Schach eine Domäne der Deutschen. Es begann mit Adolph Anderssen und Louis Paulsen und hörte mit Siegbert Tarrasch und Emanuel Lasker noch nicht ganz auf. Wilhelm Steinitz, der erste offizielle Weltmeister, und Carl Schlechter legten für die Donaumonarchie Ehre ein, wo Wien um 1900 eine Hochburg des Schachs wurde.

Die erste Hälfte unseres Jahrhunderts, und das war durchaus angenehm, kam ohne eine starke nationale Kristallisation aus. Das änderte sich nach dem Zweiten Weltkrieg wie mit einem Schlag. Nun wurde die Sowjetunion «die» Schachnation. Die Mannschafts-Weltmeisterschaften, die sogenannten «Schacholympiaden», gewann sie regelmäßig. Das Spiel ist in der Sowjetunion äußerst populär und wird an Schulen fakultativ gelehrt. Die Wahrscheinlichkeit, daß ein Talent unentdeckt bleibt, ist sehr gering. Die Großmeister sind nach westlichen Begriffen Staatsbeamte. Doch steckt längst nicht, wie ein schlampiger Sprachgebrauch suggeriert, hinter jedem Sowjetmeister ein Russe. Botwinnik: Jude. Bronstein, einer seiner Herausforderer: Jude. Tal: Jude. Jefim Geller, ein Star der 60er Jahre: Ukrainer. Petrosjan: Armenier. Keres: Este. Schließlich Kasparow: väterlicherseits Jude, mütterlicherseits Armenier.

Unter den Slawen waren es auch die Jugoslawen, die als Reservoir für Hochbegabungen in den Jahren nach 1945 auffielen. 1980 zählte das Land 27 Großmeister. Die seit 1966 halbjährlich erscheinende Zeitschrift «Schachinformator» gehört zu den international bedeutendsten Schachzeitschriften. Von gleichrangiger Bedeutung ist die zwischen 1976 und 1980 in fünf Bänden erschienene «Enzyklopädie der Schacheröffnungen». Am Spitzenbrett saß jahrzehntelang ein Mann von kleiner Gestalt, Svetozar Gligorić, ein mit allen Wassern gewaschener Positionsspieler, ein Meister der geschlossenen Stellungen und eine Gefahr für jedermann, auch für werdende und gewesene Weltmeister aus der Sowjetunion. Zwischen 1947 und 1965 gewann er elfmal die

Schach im New Yorker Washington Square Park. Unter freiem Himmel und mitten im Gedränge tritt Roman Dzindzichashvili gegen jeden an, der dafür fünf Dollar zahlt. Roman ist kein Porzellanpüppchen. Aus der Sowjetunion über Israel nach Amerika gekommen, hat er schon manchen Trubel überstanden. Sein Stil ist publikumswirksam. Er ist der schwarzhaarige, unrasierte Mann in der Menge, dem fast jeder zusieht.

Landesmeisterschaft. Auf allen Olympiaden zwischen 1950 bis 1978 spielte er für Jugoslawien. In Lájos Portisch hatte Gligorić sein Pendant unter den ungarischen Großmeistern. Beide beherrschten ihren Beruf aus dem Effeff, beide zählten zur Weltelite, beide hörten von ihren Schmeichlern, sie hätten das Zeug, den höchsten Titel zu erringen, beide vermochten sich nur hin und wieder zu bestechenden Kombinationen aufzuraffen, doch beide animierten in ihrer jeweiligen Heimat sehr viele Spieler, ihnen nachzueifern. Eine ähnliche Wirkung hat seit den 30er Jahren der Ruhm Weltmeister Euwes in den Niederlanden ausgeübt. Bevor Euwe 1935 Weltmeister im Kampf gegen Aljechin wurde, zählte der 1873 gegründete Königlich-Niederländische Schachbund nicht mehr als 4000 Spieler. Danach stieg die Zahl auf 11000 Mitglieder an, 1940 waren es bereits 17000. Man

Das ist der vollkommene Frieden. Der Abend ist lau, die Gesellschaft angenehm, die Spannung nicht übermäßig und jeder der beiden Gegner auf Zeitvertreib bedacht. Die Idylle wurde 1989 in Zürich aufgenommen. Zu ihr gehört der Laiensachverstand, der versöhnlicher ist als der Meisterehrgeiz. Irgendwann wird sich einer der Herren gemächlich erheben, um unter den kritischen, aber wohlwollenden Blicken der Zuschauer eine Figur oder einen Bauern auf ein anderes Feld zu stellen.

«Gutes Gedächtnis, Konzentration, Phantasie und einen sehr starken Willen.»

Bobby Fischer auf die Frage, was ein großer Schachspieler braucht

Pferde aus Fleisch und Blut sind beim «Lebenden Schach» eine noch größere Attraktion als die Menschen aus Fleisch und Blut. Ein Springerzug mag taktisch verkehrt sein – dem Publikum ist er willkommen, weil sich das Roß in Bewegung setzt.

vergleiche diese Entwicklung mit der des Nachbarlandes Belgien. Ein Blick in die Tageszeitungen lehrt, daß in dem südlichen der beiden Länder das Interesse der Bevölkerung am Schach mäßig ist, in dem nördlichen hingegen die Taten der einheimischen, aber auch der ausländischen Großmeister ein ungewöhnlich starkes Echo finden. Wie in Jugoslawien, so sind auch in den Niederlanden sehr viele stark besetzte Turniere ausgetragen worden, wobei hier im Gegensatz zu dort die Einschaltung zahlungskräftiger Sponsoren dem Spiel einen mächtigen Auftrieb gab. Die nationale Hoffnung hieß und heißt Jan Timman. Vom Olymp aus betrachtet ist Timman mit seinem lebhaften, publikumswirksamen, kombinationsreichen Spiel dem Gipfel sehr nahe gekommen, jedoch mehrmals unterhalb desselben gescheitert.

Die Frage, ob jemand überwältigend gut oder eben nur sehr gut ist, quält und begeistert die Schachfreunde seit jeher. Neuerdings haben die Erfolge einiger Engländer diese Frage aufgeworfen. Seit Staunton überquerten die Gedanken kontinentaler Schachfreunde den Ärmelkanal höchstens zu Weihnachten, wenn in Hastings ein traditionelles Turnier abgehalten wurde. Sonst schienen die Britischen Inseln der Schachleidenschaft keinen fruchtbaren Boden zu bieten. Dieser Eindruck wurde in den achtziger Jahren wie mit einem Schlag zerstört. In Gestalt von John Nunn, Jonathan Speelman und Nigel Short traten zur Verblüffung Europas plötzlich drei Koryphäen auf. England fiel auch mit seiner stets soliden, in der Regel sehr detailfreudigen, nach Möglichkeit aber auch amüsanten Fachliteratur auf. Nun gut, England ist groß. Deshalb darf der geistige Globetrotter noch mehr über die Tatsache erstaunt sein, daß Island, dieses kleine Land am Ende der Welt, in jüngster Zeit gleich ein paar Großmeister hervorgebracht hat. Natürlich sind die Nächte, die im Winter kaum dem Tag, sondern meistens nur einer Art Dämmerung weichen, dem Denksport günstig. Doch hat die isländische Natur mit ihren Lichtverhältnissen zu lange Zeit keinen einzigen Schachspieler von Bedeutung hervorgebracht, als daß ihr jetzt das Verdienst an der Schachhausse zugeschrieben werden dürfte. Die Initialzündung gab vielmehr ein für die Insel historisches Ereignis, der Weltmeisterschaftskampf Fischer – Spassky, Reykjavik 1972.

1970 hatten sich alle damit abgefunden, daß auf absehbare Zeit nur die Sowjetunion Weltmeister hervorbringen werde. Vor diesem Hintergrund ist der Aufstieg Robert («Bobby») Fischers zu sehen, der sich anschickte, eine Hegemonie zu erschüttern. Die ganze Welt, Bobby inbegriffen, faßte es so auf: Ein westlicher Einzelgänger forderte ein Imperium heraus. Nach den Regeln des Weltschachbundes FIDE hatte jeder, der den höchsten Titel anstrebte, drei Kandidatenwettkämpfe zu bestehen, bevor ihm das Recht zukam, sich mit dem Weltmeister, damals Boris Spassky, an einen Tisch zu setzen. Der erste Kandidat, der dem Amerikaner gegenübertrat, war der (jüdische) Sowjetspieler Mark Taimanow, kein herausragender, aber doch ein ziemlich guter, zumal in der Eröff-

nungstheorie sehr bewanderter Großmeister. Die Sensation war nicht, daß, sondern wie Taimanow geschlagen wurde. Er verlor 0:6. Niemand konnte sich an einen anderen Wettkampf mit einem derart hundertprozentigen Ergebnis erinnern. Heimgekehrt hatte Taimanow, dem nicht einmal ein einziges Remis gelungen war, kaum mehr etwas zu lachen. Nun hofften die Sowjets auf einen Ausländer, auf Bent Larsen, den Turnierlöwen aus Dänemark. Ihn hielten auch im Westen viele, wenn schon nicht für besser, so doch für erfahrener als Fischer. Da geschah etwas Unfaßbares: Die Sensation wiederholte sich. Auch Larsen verlor 0:6. Abgesehen davon, daß der einst so gefährliche Däne nach diesem fürchterlichen Erlebnis nur noch der Schatten seiner selbst war, begriffen die Moskauer Funktionäre, daß in erster Linie nicht Taimonow zu bestrafen, sondern Fischer zu fürchten war. Als dritter Kandidat machte sich das Schwergewicht Tigran Petrosjan auf den Weg. In seiner Autobiographie zitiert Viktor Kortschnoj die Meinung Botwinniks, «daß Petrosjan eine sel-

«Lebendes Schach» auf der Grande Place in Brüssel, einem der schönsten Plätze der Welt. Mitglieder eines Theaterensembles führten 1988 die Befehle einer historisch kostümierten, doch mit einem Mikrophon versehenen Ansagerin aus, die ihrerseits nur das anordnete, was die an einem unscheinbaren Tisch sitzenden Großmeister Timman und Karpow ausgeknobelt hatten. Die Partie dauerte eine gute Stunde und endete remis. Der Platz hatte schon schrecklichere Schauspiele erlebt. Mehr als vierhundert Jahre zuvor waren ungefähr dort, wo Timman und Karpow grübelten, zwei Helden des niederländischen Aufstands gegen die Spanier, die Grafen Egmont und Hoorne, hingerichtet worden.

Der Eröffnungszeremonie zur Schacholympiade 1986 wohnte ein für solche Veranstaltungen ungewöhnliches Publikum bei. Denn die Mannschaftsweltmeisterschaften der Männer und Frauen fanden in Dubai statt. Die Vereinigten Arabischen Emirate sind zwar alles andere als Schach-Oasen, doch zählen sie zur Dritten Welt, um die sich der von den Philippinen stammende Präsident des Weltschachbundes, Campomanes, besonders kümmert.

tene Ausnahme darstellt: Er ist kein Schöpfergeist, sondern ein Zerstörer der bestehenden Werte.» Kortschnoj fügt hinzu: «Man ist fast geneigt, Respekt zu zeigen vor dem teuflischen Willen und dem Erfindungsreichtum dieses Mannes.» Er nun sollte dem Amerikaner Einhalt gebieten. Merkwürdigerweise trauten ihm, dem Exweltmeister, die Leute das eher zu als Spassky, dem Titelverteidiger. Tatsächlich war Petrosjan der Welt bester Bremser. Einen Augenblick lang schien die sowjetische Rechnung aufzugehen, denn nach fünf Partien herrschte Gleichstand. Dann aber lokkerten sich die Bremsen, und Fischer setzte seinen Siegeszug fort.

Vor der Entscheidung, 1972 in Reykjavik, galt der Amerikaner bereits als Favorit. Plötzlich aber stand er sich selbst im Weg. Er unterließ es, pünktlich nach Island zu fliegen, so daß die Weltmeisterschaft um ein paar Tage verschoben wurde. Die erste Partie verdarb er durch einen spektakulären Läuferzug, der nach Belieben als grober Fehler, als Auftakt zu einer raffinierten, doch löchrigen Kombination oder als Versuch, Komplikationen herbeizuführen, eingestuft werden kann. Zur zweiten Partie erschien Fischer überhaupt nicht. Nun stand es für den Herausforderer 0:2. Fischer setzte durch, daß die dritte Partie nicht wie die erste auf der Bühne eines Saales, sondern in einem Nebenraum gespielt wurde. Spassky zog mit Weiß 1.d4. Aber Fischer antwortete nicht. Er saß da, bleich wie der Tod. Das war der Moment, in dem der Wettkampf vollends zu platzen schien. Fischer war ein Mensch, der mit grimmiger Ausschließlichkeit nur für das Schach gelebt hatte, vor Augen immer nur ein einziges Ziel, die Weltmeisterschaft. Psychologen kennen diese rasende Angst vor dem letzten Schritt. Nach fünf Minuten – eine qualvolle Zeitspanne für diejenigen, die dabei waren – griffen Fischers Finger nach dem Königsspringer und stellten ihn auf f6. Der Bann war gebrochen. In der tiefen, schweren Partie, die nun folgte, vollbrachte Bobby eine seiner größten Leistungen. Nach 21 Wettkampfpartien hatte er es geschafft, über Spassky, nein, über eine Großmacht zu triumphieren. In den Zeitungen ist schon jede Weltmeisterschaft als «Kampf des Jahrhunderts» apostrophiert worden. Doch diese Ehre verdienen nur zwei Begegnun-

«In einer Partie, die ich vor mehreren Jahren gegen ihn austrug, verlor er einen Bauern ohne jede Kompensation. Dann spielte er weiter, als sei der Bauernverlust belanglos. Während ich mir den Kopf darüber zerbrach, was er im Sinn haben mochte, beging ich einen Fehler und verlor die Partie. Spassky sitzt mit dem gleichen ausdruckslosen Gesicht am Brett, egal, ob er den Gegner mattsetzt oder selbst mattgesetzt wird. Er kann eine Figur verpatzen, und man weiß nie mit Sicherheit, ob es ein Fehler ist oder ein unglaublich tiefgründiges Opfer.»

Bobby Fischer
über eine verlorene Partie gegen Spassky

Fast bei allen großen Kämpfen der 60er und 70er Jahre tauchte ein Zuschauer auf, der bewundert und bestaunt wurde: der 1910 in Polen geborene, in Argentinien lebende Großmeister Miguel Najdorf. Bewundert, weil er früher einmal ein glänzender Taktiker und einer der besten Blindspieler war; bestaunt, weil sein alter Schachverstand immer noch frisch war. Als 1987 in Sevilla am Rande der Weltmeisterschaft analysiert wurde, begriff er sofort, was ein weitaus Jüngerer, Boris Spassky, ihm vorführte. Spassky unterlag Fischer 1972 in Reykjavik, und Najdorf war Fischers Prophet gewesen. Er hatte schon immer in dem Amerikaner den überragenden Spieler gesehen.

gen: Aljechin – Capablanca 1927 und Fischer – Spassky 1972. Fischer ist es zuzuschreiben, daß in der ganzen Welt das Interesse am Schach sprunghaft stieg.

Da Bobby, nachdem er erreicht hatte, was für ihn zu erreichen war, sich vom Schach zurückzog und 1975 den Titel nicht ordnungsgemäß verteidigte, gewann diesen Anatoli Karpow kampflos am grünen Tisch. Die nächsten beiden Weltmeisterschaften bekamen schon wieder einen politischen Anstrich. Karpow, ein echter Russe und echter Sohn der «Arbeiterklasse» und somit ein Weltmeister ganz nach dem Geschmack der Moskauer Funktionäre, hatte es 1978 und 1981 zwar mit keinem Amerikaner zu tun, wohl aber mit einem russischen Emigranten, Viktor Kortschnoj, dem verdienten Senior, der plötzlich als Vaterlandsverräter gebrandmarkt wurde. Gravierender war freilich der Altersunterschied von 20 Jahren. Trotzdem gewann der jüngere Karpow nur das zweite Match glatt, das erste hingegen mit Hängen und Würgen. 1984 war Karpow der wahre Rivale in Garri Kasparow erstanden. Ka. und Ka., das sind die großen feindlichen Brüder unserer Tage. Ihre Zweikämpfe gingen in Serie – dank parteiischer Regelungen durch den Weltschachbundpräsidenten, den Philippino Campomanes, der offenkundig auf Karpows Seite war. Kasparow gewöhnte es sich an, von einem Gegner namens «Karpomanes» zu sprechen. Innerhalb von vier Jah-

«Wenn die Schachwelt das Vergnügen, die Aufregung und die Belehrung zu genießen wünscht, welche ein Weltmeisterschaftswettkampf einigen hunderttausend Schachspielern, ja in gewissem Maße sogar den kommenden Generationen bietet, warum sollte sie nicht dafür zahlen?... Warum erwartet denn die Schachwelt alle Opfer von den Meistern, warum schafft sie nicht eine Organisation, wenn sich die ganze Frage um eine wirklich armselige Summe Geldes dreht?»

Emanuel Lasker

ren kam es, ein Rekord, zu vier Weltmeisterschaftskämpfen. Der erste sollte nach sechs Gewinnpartien eines der Kontrahenten entschieden sein, wurde jedoch nicht entschieden, sondern nach 48 Partien von Campomanes abgebrochen, angeblich wegen Überlänge, tatsächlich aber, weil es Kasparow in den beiden letzten Partien gelungen war, seinen Rückstand von 1:5 auf 3:5 zu verkürzen. Mit dem zweiten, auf 24 Partien begrenzten Match, gewann Kasparow den Titel, den er im dritten knapp, im vierten knappstmöglich verteidigte. Bereits diese für den Verlierer schmeichelhafte Geringfügigkeit des Abstands läßt Zweifel an der These Kasparows zu, mit der er in seinem Buch «Politische Partie» die an Metaphysik nicht gewöhnten Schachfreunde überraschte. Seine Spiele gegen Karpow sollen mehr bedeuten als nur Kampf gegen einen anderen Schachmeister, sie sollen den Widerstreit zweier politischer Prinzipien symbolisieren, für die Gorbatschow und Breschnew stehen, letzten Endes sogar den Kampf des Guten gegen das Böse. Die Überhöhung eines stilistischen und menschlichen Kontrastes zu einem Weltendrama ist lächerlich und gleicht einer wilden Kombination mit unzureichender positioneller Grundlage. Jedenfalls begegnen sich die beiden überragenden Spieler der Sowjetunion mit einer Abneigung, die nicht ausgeprägter sein könnte, wenn beide verschiedenen Nationen angehören würden. Doch das letzte Wort ist nicht gesprochen und ihre letzte Partie noch nicht gespielt.

Rechts: *Den Kopf anstrengen kann man (fast) überall, sogar knapp über der Wasseroberfläche. Ein Schachbrett aus Wachstuch läßt sich auf allen möglichen Unterlagen ausbreiten, sofern diese einigermaßen stabil sind. Budapest verfügt über viele Bäder mit Thermalwasser und Schachgelegenheiten. Keiner der hier sich amüsierenden reiferen Herren spielte so gut wie das Mädchen mit den Spaghetti-Trägern, die damals 16jährige Zsuzsa Polgar.*

«Auch für den größten Meister wird ein Kampf um die Krone eine ganz hervorragende Ausnahmesituation sein. Entsprechend ist die generelle Nervenanspannung dort unvergleichlich groß. Hinzu kommen Randereignisse von unkalkulierbarer psychologischer Auswirkung …»

Garri Kasparow

DIE MEISTER UND IHRE PARTIEN

Rechte Seite: Der Springer. Sein Wert entspricht etwa jenem des Läufers, im Endspiel jedoch ist er ihm durch seine größere Mobilität überlegen.
Russische Arbeit aus Bein, 18. Jh.

Oben: Konzentration vor der Partie. 1994, in Horgen am Zürichsee, rückte Garri Kasparow die schwarzen Steine zurecht, obwohl sie alle richtig plaziert waren. Doch diese Fingerübung beruhigte.

Jeder weiß, was eine schöne Frau ist. Doch jeder hätte Mühe, weibliche Schönheit zu definieren. Mit den schönen Partien verhält es sich ebenso. Viele Schönheitspreise sind schon vergeben, zahllose Anthologien der schönsten oder brillantesten oder spannendsten Partien schon veröffentlicht worden. Doch jede Auswahl enthält ein subjektives Element, was indes nicht bedeutet, daß alles nur Geschmackssache sei. In gewissen Dingen sind, zumindest innerhalb eines Kulturkreises, alle einig, im Hinblick sowohl auf die Frauen als auch auf das Schach. Niemand wird eine von Fehlern strotzende, von Unentschlossenheit auf beiden Seiten geprägte Partie als schön empfehlen. Niemand wird auch eine Folge korrekter Durchschnittszüge mit besonderem Lob bedenken wollen. Das wählerische Geschmacksurteil kreist nur um Partien, deren herausragende Qualität nachgewiesen und begründet werden kann.

Bei der Auswahl der Partien in diesem Kapitel ist auf den nachspielenden Leser Rücksicht genommen worden. Ihm sollen die Gedanken der großen Meister Vergnügen bereiten. Der absolute Wert der gebotenen Beispiele ist über jeden Zweifel erhaben. Doch soll mit ihnen auch die Freude am Spiel wachgehalten oder geweckt werden. Deshalb wurde der kombinatorische Stil bevorzugt. Das Studium schwerblütiger Positionsspiele, bei denen es von A bis Z um winzige Nuancen geht, ist unerläßlich für den angehenden Fachmann, doch entbehrlich für den begeisterten oder begeisterungsfähigen Laien. Auch die Länge der Zugfolgen war bei der Auswahl ein

Die Königin (Dame)

Der König

Die Schachfiguren des Gustavus Selenus in «Das Schach- und König-Spiel», Leipzig 1616.

Kriterium. Wer eine ganze Partie genießen will und nicht nur das eine oder andere Detail, muß sie als ein Ganzes sehen, was vom 40. oder 50. Zug an erhebliche Schwierigkeiten bereitet. Zum Glück aber finden sich in der Schatzkammer des Schachs einige leuchtende Beispiele, die zugleich einleuchtende Beispiele sind.

DIE UNSTERBLICHE

(London 1851)
Weiß: Adolph Anderssen
Schwarz: Lionel Kieseritzky

Die «unsterbliche Partie» hat der Breslauer Gymnasialprofessor gegen einen der stärksten Zeitgenossen gewonnen. Warum galt sie, die kurioserweise nicht während des berühmten, von Anderssen gewonnenen Londoner Turniers, sondern hinterher gespielt wurde, ziemlich rasch als «die Unsterbliche»? Weil sie wie kaum eine zweite das Schönheitsideal des 19. Jahrhunderts verkörperte. Wie Anderssen angriff, wie er seinen König entblößte, wie er den Läufer opferte und dann gleich beide Türme und schließlich sogar die Dame – diese Abfolge von Tollkühnheiten schien das Nonplusultra des Schachs zu sein. Doch solch ein Stil ist durchaus ein wenig sterblich. Wahre Unsterblichkeit verdient die Partie auch wegen der ungeheueren Risiken, noch mehr aber wegen der damit zusammenhängenden phantastischen Ökonomie der Mittel. Ein Triumph der Taktik, noch mehr aber der Strategie.

1.e4 e5 2.f4 (Königsgambit) ef4: 3.Lc4 Dh4+ 4. Kf1 b5 (eine Schrulle Kieseritzkys) 5.Lb5: Sf6 6.Sf3 Dh6 7.d3 Sh5 8. Sh4 Dg5 9.Sf5 c6 10.Tg1 cb5: 11.g4 Sf6 12.h4 Dg6 13.h5 Dg5 14.Df3 Sg8 (sonst ginge die Dame verloren) 15.Lf4: Df6 16.Sc3 Lc5 17.Sd5 Db2: (siehe Diagramm)

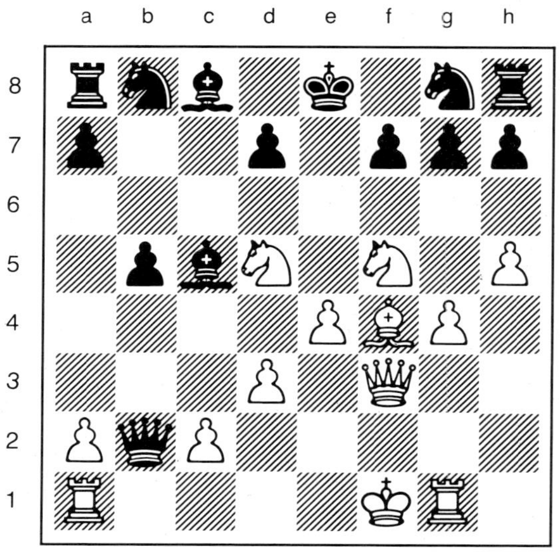

18.Ld6 Da1:+ 19.Ke2 Lg1: 20.e5 (sperrt die Diagonale) Sa6 21.Sg7:+ Kd8 22.Df6+ Sf6: 23.Le7 matt.

ZU MUSIK VON ROSSINI

(Paris 1858)
Weiß: Paul Morphy
Schwarz: Herzog von Braunschweig und Graf Isouard

Während Rossinis «Barbier von Sevilla» über die Bühne ging, vollbrachte Morphy in einer Loge der Pariser Oper ein zweites Meisterwerk. An diesem populärsten seiner Sturmsiege haben einige Autoren auszusetzen gewußt, das gegnerische Duo sei zu schwach, der Gewinn folglich zu leicht gewesen. Nun, im Kampf mit Koryphäen haben schon viele Spieler eine etwas unglückliche Figur abgegeben und nicht nur jener Graf und jener Herzog. Außerdem waren die beiden Adeligen von einer Güteklasse, wie sie unter Amateuren normal ist, weshalb der kurze Prozeß, den Morphy machte, für jedermann sehenswert und lehrreich sein dürfte. Andrerseits entschuldigt nur eine solche Glanzpartie die Tatsache, daß der Gast aus Amerika seine ungeteilte Aufmerksamkeit nicht der köstlichen Musik schenkte.

1.e4 e5 2.Sf3 d6 (Philidor-Verteidigung) 3.d4 Lg4 4.de5: Lf3: 5.Df3: de5: 6.Lc4 Sf6 7.Db3 De7 8.Sc3 c6 9.Lg5 b5 (der entscheidende Fehler) 10.Sb5: cb5: 11.Lb5:+ Sbd7 12.0-0-0 Td8 13.Td7: (damit die Fesselung bleibt) Td7: 14.Td1 De6 15.Ld7:+ Sd7: (siehe Diagramm)

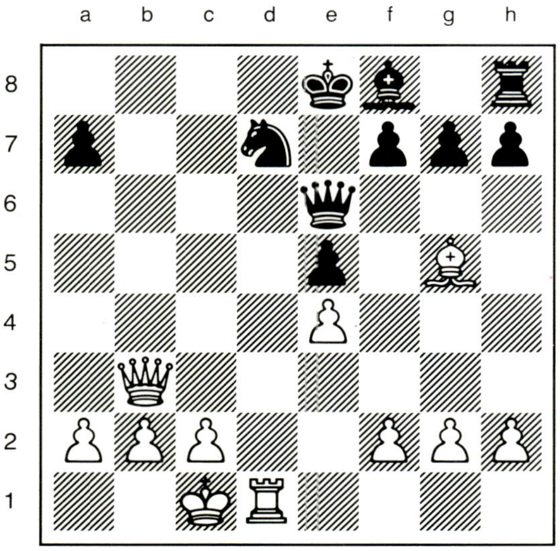

16.Db8+ Sb8: 17.Td8 matt.

DER SCHÖNSTE ZUG

(Breslau 1912)
Weiß: Stepan Lewitzki
Schwarz: Frank Marshall

Nur ordentlich, nur gut war die Partie Lewitzki – Marshall bis zum 23. Zug von Weiß.

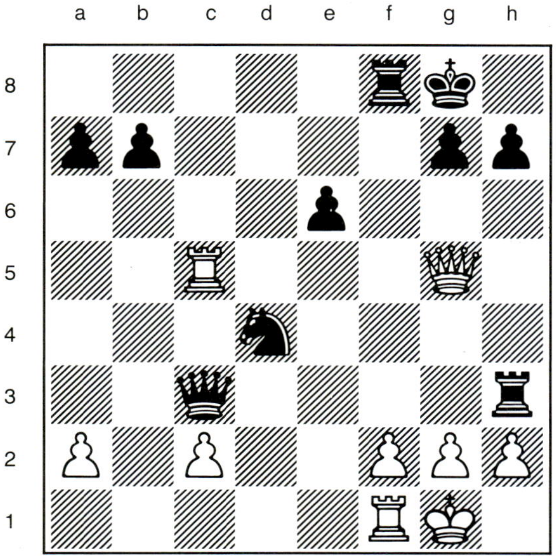

Aber jetzt (siehe Diagramm) erfolgte ein Blitz aus heiterem Himmel, der legendäre Zug 23. ... Dg3, den Marshall als den schönsten seines Lebens bezeichnet hat. Es ist der schönste überhaupt! Die Dame setzte sich einem Feuer aus, das von drei Seiten kam. Die Zuschauer trauten ihren Augen nicht; die Nachspielenden glaubten an einen Druckfehler. Der Zug ist tolldreist und wohlbedacht. Es droht 24. ... Dh2: matt. Der Witz ist, daß 24.hg3: an 24. ... Se2 matt scheitert und 24.fg3: an 24. ... Se2+ 25. Kh1 Tf1: matt. Wohl oder übel entschied sich Lewitzki für den dritten Weg: 24.Dg3: Se2+ 25. Kh1 Sg3:+ 26. Kg1 Sf1: 27.gh3: Sd2. Da Schwarz die Mehrfigur behielt, gab Weiß auf.

Ein Roche (Turm)

Ein Soldat (Bauer)

Ein Kurier (Springer)

SO EINFACH!

(St. Petersburg 1914)

Weiß: Ossip Bernstein
Schwarz: José Raúl Capablanca

Auf diesen seinen Sieg war Capablanca besonders stolz. Denn seine Methode, mit einfachen Mitteln zu arbeiten, hatte nicht nur mit seltener Reibungslosigkeit funktioniert, sondern auch zu einem der herrlichsten Knalleffekte der Schachgeschichte geführt. Die Partie ist ein ausgezeichnetes Studienobjekt für Amateure. Eben wegen ihrer Einfachheit. War aber das Hin und Her des Turms auf der c-Linie nicht schon ein Zeichen von Kindlichkeit? Es sollte nur so aussehen. In Wirklichkeit hatte Capablanca unverrückbar die Schlußkombination vor Augen. Nicht einmal diese ist gekünstelt. Sie ist elementar.

1.d4 d5 2.c4 e6 3.Sc3 Sf6 (Abgelehntes Damengambit) 4.Sf3 Le7 5. Lg5 0-0 6.e3 Sbd7 7.Tc1 b6 8.cd5: ed5: 9.Da4 Lb7 10.La6 La6: 11.Da6: c5 12.Lf6: Sf6: 13.dc5: bc5: 14.0-0 Db6 15.De2 (der Damentausch hätte die schwarze Stellung verbessert) c4 16.Tfd1 Tfd8 17.Sd4 Lb4 18.b3 Tac8 19.bc4: dc4: 20.Tc2 (strebt Turmverdoppelung an) Lc3: 21.Tc3: Sd5 22.Tc2 c3 23.Tdc1 Tc5 (die Falle ...) 24. Sb3 Tc6 25.Sd4 Tc7 26.Sb5 Tc5 27.Sc3: (... ist zugeschnappt) Sc3: 28.Tc3: Tc3: 29.Tc3: (siehe Diagramm). Hoffte Bernstein auf 29. ... Db1+ 30.Df1 Td1 31.Tc8+? Capablanca zog 29. ... Db2. Das bedeutete Matt oder Turmgewinn. Weiß gab deshalb auf.

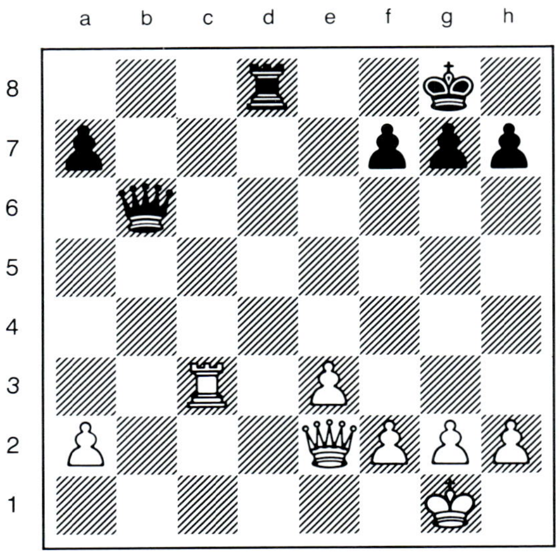

STERNSTUNDE DES AMATEURS

(New Orleans 1921)

Weiß: Adams
Schwarz: Torre

Mag sein, daß der Laie die Beschäftigung mit Meisterleistungen als wenig ersprießlich empfindet. Ist und bleibt er nicht ein Laie? Soll er nicht seine Grenzen kennen? Wenn ihm der Mut sinkt, gibt es nur eines: auf einen gewissen Adams blicken, der ein Nobody war und eines Tages gegen Señor Torre eine überwältigend schöne Kombination zustande brachte. Sie sieht aus, als sei sie von gewieften Profis sorgsam konstruiert worden. Nein, sie wurde mit leichter Laienhand aufs Brett gezaubert. Amateure, denkt stets an den unbekannten Mr. Adams!

1.e4 e5 2.Sf3 d6 (Philidor-Verteidigung) 3.d4 ed4: 4.Dd4: Sc6 5. Lb5 Ld7 6.Lc6: Lc6: 7.Sc3 Sf6 8.0-0 Le7 9.Sd5 Ld5: 10.ed5: 0-0 11.Lg5 c6 12.c4 cd5: 13.cd5: Te8 14.Tfe1 a5 15.Te2 Tc8 16.Tae1 Dd7 17.Lf6: Lf6:

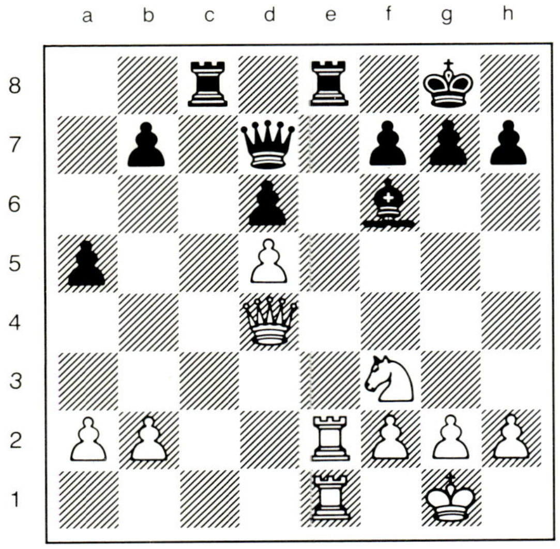

(siehe Diagramm). Soweit das alltägliche Menschenwerk. Nun aber schien Apoll ans Brett zu treten.
18.Dg4 (die Dame ist tabu und wird es bis zum Schluß bleiben) Db5 19.Dc4 Dd7 20.Dc7 Db5 21.a4 Da4: 22.Te4 Db5 23.Db7: Schwarz gab auf, weil 23. … Tb8 24.Db5: aussichtslos wäre. Der Traum war Wirklichkeit!

ÄUSSERST VERWICKELT

(Baden-Baden 1925)
Weiß: Richard Réti
Schwarz: Alexander Aljechin

Mit Schönheitspreisen hatte Aljechin Pech. Spielte er seiner Meinung nach besonders brillant, gab es keinen, weil zufällig keiner ausgesetzt war. So auch hier. «Die Stellung ist äußerst verwikkelt und voll schöner Kombinationen», lautete sein Kommentar zum 27. Zug. Das war aus seiner Feder das denkbar höchste Selbstlob. Réti schlug sich hervorragend, doch Aljechin um eine Nuance besser. Erst mit dem allerletzten Zug entschied sich die Partie.

1.g3 (Königsfianchetto) e5 2.Sf3 e4 3.Sd4 d5 4.d3 ed3: 5.Dd3: Sf6 6.Lg2 Lb4+ 7.Ld2 Ld2:+ 8.Sd2: 0-0 9.c4 Sa6 10.cd5: Sb4 11.Dc4 Sbd5: 12.S2b3 c6 13.0-0 Te8 14.Tfd1 Lg4 15.Td2 Dc8 16.Sc5 Lh3 17.Lf3 Lg4 18.Lg2 Lh3 19.Lf3 Lg4 20.Lh1 h5 21.b4 a6 22.Tc1 h4 23.a4 hg3: 24.hg3: Dc7 25.b5 ab5: 26.ab5: (Diagramm)

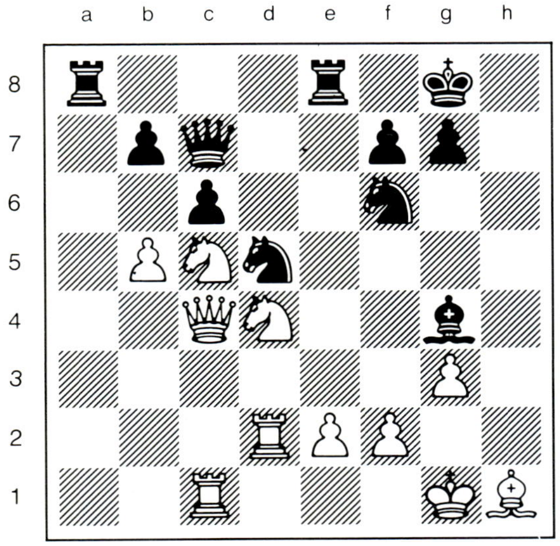

26. … Te3 27.Sf3 cb5: 28.Db5: Sc3 29.Db7: Db7: 30.Sb7: Se2:+ 31. Kh2 Se4 32.Tc4 Sf2: 33.Lg2 Le6 34.Tc2 Sg4+ 35.Kh3 Se5+ 36.Kh2 Tf3: 37.Te2: Sg4+ 38.Kh3 Se3+ 39.Kh2 Sc2: 40.Lf3: Sd4. Weiß gab auf wegen 41.Te3 Sf3:+42.Tf3: Ld5.

Eine solche Partie verdient Varianten:
a) 27.fe3: Dg3:+
b) 27.Kh2 Ta3 28.Scb3 De5 29.bc6: bc6: 30.fe3: Dh5+ 31.Kg1 Dh3
c) 27.Lf3 Lf3: 28.ef3: cb5: 29.Sb5: Da5 30.Td5: Te1+ 31.Te1: De1:+ 32.Kg2 Ta1
d) 31.Kf1 Sg3:+ 32.fg3: Lf3: 33.Lf3: Tf3:+ 34.Kg2 T8a3 35.Td8+ Kh7 36.Th1+ Kg6 37.Th3 Tfb3

Der Mann (Läufer)

Der Schleich (Narr, Läufer)

SCHWARZ GEWINNT

1. So schnell wie möglich

(New York 1964)
Weiß: Robert Byrne
Schwarz: Robert Fischer

Ein Schütze (Springer)

Diese Partie ist ein Mirakel. Denn gewöhnlich hat derjenige, der schon nach 21 Zügen aufgibt, zuvor einen gewaltigen Fehler begangen. Dieser muß besonders gravierend sein, wenn der Verlierer auch noch Weiß hatte. Doch hier hat sich Weiß einen derartigen Fehler nicht zuschulden kommen lassen. Es war nichts als eine Ungenauigkeit, im 14. Zug den Königsturm zu ziehen und nicht, was besser gewesen wäre, den Damenturm. Im Grunde ist dem amerikanischen Großmeister Byrne nur vorzuwerfen, daß er nicht so erfinderisch und genial war wie Fischer.

1.d4 Sf6 2.c4 g6 3.g3 c6 4.Lg2 d5 (Grünfeld-Verteidigung) 5.cd5: cd5: 6.Sc3 Lg7 7.e3 0-0 8.Sge2 Sc6 9.0-0 b6 10.b3 La6 11.La3 Te8 12.Dd2 e5

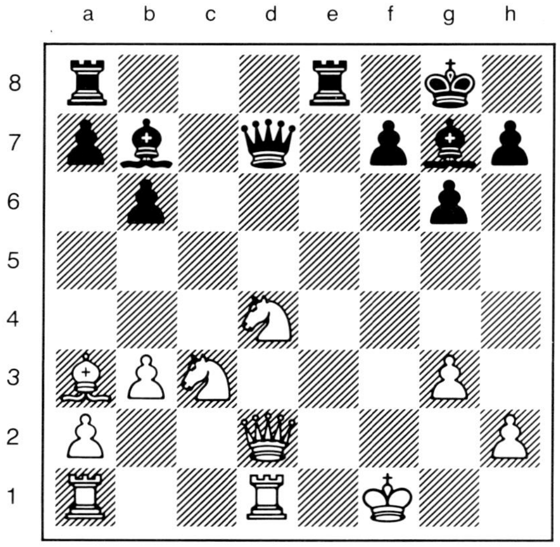

13.de5: Se5: 14.Tfd1 Sd3 15.Dc2 (wegen der Drohung 15. ... Se4) Sf2: 16.Kf2: Sg4+ 17.Kg1 Se3: 18.Dd2 Sg2: (ausnahmsweise ist der Läufer wertvoller als der Turm) 19.Kg2: d4 20.Sd4: Lb7+ 21.Kf1 Dd7 (siehe Diagramm). Weiß gab auf, was der Sieger später als «bittere Enttäuschung» bezeichnete. Zu gerne hätte Fischer 22.Df2 Dh3+ 23.Kg1 Te1+ 24.Te1: Ld4: auf dem Brett gesehen oder 22.Sdb5 Dh3+ 23.Kg1 Lh6.

2. Noch schneller

(Belgrad 1970)
Weiß: Bent Larsen
Schwarz: Boris Spassky

Die folgende Partie ist noch kürzer und wurde ebenfalls von Schwarz gewonnen, doch liegen, anders als bei Robert Byrne, bei Bent Larsen die Verfehlungen klar zutage. Der weiße Aufbau war modern gemeint, doch ungelenk ausgefallen. Vor allem vernachlässigte Larsen seinen rechten Flügel. Das wäre weiter nicht der Rede wert, hätte nicht Spassky, damals gerade Weltmeister, die Schwachpunkte des Gegners mit atemberaubender Erbarmungslosigkeit bloßgelegt. Robuste Unbefangenheit war immer ein Gütezeichen dieses Praktikers, doch eine derart zündende Wirkung erzielt selbst ein sehr guter Spieler nur einmal in seinem Leben.

1.b3 e5 2.Lb2 Sc6 (Unregelmäßig; manche sagen auch: Larsen-Eröffnung) 3.c4 Sf6 4.Sf3 e4 5.Sd4 Lc5 6.Sc6: dc6: 7.e3 Lf5 8.Dc2 De7 9.Le2 0-0-0 10.f4 (damit war das Maß voll) Sg4 11.g3 h5 12.h3 h4 13. (Larsen dachte eine Stunde lang nach) hg4: hg3: 14.Tg1 (siehe Diagramm)

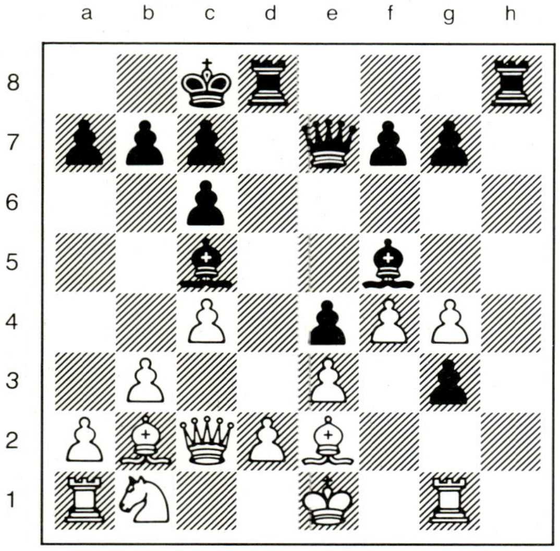

14. ... Th1 (die Bombe – von diesem Moment an war Weiß in jeder Variante verloren) 15.Th1: g2 16.Tf1 (16.Tg1 nützte auch nichts wegen 16. ... Dh4+ nebst Dh1) Dh4+ 17.Kd1 gf1:D+. Weiß gab auf.

Die Partie stammt aus einem an zehn Brettern ausgetragenen Wettkampf Sowjetunion gegen Rest der Welt, den der (offiziell so bezeichnete) Rest knapp verlor.

DAS GEHEIMNIS DES SCHWUNGS

(Niksić 1983)
Weiß: Garri Kasparow
Schwarz: Lajos Portisch

Phantasie, Dynamik, Temperament – mit 20 Jahren hatte Kasparow seinen Individualstil voll entwickelt. Diesen auf seine Solidität zu prüfen, war der umsichtige, 26 Jahre ältere Lajos Portisch, Ungarns Nummer 1 seit einer Generation, genau der richtige Mann.

1.d4 Sf6 2.c4 e6 3.Sf3 b6 4.Sc3 Lb7 (Damenindisch) 5.a3 d5 6.cd5: Sd5: 7.e3 Sc3: 8.bc3: Le7 9.Lb5+ c6 10.Ld3 c5 11.0-0 Sc6 12.Lb2 Tc8 13.De2 0-0 14.Tad1 Dc7 15.c4 cd4: 16.ed4: Sa5 17.d5 ed5: 18.cd5: Ld5: 19.Lh7:+ Kh7: 20.Td5: Kg8 (siehe Diagramm)

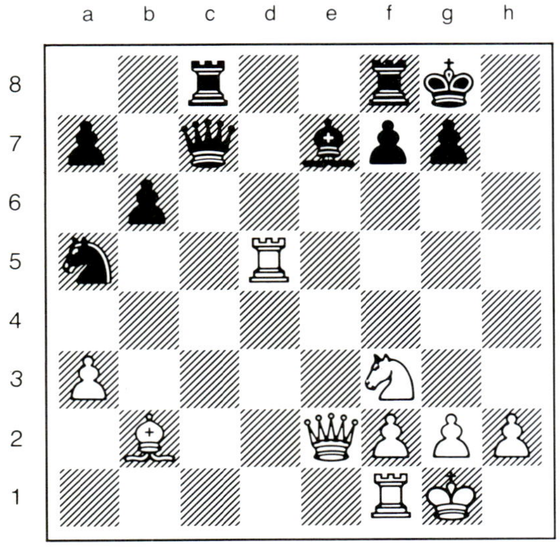

21.Lg7: Kg7: 22.Se5 Tfd8 (deckt das Feld d7) 23.Dg4+ Kf8 24.Df5 f6 25.Sd7+ Td7: 26.Td7: Dc5 27.Dh7 Tc7 28.Dh8+ (umgeht eine Falle) Kf7 29.Td3 Sc4 30.Tfd1 Se5 (laut Kasparow ein Fehler, besser sei 30. ... Ld6) 31.Dh7+ Ke6 32.Dg8+ Kf5 33.g4+ Kf4 34.Td4+ Kf3 35.Db3+. Schwarz gab auf.

In der Diagrammstellung opferte Kasparow eine Figur. Diese Dreistigkeit ohne Gewähr eines unmittelbaren Mattangriffs konnte er sich nur leisten, weil sein Gegner im Grunde mit einer Figur weniger spielte. Der schwarze Springer stand tatenlos herum. So lehrt diese großartige Partie zweierlei: Alle, nicht nur die meisten Figuren müssen aktiv sein. Und jeder Zug sollte sich auf das ganze Brett auswirken.

Ein Reutter (Turm)

DIE GROSSEN MEISTER

Unten: *Zäh, ruhig und 50 Züge lang war die 8. Partie des Weltmeisterschaftskampfes 1987 in Sevilla (hier der erste Zug am 3. November), in der Kasparow mit weiß seinen Herausforderer Karpow schlug. Botwinnik, Smyslow und Speelman haben die Partie für die beste in diesem Match gehalten.*

ALEXANDER ALJECHIN, geboren 1892 in Moskau, gestorben 1946 in Lissabon, war Weltmeister von 1927 bis 1935 und von 1937 bis zu seinem Tod. Sein Spiel war von einzigartiger Dynamik geprägt. Stets versuchte Aljechin, die Initiative an sich zu reißen, das Gesetz des Handelns zu bestimmen. Sein Geschick, «tote» Remisstellungen zu beleben und in Gewinnpositionen umzuwandeln, wurde legendär. Die Zielstrebigkeit, die Aljechins sehr kompliziertes Spiel auszeichnete, bewahrte dieses davor, extravagant oder skurril zu werden. Als Aljechin die Weltmeisterschaft begehrte, galt er zwar als virtuoser Spieler und glänzender Autor – seine Turnierbücher über New York 1924 und New York 1927 sind Klassiker – doch nicht als ernstzunehmender Widersacher des damaligen Weltmeisters Capablanca. Zur Verblüffung der Schachwelt gewann Aljechin den Kampf (Buenos Aires 1927) mit 6:3 bei 25 Remisen, und dies auch, weil er den Kubaner mit dessen eigenen Waffen schlug (ein Kunststück, das selten gelingt). Nun begann Aljechins Glanzzeit. In folgenden Turnieren verlor er keine einzige Partie: Bradley Beach 1929, San Remo 1930, Bled 1931, London 1932, Paris 1933, Hastings 1934. Doch hatte er Angst vor Capablanca und verweigerte diesem die Revanche, spielte statt dessen 1929 und 1934 Titelkämpfe gegen den deutlich schwächeren Efim Bogoljubow. 1935 ereignete sich die Sensation. Aljechin verlor den Titel mit 8:9 bei 13 Remisen gegen den von ihm völlig unterschätzten Niederländer Max Euwe. Aljechin war schon immer sehr selbstkritisch gewesen. Er änderte seinen Lebensstil und seine Trinkgewohnheiten. 1937 nahm er, in verschiedenen Städten der Niederlande spielend, Euwe mit 10:4 bei 11 Remisen den Titel wieder ab. Von nun an wurde sein Spiel aber deutlich schwächer. Aljechin trat vor allem im Herrschaftsbereich der Nationalsozialisten auf, was ihm bis zu seinem Ende nicht verziehen wurde. Der große Spieler, der nach der Oktober-Revolution seine Heimat verlassen hatte, starb einsam und verfemt in Portugal.

ADOLF ANDERSSEN, geboren 1818 in Breslau, dort 1879 gestorben. Mit seinem Einfallsreichtum und seiner stupenden Kombinationskraft galt dieser brillanteste Spieler, den Deutschland je hervorgebracht hat, über viele Jahre hinweg als der größte Meister der Welt. Seine Kunst wurde nur durch die Paul Morphys eine Zeitlang in den Schatten gestellt. Anderssen ist der Schöpfer der «Unsterblichen Partie» (London 1851) und der «Immergrünen Partie» (Berlin 1853) – Bezeichnungen, die ein Beweis dafür sind, wie sehr er das Publikum hinriß. 1851 gewann Anderssen in London das erste große moderne Turnier, unterlag jedoch 1858 in einem Pariser Wettkampf dem noch genialeren Morphy. Anderssen unterrichtete an einem Breslauer Gymnasium Mathematik, hatte folglich nicht sehr viel Zeit für Schachreisen, maß sich jedoch mit den Großen seiner Zeit. So schlug er zwei bedeutende Meister, Johannes Zukertort und Louis Paulsen. 1866 verlor er gegen Steinitz, der sich hierauf (inoffiziell) als Weltmeister bezeichnete. Es war eine symptomatische Niederlage: Der Kombinationskünstler unterlag dem Vater des Positionsspiels. Aber wie er unterlag! Sechs Siege, acht Verluste und kein einziges Remis! Kein Meister kommt heute mit dem aus, was Anderssen wußte. Trotzdem erscheint das Reich des Geistes, über das der Breslauer Professor gebot, uns wie ein verlorenes Paradies.

MICHAIL BOTWINNIK, geboren 1911 in St. Petersburg, war mit zwei kurzen Unterbrechungen von 1948 bis 1963 Weltmeister. Gerade die Unterbrechungen werfen ein Schlaglicht auf seine Arbeitsweise. Wenn er einen Weltmeisterschaftskampf verloren hatte, 1957 gegen Smyslow wie 1960 gegen Tal, studierte er die Eigenarten und Schwächen seines Widersachers so genau, daß er sich jeweils im folgenden Jahr den verlorenen Titel zurückholte. Botwinnik hat immer hart an sich gearbeitet. Seine Lebensweise war beinahe asketisch, zumal vor wichtigen Begegnungen. Er, der gelernte Elektroingenieur, hielt neben der eisernen Selbstdisziplin ein umfassendes Studium aller Phasen des Schachkampfes sowie sämtlicher Stile für Voraussetzungen des Erfolges. Botwinniks große Turnierleistungen: 1935 teilte er in Moskau mit Salo Flor, 1936 in Nottingham mit Capablanca den ersten Rang. Nach dem Krieg gewann er das Groninger (1946) und das Moskauer Turnier (1947). Den Weltmeisterschaftskampf 1948, ein in Haag und Moskau ausgetragenes Fünferturnier, gewann er vor Wassilij Smyslow, Paul Keres, Samuel Reshevsky und Max Euwe. In späteren Titelkämpfen behauptete er sich gegen Bronstein (1951) und Smyslow (1954). 1963 gab er mit 52 Jahren die Weltmeisterschaft endgültig an Tigran Petrosjan ab. Botwinniks Partien sind technisch perfekt, doch fehlt ihnen der Glanz. Der Freund der Wissenschaft hat dem «Spielerischen» den Garaus zu machen versucht. Er war wie Aljechin ein unbarmherziger Kritiker seiner selbst und hatte einen sicheren Blick für junge Talente. Er war der erste, der in der UdSSR Fischers überragende Begabung erkannte.

«Wichtig ist das Studium der Schachgeschichte, eine eingehende Bekanntschaft mit der Schöpfung großer Meister der Vergangenheit, profundes Wissen über Entwicklung verschiedener Richtungen und Ideen im Schach, was ebenfalls eine Voraussetzung für zukünftige eigene Erfolge ist.»

Michail Botwinnik

JOSÉ RAÚL CAPABLANCA Y GRAUPERA, geboren 1888 in Havanna, gestorben 1942 in New York, Weltmeister 1921–1927. In der Kunst, die Geheimnisse einer Stellung, ihre Schwächen und Stärken, mit sicherem Blick zu erfassen, war Capablanca unübertroffen. Er strebte nach einfachen Lösungen und ging allen Verwicklungen und Komplikationen aus dem Weg. Positionsvorteile, mochten sie auch minimal sein, baute er zielstrebig aus, ohne je irgend etwas zu überstürzen. Sein Spitzname: Schachmaschine. Bobby Fischer hat einmal gesagt, für ihn sei jeder Capablanca-Zug auf Anhieb verständlich. Capablancas Spiel schien mühelos zu sein, ein Irrtum, der durch dreierlei gestützt wurde: durch die Wunderkind-Karriere, durch die Meinung des Weltmeisters, das Schach sei erforscht und werde in kurzer Zeit den «Remistod» erleiden, sowie durch das für einen Spieler ungewöhnlich elegante und weltmännische Auftreten (Capablanca bezog von der kubanischen Regierung einen Ehrensold). Lasker sah tiefer: «Wahrscheinlich ist Odysseus sein Ideal». 1921 gewann Capablanca die Weltmeisterschaft gegen den schlecht vorbereiteten und unter der Hitze Havannas leidenden Lasker mit 4:0 bei 10 Remisen, 1927 verlor er sie gegen Aljechin mit 3:6 bei 25 Remisen. Vor diesem «Wettkampf des Jahrhunderts» in Buenos Aires hatte so gut wie jedermann in Capablanca den Favoriten gesehen. Dessen Ruhm gründete sich auf legendäre Turniererfolge: 1. Plätze 1911 in San Sebastián, 1922 in London und vor allem 1927 in New York, jedes Mal gegen stärkste internationale Konkurrenz. Auch als Exweltmeister belegte Capablanca erste Plätze: Berlin 1928, Budapest 1929, Hastings 1930, Moskau 1936. Capablanca und seine Freunde bemühten sich lange um einen Rückkampf gegen Aljechin. Dieser entzog sich jedoch der Revanche, und er wußte, warum.

MAX (MACHGIELIS) EUWE, geboren 1901 in Amsterdam, gestorben 1981, war Weltmeister von 1935 bis 1937. Er war Mathematiker und hatte auch als Schachspieler eine wissenschaftliche Ader. Für seinen Hang zur Systematik spricht ein umfangreiches Eröffnungswerk, noch mehr aber sein Buch „Das Mittelspiel", weil diese Phase des Kampfes viel schwieriger in Kategorien einzuteilen ist als Eröffnung und Endspiel. Bei aller Sachlichkeit war Euwe kein Pedant, wie er auch viel von psychologischen Erkenntnissen hielt. Daher seine Vorliebe für Zweikämpfe. Als 1935 Euwe den damals als nahezu unschlagbar geltenden Aljechin herausforderte, rechnete jedermann mit einer

Niederlage Euwes, zumal dieser zwei Wettkämpfe gegen Bogoljubow und einen gegen Capablanca verloren hatte. Doch Euwe siegte. Später hat er erzählt, er sei ganz gelöst und in Trainingsstimmung gegen den Weltmeister zu Felde gezogen und habe vielleicht deshalb gewonnen – 9:8 bei 13 Remisen. Zwei Jahre danach aber, im Rückkampf, habe er verkrampft gespielt und somit 4:10 bei 11 Remisen verloren. Euwe gehörte zu denen, die durch den Zweiten Weltkrieg daran gehindert waren, die Jahre ihrer Höchstform auszunutzen. Später wurde er Professor für Kybernetik und Präsident der FIDE, die er von 1970 bis 1978 leitete.

ROBERT («BOBBY») JAMES FISCHER, geboren 1943 in Brooklyn, New York, war von Siegeswillen erfüllt wie kaum je ein anderer Spieler. Sein Ehrgeiz paarte sich mit strengster Professionalität. Fischer hielt das Schachspiel für einen harten Job, der gewisse Vorlieben und Spezialisierungen nicht zuließ. Der Berufsspieler hatte sowohl im Positions- wie im Kombinationsspiel perfekt zu sein und in der Eröffnungstheorie ebenso zu glänzen wie in der Endspieltechnik. Diese Berufsauffassung erinnerte an Botwinnik, doch war Fischer weitaus einfallsreicher. Er ist der Schöpfer vieler Glanzpartien. Nahezu berücksichtigt war sein kleines Eröffnungsrepertoire. Jeder Gegner konnte sich ausrechnen, wie Fischer auf bestimmte Züge reagieren würde, doch obwohl er in jedes offene Messer zu rennen schien, gewann er alsbald doch die Oberhand, weil er die abgedroschensten Varianten tiefer durchdacht hatte als seine Widersacher. Mit 15 Jahren wurde er, der aus einfachen Verhältnissen stammte, der jüngste Großmeister der Weltgeschichte. Er war ein Selfmademan, erst einer gleichgültigen amerikanischen Öffentlichkeit gegenüber, dann im Angesicht einer Phalanx sowjetischer Großmeister, die mit vereinten Kräften seinen Aufstieg zur Spitze verhindern wollten. Fischer spielte aus religiösen Gründen nie samstags und hielt das «sch» im Familiennamen seiner deutsch-jüdischen Vorfahren hoch in Ehren. Fischer hat manches Turnier gewonnen, aber seine wahre Größe zeigte sich erst bei den Vorrunden zur Weltmeisterschaft 1972. Beim Interzonenturnier in Palma de Mallorca spielte er die Weltelite in Grund und Boden, hierauf schlug er sowohl Taimanow als auch Larsen 6:0. So ergab es sich, daß Fischer hintereinander 21 schwere Partien gewann, was noch keinem einzigen Großmeister gelungen war. Nachdem er auch Petrosjan (Buenos Aires 1971) bezwungen hatte, schlug er in Reykjavík (1972) Weltmeister Boris Spassky mit 7:3 bei elf Remisen. Als er erreicht hatte, was er erreichen konnte, zog er sich zurück und weigerte sich auch, 1975 den Titel gegen Karpow zu verteidigen. Zu seinen Vorstellungen von Professionalität gehörten auch glänzende Honorare und erstklassige Turnierbedingungen. Viele Forderungen, deretwegen er als Exzentriker verleumdet worden ist, sind heute Selbstverständlichkeiten.

ANATOLI KARPOW, geboren 1951 in Leningrad, wurde 1975 am «grünen Tisch» Weltmeister. Da Robert Fischer sich nicht anschickte, den Titel zu verteidigen, wurde dieser Karpow zugesprochen, dem Gewinner dreier Kandidatenwettkämpfe. Der Russe wollte nicht nur ein anerkannter, sondern auch ein fleißiger Weltmeister sein. Er reiste von Turnier zu Turnier und sicherte sich meistens den ersten Platz. Stellvertretend für seine zahlreichen Erfolge seien die Ergebnisse genannt, die er in Tilburg beim alljährlich stattfindenden Interpolis-Turnier erzielte. Innerhalb von zwölf Jahren war Karpow siebenmal dabei; sechsmal – 1977, 1979, 1980, 1982, 1983 und 1988 – belegte er trotz traditionell äußerst starker Konkurrenz den ersten Rang, und nur einmal, 1986, kam er auf den dritten. Mit Wettkämpfen ist es eine andere Sache. Karpow, der 1974 als Kandidat Polugajewskij und Spassky souverän besiegte hatte, wäre damals beinahe an dem 20 Jahre älteren Viktor Kortschnoj gescheitert. Dieser forderte ihn dann 1978 und 1981 heraus. Den ersten dieser beiden Weltmeisterschaftskämpfe gewann Karpow in Baguio City nur mit Mühe und Not – 6:5 bei 10 Remisen. 1984/85 mußte Karpow, der Jugendweltmeister von 1969, mit Garry Kasparow, dem Jugendweltmeister von 1980, die Kräfte messen. Sieger sollte sein, wer zuerst sechs Partien gewänne. Der Kampf, der sich über Monate hinzog, wurde nach 48 Partien vom FIDE-Präsidenten Campomanes im Einvernehmen mit Karpow, der 5:3 führte, abgebrochen. Ein halbes Jahr später begann, ebenfalls in Moskau, der zweite Wettkampf, in dem Karpow den Titel mit 3:5 bei 16 Remisen verlor. Dann gewann er den Titel wieder, weil Kasparow, sein größter Konkurrent, einen weltweiten Spalterverein gegründet hatte. In drei niederländischen Städten und in Djakarta bezwang Karpow im Herbst 1993 den Holländer Timman mit 12,5 : 8,5. In der kalmückischen Hauptstadt Elista wehrte er Mitte 1996 Gata Kamskys, eines in Amerika lebenden jungen Landsmanns Griff nach der Krone mit 10,5 : 7,5 Punkten ab. Karpow ist ein allseitig erfahrener, nahezu in allen Bereichen (auch der Psychologie und politischen Taktik) versierter, aber sehr risikoscheuer Spieler. Mit großer Geduld wartet er darauf, daß dem Gegner ein Fehler unterläuft, den er dann, und sei es der kleinste, nach allen Regeln der Kunst ausschlachtet. Dabei ist er ein Freund harmonischer Stellungen, die er bedächtig weiterzuentwickeln strebt. Makellosigkeit ist das Ideal dieses Spielers.

GARRY KASPAROW, geboren 1963 in Baku, ist Weltmeister seit 1985. Von Anfang an verstand er sich als Antipode Karpows. Am Brett sollte der Spieler nicht nur perfekt, sondern auch einfallsreich sein, nicht nur vorsichtig, sondern auch unternehmungslustig, nicht nur bedächtig, sondern auch wagemutig. Kasparow wollte Karpow so schnell wie möglich vom Thron des Weltmeisters stürzen, und tatsächlich gelang ihm eine Blitzkarriere. In den erstklassig besetzten Turnieren von Jugojno 1982 und Niksic 1983, die er beide gewann, präsentierte er sich der Schachwelt als der neue, dynamische Mann. In den Kandidatenwettkämpfen der Jahre 1983 und 1984 schlug er der Reihe nach in überzeugendem Stil Beljawskij, Kortschnoj und Smyslow. Der Weltmeisterschaftskampf gegen Karpow zog sich lange hin und wurde in dem Augenblick abgebrochen, in welchem Kasparow, der sehr im Rückstand gewesen war, aufholte. Der Herausforderer hat das als eine üble Machenschaft Karpows und des mit ihm sympathisierenden FIDE-Präsidenten Campomanes gebrandmarkt. Im zweiten Moskauer Wettkampf, 1985, siegte Kasparow mit 5:3 bei 16 Remisen, erhielt den Titel und war somit der jüngste Weltmeister der Schachgeschichte. Einer unsinnigen Regelung zufolge mußten zwischen denselben Gegnern 1986 und 1987 noch zwei weitere Weltmeisterschaftskämpfe ausgetragen werden. Den ersten – Schauplätze waren London und Leningrad – gewann Kasparow 5:4 bei 15 Remisen. Bei dem zweiten in Sevilla erreichte er mit 4:4 bei 16 Remisen nur ein Unentschieden, das jedoch altem Brauch zufolge als Niederlage des Herausforderers gewertet wird. Im Herbst 1990 wurde der Wettkampf der beiden Erzrivalen jenseits und diesseits des Atlantik ausgetragen, in New York und Lyon. Kasparow gewann die Weltmeisterschaft knapp mit 12,5 : 11,5 Punkten, drei Jahre später jedoch deutlich mit 12,5 : 7,5. Nur war sein Gegner jetzt nicht Karpow, sondern der Engländer Nigel Short, der überraschenderweise den Russen in einer Vorrunde geschlagen hatte. Mittlerweile hatte sich Kasparow mit dem Weltschachbund FIDE so überworfen, daß er seine eigenen Weltmeisterschaften organisierte und die FIDE ihm den höchsten Titel aberkannte. Folglich konnte Kasparow im Herbst 1995 durch seinen New Yorker Sieg über den Inder Viswanathan Anand (10,5 : 7,5) nur Weltmeister der von ihm gegründeten Professional Chessplayers Association (PCA) werden, was ihm jedoch nichts auszumachen schien, da fast die ganze Fachwelt ihn für die wahre Nummer 1 hielt. Er propagierte das von Sponsoren finanzierte Schach, gab aber schließlich immer mehr zu erkennen, daß er zu einem «Versöhnungskampf» gegen den FIDE-Besten bereit wäre. Kasparows Spiel ist faszinierend. Es beruht auf der Fähigkeit, sehr viele Varianten in kürzester Zeit durchzurechnen, ist andererseits nicht frei von Ungenauigkeiten, was jedoch in der Kürze der Bedenkzeit der Gegner meistens nicht ausnutzen kann. Im Hinblick auf seinen Stil ist Kasparows Lieblingswort: Phantasie.

PAUL KERES, geboren 1916 in Reval (Tallinn), gestorben 1975 auf einem Flug von Kanada in seine Heimat, ist der große Pechvogel der Schachgeschichte gewesen. Er begann als Fernschachspieler und verwegener Kombinatoriker und erzielte vor dem Zweiten Weltkrieg derartige Turniererfolge, daß ein Weltmeisterschaftskampf mit Aljechin fällig gewesen wäre. Dazu kam es aber nicht. Nach dem Krieg vervollkommnete sich Keres im Positionsspiel, hatte nun den idealen Stil und vermochte seine außergewöhnliche Spielstärke jahrzehntelang zu halten. Immer wieder kämpfte der elegante Großmeister um das Recht, den Weltmeister herauszufordern, und scheiterte dabei viermal um ein Haar. Erste Preise: Semmering 1937, AVRO-Turnier Holland 1938 (geteilt mit Reuben Fine), Margate 1939, Budapest 1952, Hastings 1965, Bamberg 1968.

EMANUEL LASKER, geboren 1868 in Berlinchen bei Berlin, gestorben 1941 in New York, war – ein Rekord – 27 Jahre lang Weltmeister, von 1894 bis 1921. Er war ein vorzüglicher Taktiker. Die Grundsätze der Strategie übernahm er von Steinitz, den er in New York, Philadelphia und Montreal mit 10:5 bei 4 Remisen besiegte. Laskers Geheimnis war jedoch die praktische Psychologie. Für ihn war Schach ein Kampf, aber nicht zwischen Weiß und Schwarz, sondern zwischen zwei Köpfen, zwei Seelen, zwei Herzen. Lasker versuchte, die Schwächen seiner Gegner zu ergründen und auszunutzen. Oft wählte er den objektiv zweit- oder drittstärksten Zug, weil dieser für den jeweiligen Gegner der unangenehmste war. Lasker strebte nicht nach Schönheit, sondern nach Zweckmäßigkeit. 1910 hätte er den Titel verloren, wenn es ihm nicht in einer Sensationspartie gelungen wäre, seinen Herausforderer, den behäbigen Carl Schlechter, zu einem riskanten Angriff zu verleiten. Denn es war Laskers Stil, dem Gegner einen Stil aufzuzwingen, der diesem nicht lag. Die Zeitgenossen durchschauten das nicht und hielten Laskers Erfolge für eine Art Zauberei. Zahllose Partien gewann er aus einer objektiv miserablen Position heraus, weil er warten konnte, bis der Gegner aus Übermut oder Ungeduld Fehler beging. Lasker hat seinen Titel gegen Frank Marshall und Schlechter, zweimal gegen David Janowski und zweimal gegen Siegbert Tarrasch verteidigt. 1921 gab er die Krone an Capablanca ab. Laskers größte Turniersiege: St. Petersburg 1895/96, Nürnberg 1896, London 1899, Paris 1900, St. Petersburg 1914, New York 1924. Noch als 67jähriger belegte er in einem starken internationalen Turnier (Moskau 1935) den dritten Platz. Lasker war ein leidenschaftlicher Mathematiker und Doktor der Philosophie. Als Jude emigrierte er zu Beginn der Hitler-Zeit aus Deutschland.

FRANK MARSHALL, geboren 1877 in New York, dort 1944 gestorben, wäre der größte Schachspieler aller Zeiten, wenn es nur auf zündende Einfälle, geistreiche Kombinationen und einen nie erlahmenden Schwung ankäme. Es kommt aber auch auf Strategie und auf die Bereitschaft an, Angriffe aufzuschieben, solange sie positionell nicht gerechtfertigt sind. Charakteristisch für den alten Kämpfer war die selbstkritische Frage, wann er endlich einmal begreifen werde, daß ein Remis wertvoller sei als eine Niederlage. Doch Leute wie Marshall muß es, soll das Schach populär bleiben, immer wieder geben. Erster Preis in Cambridge Springs 1904, Nürnberg 1906, Düsseldorf 1908, Havanna 1913.

PAUL MORPHY, geboren 1837 in New Orleans und 1884 dort gestorben, erscheint der Nachwelt als die personifizierte ewige Jugend. Romantisch war sein Stil, romantisch sein geheimnisvolles Gemütsleiden, romantisch vor allem seine kometenhafte Karriere. Denn der Siegeszug durch die Schachwelt bestand, genau genommen, nur aus einer Europareise, die von Juni 1858 bis April 1859 dauerte. Vor dieser Tournee hatte Morphy ein Examen als Rechtsanwalt abgelegt und die Lokalgrößen von New York besiegt. Hernach wollte er von dem Spiel, das ihn auch in der Heimat berühmt gemacht hatte, immer weniger wissen. Er zweifelte an sich und am Sinn des Lebens. Obwohl er mit seinem angenehmen Äußeren und seinen gewinnenden Manieren das Zeug zum Gesellschaftslöwen hatte, zog er sich immer mehr zurück. Zeichen einer Geisteskrankheit haben die Ärzte indes nicht festgestellt. In jenen zehn Monaten aber hat er sich als der größte Spieler des 19. Jahrhunderts erwiesen. Er trat immerzu gegen irgend jemanden an. In Wettkämpfen schlug er Johann Jakob Löwenthal, Daniel Harrwitz und Augustus Mongredien. Der berühmte Howard Staunton verzichtete auf einen solchen Kräftevergleich. Doch der Morphy ebenbürtige Adolf Anderssen stellte sich. Morphy besiegte ihn in Paris mit 7:2 bei 2 Remisen. Die Laien waren von den Partien des Amerikaners schon immer entzückt. Doch Jahrzehnte später gingen auch den Fachleuten die Augen über. Sie erkannten, daß den herrlichen Kombinationen strategische Konzeptionen zugrunde lagen, die erst viel später formuliert worden sind, die Morphy jedoch schon damals, aus einem richtigen Gefühl heraus, beherzigt hatte. Der ungarische Großmeister Géza Maróczy, wahrlich ein ruhiger Positionsspieler und von ganz anderem Temperament als Morphy, nannte diesen den «Auserwählten der Auserwählten».

AARON NIMZOWITSCH, geboren 1886 in Riga, gestorben 1935 in Kopenhagen, ist neben seinem Antipoden Tarrasch, den er erbittert bekämpfte, der am meisten beachtete Theoretiker unseres Jahrhunderts. In vielen Aufsätzen und dem 1925 erschienenen Buch «Mein System» stellte Nimzowitsch in ätzendem und sehr amüsantem Stil die herkömmliche Spielauffassung auf den Kopf. Er pries gedrückte Stellungen. Er riet vom Angriff ab. Er weigerte sich, das Zentrum mit Bauern zu besetzen, da es mit entfernt stehenden Figuren viel besser zu beherrschen sei. Als die Schachwelt die konservativen Elemente in solchen revolutionären Theorien entdeckte und überdies dem Autor etliche Übertreibungen verzieh, wurde Nimzowitsch zum modernen Klassiker. Was er über die Behandlung von Bauernketten, über die Methode, gewisse Steine mehrfach zu dekken, über die Kunst der Blockade und über die Technik der Hemmung schrieb, ist heute allgemein gültige Erkenntnis. Nimzowitsch war ein bedeutender Eröffnungstheoretiker. Viele Varianten tragen seinen Namen. Die «Nimzowitsch-Eröffnung» (1.e4 Sc6) wirkt immer noch skurril, doch die «Nimzoindische Verteidigung» (1.d4 Sf6 2.c4 e6 3.Sc3 Lb4) ist eine der wichtigsten Eröffnungen überhaupt. Nimzowitsch war aber auch ein großer Praktiker, wenngleich seine besten Partien sehr kompliziert und schwer verständlich sind. Sein taktisches Geschick wurde auch von Aljechin gerühmt. Die Turnierergebnisse entsprachen nicht immer seinem immensen Können. Größter Erfolg: Karlsbad 1929, 1. Platz vor Capablanca, Spielmann und Rubinstein.

TIGRAN PETROSJAN, 1929 in Tiflis geboren, war Weltmeister von 1963 bis 1969 und von allen Titelträgern derjenige, der am wenigsten Begeisterung weckte. Er trat nicht als der Schöpfer großer Schachgedanken in Erscheinung, sondern als deren konsequenter Verhinderer. Petrosjan war der geborene Gegenspieler, der mit zäher Geduld seinen Steinen die besten Felder verschaffte und den Angreifer langsam aber sicher ausmanövrierte. «Man hüte sich vor unnötiger Erregung», war seine Devise. Das Turnierglück lächelte und grollte dem Armenier: Oft verlor er keine einzige Partie, kam aber dennoch nicht an die Tabellenspitze. Im Zweikampf besiegte er 1963 Botwinnik mit 5:2 bei 15 Remisen und 1966 Spassky mit 4:3 bei 17 Remisen. Den nächsten Weltmeisterschaftskampf verlor er gegen Spassky, und zwar genau an seinem 40. Geburtstag.

RICHARD RÉTI, (1889 – 1929), tschechischer Großmeister, gilt als einer der großen Vertreter des Schachspiels seiner Zeit. Die sogenannte «Hypermoderne Schachschule», ein von Tartakower geprägter Ausdruck, bezeichnete eine neue Stilrichtung, die mit dem Angriff auf das Bauernzentrum des Gegners durch fanchettierte Läufer sich von Tarraschs Spielweise unterschied. Réti wurde nach Aufgabe seines Mathematikstudiums Berufsspieler. Relativ spät erst ab 1920 wurde die internationale Schachwelt auf ihn aufmerksam (1. Platz in Amsterdam vor Maróczy und Tartakower, 1. Platz in Göteborg vor Rubinstein und Bogoljubow). 1924 brachte er Capablanca die erste Niederlage bei, und 1925 überbot er Aljechins Weltrekord im Blindsimultanspiel. Gegen 29 Gegner trat er an und siegte 21mal bei nur 2 Niederlagen. Réti hat das moderne Spiel theoretisch in den Büchern «Meister des Schachbretts» (1930) und «Neue Ideen im Schach» (1922) untermauert. Der relativ jung verstorbene Großmeister war einer der genialsten Spieler in der ersten Hälfte des Jahrhunderts.

AKIBA RUBINSTEIN, geboren 1882 in Stawiski (Polen), gestorben 1961 in Antwerpen, war von allen großen Schachspielern der größte Endspielkünstler. Ursprünglich hatte Rubinstein Rabbiner werden wollen. Er war ein stiller, unauffälliger Mann, der in seinen besten Jahren so gut wie fehlerfrei, allerdings auch etwas eintönig spielte. In den letzten drei Jahrzehnten seines Lebens trat er nicht mehr an die Öffentlichkeit, doch vor dem Ersten Weltkrieg hatte ihn auch der Stärkste zu fürchten. Erster Preis in Karlsbad 1907, San Sebastián 1912, Pistyan 1912, Wien 1922.

WASSILIJ SMYSLOW, geboren 1921 in Moskau, Weltmeister 1957–1958, pflegte einen Stil, der schwer zu etikettieren war. Euwe schrieb, «daß nicht leicht gesagt werden kann, worin nun eigentlich seine besondere Stärke liegt». Dem ist zu entnehmen, daß Smyslow in keiner Richtung übertrieb. Er liebte das Positionsspiel, doch das kräftige, robuste, zielstrebige. War der geeignete Augenblick gekommen, konnte er zuschlagen wie der größte Taktiker. Smyslow kämpfte dreimal gegen Botwinnik um die Weltmeisterschaft: 1954 scheiterte er, weil er nur ein Unentschieden erzielte, 1957 gewann er den Titel, den er im Rückkampf 1958 wieder verlor. Smyslow wäre mit seiner Baritonstimme auch ganz gerne Opernsänger geworden. Manche Autoren sagen ihm Schwermut nach. Smyslow hat viele Turniere gewonnen, doch nur zwei herausragende: die Kandidatenturniere von Zürich (1953) und Amsterdam (1956). Als ausgezeichneter Endspieler verfaßte er gemeinsam mit Löwenfisch eine «Theorie der Turmendspiele».

BORIS SPASSKY (SPASSKIJ), geboren 1937 in Leningrad, war Weltmeister von 1969 bis 1972. Er ist ein Naturtalent, nicht sehr fleißig, aber von robuster körperlicher wie seelischer Konstitution, ein Praktiker und Pragmatiker, wenig subtil, aber findig und zäh. Kein Dämon hat ihn je gehetzt, keine Depression ihm je das Leben schwer gemacht. Spassky hatte Glück. Als er auf der Höhe seiner Leistungsfähigkeit stand, trat ihm kein Genie in den Weg. War 40 Jahre früher ein anderer handfester Spieler, Efim Bogoljubow, an Aljechin gescheitert, so überwand Spassky jetzt, 1969, Titelverteidiger Petrosjan mit 6:4 bei 13 Remisen. Drei Jahre zuvor war ihm ein Sieg über denselben Gegner noch nicht gelungen, doch hatte er damals in Santa Monica eines der stärkstbesetzten Turniere der Geschichte gewonnen. Nach 1970 nahm Spasskys Spielstärke deutlich ab. Die allgemeine Verwunderung war nicht groß, als er gegen Bobby Fischer 1972 den kürzeren zog.

WILHELM STEINITZ, geboren 1836 in Prag, gestorben 1900 in New York, war Weltmeister von 1866 bis 1894. Als Begründer des Positionsspiels ist er der Vater des modernen Schach. Angriffe, lehrte Steinitz, sind sinnlos, solange sich die Stellung im Gleichgewicht befindet. Geht dieses verloren, muß der Angriff erfolgen, und zwar sofort, da die günstige Gelegenheit wahrscheinlich nicht wiederkehrt. Es darf aber kein Angriff ins Blaue sein, vielmehr muß der Hebel exakt am schwächsten Punkt angesetzt werden. Der etwas trockene Steinitz, der diese Grundsätze nicht, wie Morphy, intuitiv, sondern rational erfaßte, war seinen stürmischsten und brillantesten Zeitgenossen überlegen. Steinitz erklärte sich selbst zum Weltmeister, nachdem er 1866 in London Anderssen mit 8:6 ohne ein einziges Remis geschlagen hatte. Im ersten offiziellen Weltmeisterschaftskampf, 1886 in New York und St. Louis, bezwang Steinitz den Polen Johannes Hermann Zukertort mit 10:5 bei 5 Remisen. Steinitz verteidigte seinen Titel gegen Isidor Gunsberg und zweimal gegen Michail Tschigorin, bis er 1894 gegen Lasker unterlag. Steinitz errang erste Preise in den Turnieren London 1872, Wien 1873 und Wien 1882. Von Preisen lebte Steinitz, aber mehr schlecht als recht. Als er 1899 in London zum erstenmal seit seiner Jugend ohne Preis ausging, war er wirtschaftlich ruiniert und psychisch gebrochen. Sein Leben endete in einer Nervenheilanstalt.

MICHAIL TAL, geboren 1936 in Riga, war Weltmeister von 1960 bis 1961. Er wurde als der «König der Kombination» bezeichnet, auch als «Zauberer» und «Hexenmeister». Er pflegte einen Stil, von dem die Fachwelt glaubte, er sei nur für das 19. Jahrhundert typisch und in der Gemeinschaft übervorsichtiger, ewig sich absichernder Großmeister nicht mehr anwendbar. Wie ein Wirbelwind erregten Tals Einfälle die Schachwelt. Sie waren unorthodox, frech, äußerst riskant und immer wieder von Erfolg gekrönt. Tals Markenzeichen war das unerwartete, nahezu halsbrecherische Figurenopfer, das die Stellung des Gegners aufriß, jedoch beiden Kontrahenten Probleme in Hülle und Fülle bescherte. Doch selbst die inkorrekten Opfer erfüllten ihren praktischen Zweck, weil die Widerlegung erst nach langwieriger Analyse erfolgen konnte und nicht sofort am Brett. Der eine oder andere verärgerte Großmeister sprach deshalb von «Bluff» oder «Hokuspokus». Tal konnte das gleichgültig sein, der in den großen Turnieren von Portoroz (1958) und Zürich (1959) die Weltelite hinter sich ließ. Als er jedoch Weltmeister Botwinnik mit 6:2 bei 13 Remisen geschlagen hatte, zeigte es sich, daß große Kombinationen die Ausnahme sind und selbst ein Tal aus der Ausnahme nicht die Regel machen konnte. Der mit 24 Jahren damals jüngste Weltmeister der Geschichte verlor den Rückkampf mit 5:10 bei sechs Remisen und erreichte seitdem nur noch sehr selten sein früheres legendäres Format.

SIEGBERT TARRASCH, geboren 1862 in Breslau, gestorben 1934 in Nürnberg, war der bisher größte Schachpädagoge. Wie kein zweiter hat er das Schach populär gemacht, weil er die schwierigsten Gedankengänge in verständliche Sätze kleiden konnte. Der Doktor der Medizin und humanistisch gebildete Mann schrieb ein vorzügliches, manchmal sarkastisches Deutsch. Bei Tarrasch war und ist zu lernen, wie Figuren zu entwickeln, Linien zu öffnen, Vorposten zu schaffen und «Angriffsmarken» aufs Korn zu nehmen sind. Berühmt wurde sein Tip, die Türme hinter und nicht vor die (eigenen und gegnerischen) Freibauern zu stellen. Tarrasch glaubte, daß jeder richtige Zug auch schön sei, und beharrte vor allem darauf, daß es in jeder Position einen bestimmten Zug gebe, der besser sei als alle anderen. Den Zug je nach Gegner zu wählen, kam ihm nicht in den Sinn, weshalb er Lasker, dem er bei einem Titelkampf, 1908 in Düsseldorf, mit 3:8 bei 5 Remisen unterlag, nie richtig verstanden hat. Gewisse Fehlurteile wie die Unterschätzung gedrückter Stellungen oder die Ablehnung etlicher Eröffnungen sind Tarrasch über Gebühr angekreidet worden. Ein so schlimmer «Dogmatiker», wie manche behaupteten, war der «Praeceptor Germaniae» gar nicht. Die Zahl der aus seinen Büchern – etwa «Das Schachspiel» oder «300 Schachpartien» – lernenden Schüler ist immens gewesen. Sein Einfluß beruhte aber auch auf seinen praktischen Erfolgen. Dafür, daß in seiner Zeit internationale Turniere selten waren, hat er ungewöhnlich viele gewonnen. Breslau 1889, Manchester 1890, Dresden 1892, Leipzig 1894, Wien 1898, Monte Carlo 1903, Ostende 1907.

DIE WELTMEISTERSCHAFTEN

Der Weltmeister wird in den von der FIDE organisierten Schachturnieren ermittelt. Seit Wilhelm Steinitz 1886 gegen Johann Hermann Zukertort die erste offiziell anerkannte Weltmeisterschaft gewann, hat sich der Austragungsmodus sehr gewandelt. Bis 1946 wählten sich die Weltmeister ihre Gegner um den Titel selbst aus. Nach dem Tode Alexander Aljechins 1946 bestimmte die FIDE die Modalitäten. Seit 1948 werden Qualifikationsturniere durchgeführt, seit 1927 Schacholympiaden. 1992 gründete Kasparow als Konkurrenz zum Weltschachbund FIDE die «Professional Chessplayers Asscociation» (PCA).

MÄNNER

1886 – 1894: Wilhelm Steinitz
1894 – 1921: Emanuel Lasker
1921 – 1927: José Raúl Capablanca
1927 – 1935: Alexander Aljechin
1935 – 1937: Machgielies Euwe
1937 – 1948: Alexander Aljechin
1948 – 1957: Michail Botwinnik
1957 – 1958: Wassilij Smyslow
1958 – 1960: Michail Botwinnik
1960 – 1961: Michail Tal
1961 – 1963: Michail Botwinnik
1963 – 1969: Tigran Petrosjan
1969 – 1972: Boris Spassky
1972 – 1975: Robert James Fischer
1975 – 1984: Anatoli Karpow
1984 – 1993: Garri Kasparow
Ab 1993 (FIDE): Anatoli Karpow
Ab 1993 (PCA): Garri Kasparow

FRAUEN

1953 – 1956: Elisabeta Bykowa
1956 – 1958: Olga Rubkowa
1958 – 1962: Elisabeta Bykowa
1962 – 1978: Nona Gaprindaschwili
1978 – 1991: Maja Tschiburdanidze
1991 – 1996: Xie Jun
Ab 1996: Zsuzsa Polgar

DIE SCHACHOLYMPIADEN

MÄNNER

1927 London (16 Nationen)
1. Ungarn 40 P. (Maróczy, Nagy, Vajda, Steiner A., Havasi);
2. Dänemark 38,5 P.; 3. England 36,5 P.

1928 Den Haag (17 Nationen)
1. Ungarn 44 P. (Nagy, Steiner A., Vajda, Havasi);
2. USA 39,5 P.; 3. Polen 37 P.

1930 Hamburg (18 Nationen)
1. Polen 48,5 P. (Rubinstein, Tartakower, Przepiorka, Makarczyk, P. Frydman);
2. Ungarn 47 P.; 3. Deutschland 44,5 P.

1931 Prag (19 Nationen)
1. USA 48 P. (Kashdan, Marshall, Dake, Horowitz, H. Steiner);
2. Polen 47 P.; 3. CSSR 46,5 P.

1933 Folkestone, USA (15 Nationen)
1. USA 39 P. (Kashdan, Marshall, Fine, Dake, Simonson);
2. CSSR 37,5 P.; 3. Schweden 34 P.

1935 Warschau (20 Nationen)
1. USA 54 P. (Fine, Marshall, Kupchik, Dake, Horowitz);
2. Schweden 52,5 P.; 3. Polen 52 P.

1937 Stockholm (19 Nationen)
1. USA 54,5 P. (Reshevsky, Fine, Kashdan, Marshall, Horowitz);
2. Ungarn 48,5 P.; 3. Polen 47 P.

1939 Buenos Aires (26 Nationen)
1. Groß-Deutschland 36 P. (Eliskases, P. Michel, Engels, Becker, Reinhardt); 2. Polen 35,5 P.; 3. Estland 33,5 P.

1950 Dubrovnik (16 Nationen)
1. Jugoslawien 45,5 P. (Gligoric, Pirc, Trifunovic, Rabar, Vidamr jun., Puc);
2. Argentinien 43,5 P.; 3 BRD 40,5 P.

1952 Helsinki (25 Nationen)
1. UdSSR 21 P. (Keres,Smyslow, Bronstein, Geller, Boleslawskij, Kotow);
2. Argentinien 19,5 P.; 3. Jugoslawien 19 P.

1954 Amsterdam (26 Nationen)
1. UdSSR 34 P. (Botwinnik, Smyslow, Bronstein, Keres, Geller, Kotow);
2. Argentinien 27 P.; 3. Jugoslawien 26,5 P.

1956 Moskau (34 Nationen)
1. UdSSR 31 P. (Botwinnik, Smyslow, Keres, Bronstein, Taimanow, Geller);
2. Jugoslawien 26,5 P.; 3. Ungarn 26,5 P.

1958 München (36 Nationen)
1. UdSSR 34,5 P. (Botwinnik, Smyslow, Keres, Bronstein, Tal, Petrosjan);
2. Jugoslawien 29 P.; 3. Argentinien 25,5 P.

1960 Leipzig (40 Nationen)
1. UdSSR 34 P. (Tal, Botwinnik, Keres, Kortschnoi,Smyslow,Petrosjan);
2. USA 29 P.; 3. Jugoslawien 27 P.

1962 Varna, Bulgarien (37 Nationen)
1. UdSSR 31,5 P. (Botwinnik, Petrosjan, Spassky, Keres, Geller, Tal);
2. Jugoslawien 28 P.; 3. Argentinien 26 P.

1964 Tel Aviv (50 Nationen)
1. UdSSR 36,5 P. (Petrosjan, Botwinnik, Smyslow, Keres, Stein, Spassky);
2. Jugoslawien 32 P.; 3. BRD 30,5 P.

1966 Havanna (52 Nationen)
1. UdSSR 39,5 P. (Petrosjan, Spassky, Tal, Stein, Kortschnoi, Polugajewskij);
2. USA 34,5 P., 3. Ungarn 33,5 P.

1968 Lugano (53 Nationen)
1. UdSSR 39,5 P. (Petrosjan, Spassky, Kortschnoi, Geller, Polugajewskij, Smyslow);
2. Jugoslawien 31 P.; 3. Bulgarien 30 P.

1970 Siegen, BRD (60 Nationen)
1. UdSSR 27,5 P. (Spassky, Petrosjan, Kortschnoi, Polugajewskij, Smyslow, Geller);
2. Ungarn 26,5 P.; 3. Jugoslawien 26 P.

1972 Skopje, Jugoslawien (63 Nationen)
1. UdSSR 42 P. (Petrosjan, Kortschnoi, Smyslow, Tal, Karpow);
2. Ungarn 40,5 P.; 3. Jugoslawien 38 P.

1974 Nizza (73 Nationen)
1. UdSSR 46 P. (Spassky, Petrosjan, Tal, Karpow, Kortschnoi, Kusmin);
2. Jugoslawien 37,5 P.; 3. USA 36,5 P.

1976 Haifa (48 Nationen)
1. USA 37 P. (Byrne R., Evans, Kavalek, Tarjan, Lombardy, Commons);
2. Niederlande 36,5 P.; 3. England 35,5 P. (Boykott der Länder des Ostblocks).

1978 Buenos Aires (66 Nationen)
1. Ungarn 37 P. (Portisch, Ribli, Sax, Adorjan, Csom, Vadasz);
2. UdSSR 36 P.; 3. USA 35 P.

1980 Malta (82 Nationen)
1. UdSSR 39 P. (Karpow, Tal, Polugajewskij, Geller, Balaschow, Kasparow);
2. Ungarn 39 P.; 3. Jugoslawien 35 P.

1982 Luzern (92 Nationen)
1. UdSSR 42,5 P. (Karpow, Kasparow, Polugajewskij, Beliawskij, Tal, Jussupow);
2. CSSR 36 P.; 3. USA 35,5 P.

1984 Thessaloniki (88 Nationen)
1. UdSSR 41 P. (Beliawskij, Polugajewskij, Waganian, Tukmakow, Jussupow, Sokolow);
2. England 37 P.; 3. USA 35 P.

1986 Dubai (108 Nationen)
1. UdSSR 40 P. (Kasparow, Karpow, Sokolow, Jussupow, Waganian, Tscheschkowskij);
2. England 39,5 P.; 3. USA 38,5 P.

1988 Thessaloniki (107 Nationen)
1. UdSSR 40½ P. (Kasparow,Karpow, Jussupow, Beljawskij, Ehlvest, Inwantschuk);
2. England und Niederlande, 34,5 P.

1990 Novi Sad, Jugoslawien (107 Nationen)
1. UdSSR 39 P. (Iwantschuk, Gelfand, Beljawsky, Jusupow, Judaschin, Barejew); 2./3. USA/England 35,5 P.

1992 Manila, Philippinen (102 Nationen)
1. Rußland 39 P. (Kasparow, Chalifman, Dolmatow, Drejew, Kramnik, Vysmanavin); 2. Usbekistan 35 P.; 3. Armenien 34,5 P.

1994 Moskau, Rußland (124 Nationen)
1. Rußland 37,5 P. (Kasparow, Kramnik, Barejew, Drejew, Tiwjakow, Swidler); 2. Bosnien-Herzegowina 35 P.; 3./4. Rußland II./England 34,5 P.

1996 Eriwan, Armenien (113 Nationen)
1. Rußland 38,5 P. (Kasparow, Kramnik, Drejew, Swidler, Barejew, Rublewsky); 2. Ukraine 35 P.; 3. USA 34 P.

FRAUEN

1957 Emmen, Schweiz (21 Nationen)
1. UdSSR 10,5 P.; 2. Rumänien 10,5 P.; 3. DDR 10,0 P.

1963 Split, Jugoslawien (15 Nationen)
1. UdSSR 25,0 P.; 2. Jugoslawien 24,5 P.; 3. DDR 21,0 P.

1966 Oberhausen, BRD (14 Nationen)
1. UdSSR 22,0 P.; 2. Rumänien 20,5 P.; 3. DDR 17,0 P.

1969 Lublin, Polen (15 Nationen)
1. UdSSR 26,0 P.; 2. Ungarn 20,5 P.; 3. CSSR 19,0 P.

1972 Skopje, Jugoslawien (23 Nationen)
1. UdSSR 11,5 P.; 2. Rumänien 8,0 P.; 3. Ungarn 8,0 P.

1974 Medellin, Kolumbien (26 Nationen)
1. Rumänien 13,5 P.; 2. UdSSR 13,5 P.; 3. Bulgarien 13,0 P.

1976 Haifa (23 Nationen)
1. Israel 17,0 P.; 2. England 11,5 P., 3. Spanien 11,5 P. (Dieses Turnier wurde von den Ländern des Ostblocks boykottiert.)

1978 Buenos Aires (32 Nationen)
1. UdSSR 16,0 P.; 2. Ungarn 11,0 P.; 3. BRD 11,0 P.

1980 Malta (42 Nationen)
1. UdSSR 32,5 P.; 2. Ungarn 32,0 P.; 3. Polen 26,5 P.

1982 Luzern (45 Nationen)
1. UdSSR 33,0 P.; 2. Rumänien 30,0 P.; 3. Ungarn 26,0 P.

1984 Thessaloniki (51 Nationen)
1. UdSSR 32,0 P.; 2. Bulgarien 27,5 P.; 3. Rumänien 27,0 P.

1986 Dubai (49 Nationen)
1. UdSSR 33,5 P.; 2. Ungarn 29,0 P.; 3. Rumänien 28,0 P.

1988 Thessaloniki (56 Nationen)
1. Ungarn 33 P.; 2. UdSSR 32,5 P.; 3. Jugoslawien 28 P.

1990 Novi Sad, Jugoslawien (64 Nationen)
1. Ungarn 35 P.; 2. UdSSR 35 P.; 3. China 29 P.

1992 Manila, Philippinen (62 Nationen)
1. Georgien 30,5 P.; 2. Ukraine 29 P.; 3. China 28,5 P.

1994 Moskau, Rußland (81 Nationen)
1. Georgien 32 P.; 2. Ungarn 31 P.; 3./4. China/Rumänien 27 P.

1996 Eriwan, Armenien (74 Nationen)
1. Georgien 30 P.; 2./3. China/Rußland 28,5 P.

BILDNACHWEIS

Herzog August Bibliothek, Wolfenbüttel: Vorsatz, 26 l., 36 l., 108 l. + r.
Bayerisches Nationalmuseum, München: 91 l., 103 u., 114 o.l., 115 u.l.
Bayerische Staatsbibliothek, München: 8, 42, 68, 106, 152, 173
BBC Hulton Picture Library, London: 124
Belser Faksimile Editionen aus der Biblioteca Vaticana, Zürich: 26 r., 27, 157
Bibliothèque Nationale, Paris: 22, 49, 135 m.r.
Sammlung Dr. Ernst und Sonya Böhlen, Schweiz: 9, 43, 63, 66, 70 u.m. + r., 71 m. + r., 72 2. + 3.v.l., 73 o.l. + m., 73 u.3.v.l., 74 o.l. + r., 74 u. l. – 4.v.l., 75 2. + 3.v.l., 77 r., 78 4×, 79 u. 1. – 3. + 6.v.l., 80 2. + 4. + 5.v.l., 81 u.1. + 3. + 5.v.l., 82 o., 82 u.3. + 4.v.l., 83 o.r., 83 u.2.v.l., 83 u.5.v.l., 86 4×, 87 o., 87 u.1. + 2.v.l., 88 u. 2. – 5.v.l., 89 u., 90 u. 3. + 4.v.l., 93 u.2. – 4.v.l., 94 o. 2×, 94 u.2×, 98 u.4×, 99 o.2×, 99 u.3×, 100 o.m., 100 u.l., 101 3×, 103 o.4×, 104 2×, 107, 109 u., 110 3×, 111, 112 3×, 114 u. + m., 115 o. + r., 116 2×, 120, 123, 127, 131, 167, 171
J. Braunschweiger, Luzern: 180, 181
British Museum, London: Titelseite + 71 l., 90 u.l.v.l., 93 u.l.v.l., 100 r.
Cabinet des Médailles, Paris: 69 l., 93 o.2×, 97
Clan-Presse, Schretstaken: 135 u.r.
Control Data, Frankfurt: 149 u.
Domschatz Osnabrück: 70 u.l., 84 o., 95 r.
Dover Publications, Inc., Mineola: 32 r., 54 l.
Dukas/SIPA, Zürich: 149
Archiv EMB, Luzern: 156 l.
Biblioteca Escorial, Madrid: 15, 21, 23, 25, 109 o., 153 l., 154 u.l., 170
Grovatto Ferruccio, Triest: 168
FIDE, Luzern: 58 o.r., 58 u.r., 59
Forschungsbibliothek Gotha: 19, 177
Germanisches Nationalmuseum, Nürnberg: 70 o., 90 o., 93 u.5.v.l., 102 u.2×
Jerzy Gizycki: Schach zu allen Zeiten, Zürich 1967: 29, 34 o., 35 o. + m., 36 r., 132/133 o., 133 u., 135 o.r.
Collection David Hafler, Philadelphia: 6 l., 7 r., 16 r., 17 l., 18 o., 69 r., 72 l.v.l., 73 o.r., 73 u.2. + 4.v.l., 75 l. + 4.v.l., 82 u.l. + 2.v.l., 83 o.l., 83 u.l. + 3. + 4.v.l., 87 u.4.v.l., 92 2× + Titelseite, 96 l., 98 o., 102 o., 165
Peter Hammer, Rüschlikon: 146 u., 147 o.r. + u., 175 o.
Archiv H.-J. Hecht, Fürstenfeldbruck: 55 r.
Firma Hegner + Glaser, München: 149 o.
Historisches Museum, Basel: 164 (M. Babey)
Horst von Irmer, Internationales Bildarchiv, München: 105
Catherine Jaeg, Paris: 175 m.
Jiri Jiru, Brüssel: 186, 187
Sammlung Karl Graf von Almeida, Starnberg: 81 u.4.v.l. + Titelseite
Edition H. Kerlikowsky, München: 44, 45
Kunstgewerbemuseum, Köln: 81 u.2.v.l.
Kunsthaus Zürich: 67
Kunstsammlungen zu Weimar: 76

Kyrkorna Kirche, S-Täby: 35 r.
Archiv LNN, Luzern: 144 l.
The Museum of London: 47, 95 l., 99 r.
Musée du Louvre, Paris: 74 u.5.v.l.
Magnum, Paris: 169 (Barbey)
Editions Les Maîtres, New York: 46/47
Manesse Handschrift, Faksimile der Zentralbibliothek, Luzern: 154 o., 155, 158/159
Gerhard Marcks-Stiftung, Bremen: 60 u.
Massmann: Geschichte des mittelalterlichen Deutschen Schachspiels, Leipzig 1836: 194 l.o. + u., 195 r., 196 l., 197 r., 198 l.o. + u., 199 r., 200 l.
Metropolitan Museum of Art, New York: 172
Collection The Museum of Modern Art, New York: 61 l.
Motovun Tokyo: 182, 183
Archiv Motovun Verlagsgesellschaft, Luzern, Fotos: Othmar Baumli: 12, 64/65, 134 l.
Beat Müller, CH-Fahrweid/Zürich: 52/53
Nationalmuseum Edinburgh: 82 u.5.v.l., 89 o. + Titelseite
Nationalmuseum Kopenhagen: 77 l., 88 o., 91 r., 94 l.
Museo Nazionale, Florenz: 72 4.v.l.
Museo Nazionale, Neapel: 73 u.1.v.l.
The New York Public Library, New York: 28
Edition Olms, Zürich 10 l., 50 u.1.v.l.
Hannes Opitz, Luzern: 14 l.m., 20 l. + m., 24 l. + o., 37, 38/39, 126, 128, 129
Bildarchiv der Österreichischen Nationalbibliothek, Wien: 30 u.l. + m. + r., 31 o.m. + r., 32 l., 50 o.l., 50 u.2. – 4.v.l., 54 r., 56/57, 57 l. + r., 58 l., 61 r., 139 l.
Musée du Petit Palais, Paris: 151
Hans Pfannmüller: 46
Philadelphia Museum of Art: Louise and Walter Arensberg Collection: 134 o.
John Phillips, New York: 118 u.l.
Bildarchiv Preußischer Kulturbesitz, Berlin: 34, 40/41, 162
Ringier Dokumenatationszentrum, Zürich: 65 l., 185 (Lanz)
Rosenheimer Verlag: 166 (Fred Marcus)
Royal Asiatic Society, London: 13
Scala, Florenz: 6/7 m., 160, 161
Schachagentur Zürich/Rupp: 189
Schachwoche, CH-Sarmenstorf: 57 o., 143 r., 146 o., 147 o. l., 148 m., 188, 192
Staatliches Museum, Stockholm, 84 u.
Staatliche Museen, Berlin: 5, 11 r., 79 o., 85
Staatliches Russisches Historisches Museum, Moskau: 1 + 193
Städtische Galerie, Frankfurt: 90 u.2.v.l.
Städtische Museen, Mannheim: 81 o.
Stern Syndication, Hamburg: 121 (Thomann); 139 r. (Spill); 174, 191 (Moldvay)
B. Strugar, Belgrad: 118/119 6×, 125, 136
Bilderdienst Süddeutscher Verlag, München: 51 o.l., 51 u. l. + r., 51 o.r., 55 o.l., 55 u.l. + m., 56 l., 57 m., 60 o.l., 130, 132 l., 134/135 m., 138, 141 r., 142 l., 142 o.m. + r., 143 l., 144 r., 145, 148
TASS: 174 o.l. + r., 174 u.
Um-Dia-Verlag Burges, München: 11 o.m.
Vatikanische Museen: 11 u.m.
Bonnie Waitzkin, New York: 184
Württembergische Landesbibliothek, Stuttgart: 48
Xinhua, Peking: 178, 179

LITERATURVERZEICHNIS

Diese Literaturauswahl stellt eine Zusammenfassung international wichtiger historischer und gegenwärtiger Werke dar. Auch die großen Theoretiker und die Weltmeister mit ihren Memoiren wurden aufgenommen. Die nationalen Schulen spiegeln sich hier also genauso wider wie die internationalen Meister.

Aljechin, A.: Auf dem Wege zur Weltmeisterschaft 1923 – 1927. Berlin, 1983
Barcza, G. et al.: Die Weltmeister des Schachspiels. Hamburg, 1975
Beheim-Schwarzbach, M.: Knaurs Schachbuch. München, 1953
Botwinnik, M.: Mein Leben. In: Abramow L. & Flohr, S.: Weltmeisterschaft 1960 und 1961 (Weltgeschichte des Schachs). Hamburg, 1960/61
Brace, E. R.: An Illustrated Dictionary of Chess. London, 1977
Capablanca, J. R.: Letzte Schachlektionen. Düsseldorf, 1977
Chicco, A. & Porreca, G.: Il libro completo degli scacchi. Milano, 1973
Estrin, J. B. (Hrsg.): Weltmeister lehren Schach. Hollfeld 1979
Euwe, M.: Feldherrenkunst im Schach. Berlin, 1970
Faber, M.: Das Schachspiel in der europäischen Malerei und Graphik (1500 bis 1700). Wiesbaden, 1988
Fine, R.: The Psychology of the Chess Player. New York, 1967
Fine, R.: Die größten Schachpartien der Welt. München, 1979
Finkenzeller, R.: Vom Schachspiel. Frankfurt/M., 1988
Fischer, B.: Bobby Fischer's Games of Chess. London, 1959
Fischer, B.: Bobby Fischer lehrt Schach. Ein programmierter Schachlehrgang. Reinbek bei Hamburg, 1986
Fischer, B.: Meine 60 denkwürdigen Partien. Hamburg, o. J.
Fondern, M. V. et al.: Lexikon für Schachfreunde. Luzern, 1980
Gyzycki, J.: Schach zu allen Zeiten. Zürich, 1967
Hort, V.: Begegnungen am Schachbrett. Düsseldorf, 1984
Karpow, A.: Wie ich kämpfe und siege. Heidelberg, 1984
Kasparow, G.: Garri Kasparow lehrt Schach. Düsseldorf, 1987
Keats, V.: Chessmen for Collectors. London, 1985
Keres, P.: Ausgewählte Partien 1931 – 1958. Nederhorst den Berg, 1983
Kotow, A.: Spiele wie ein Großmeister. Zürich, 1986
Kotow, A.: Denke wie ein Großmeister. Zürich, 1986
Lasker, E.: Lehrbuch des Schachspiels. Hamburg, 1977
Lasker, E.: Gesunder Menschenverstand im Schach. Düsseldorf, 1980
Lionnais, F. & Maget, E.: Dictionnaire des échecs. Paris, 1974
Munzert, R.: Schachpsychologie. Hollfeld, 1988
Nabokov, V.: Lushins Verteidigung. Frankfurt/M., 1979
Opfermann, H. C.: Die Spielgeheimnisse der großen Schachkämpfer. Düsseld., 1978
Pachman, L.: Wie überliste ich meinen Gegner? München, 1985
Panow, W. N.: Capablanca – das Schachphänomen. Stuttgart, 1982
Petzold, J.: Das königliche Spiel. Stuttgart, 1987
Pfleger, H. & Metzing, H.: Schach. Hamburg, 1984
Polugajewski, L.: Aus dem Labor des Großmeisters. Düsseldorf, 1984
Réti, R.: Die neuen Ideen im Schachspiel. Düsseldorf, 1978
Réti, R.: Die Meister des Schachbretts – Sämtliche Studien. (Nachdruck der Ausgaben 1930/31). Zürich, 1983
Schonberg, H. C.: Die Großmeister des Schach. Bern, 1974
Silbermann, J. & Unzicker, W.: Geschichte des Schachs. München, 1979
Snosko-Borowsky, E.: So darfst Du nicht Schach spielen. Düsseldorf, 1986
Steiger, A. (Hrsg.): Das Schachzabelbuch König Alfons' des Weisen. Zürich, 1941
Steinitz, W.: The Modern Chess Instructor (Nachdruck der Ausgaben 1889 – 1895). Zürich,1984
Suetin, A.: Schachstrategie der Weltmeister. Berlin, 1983
Tal, M.: Tal – Botwinnik Match for the World Chess Championship 1960. London, 1977
Tarrasch, S.: Das Schachspiel (Nachdruck der Ausgabe 1931). Berlin, 1955
Tartakower, S. G.: Die hypermoderne Schachpartie (Nachdruck der Ausgabe 1925). Zürich, 1981
Unzicker, W.: Schach für Kenner. München, 1985
Vidmar, M.: Goldene Schachzeiten. Berlin, 1981
Wade, R. G. et al.: World Chess Championship. From Botwinnik to Kasparov. London, 1986
Wichmann, H. & S.: Schach. Ursprung und Wandlung der Spielfiguren in zwölf Jahrhunderten. München, 1960
Wilson, F.: A Picture History of Chess. New York, 1981

PERSONENREGISTER

I. ab. heyden sculpsit